侵权责任与生活

宋纪连 徐青英 郭艺蓓 著

Qinquan Zeren Yu Shenghuo / Qinquan Zeren Yu Shenghuo

上海人民出版社

前　言

现有的法律类书籍是以培养法律人（未来的立法者、法官、检察官、律师以及公证员等法律职业从业者）为目标构建的知识体系，特别强调法律信仰、法律道德、法律思维和法言法语等专业素养的培养。这样的书籍对于一般非法律专业的读者并不是最合适的阅读对象。

习近平总书记强调，“民法典要实施好，就必须让民法典走到群众身边、走进群众心里”，要将民法典教育“作为‘十四五’时期普法工作的重点来抓；要把民法典纳入国民教育体系，加强对青少年民法典教育”。中宣部等八部门联合印发通知部署学习宣传《民法典》指出：“把民法典纳入国民教育体系，加大民法典在大中小学法治教育中的内容占比。”新时代社会主要矛盾转化昭示着满足人民的美好生活需要成为社会发展的主要任务，这也对法治教育提出新课题和新使命。法治教育要面向全体读者，就应该对法治知识体系进行重构，对于非法学专业的读者来讲，通过有效的法治教育，是培养尊法学法守法用法的法治素养的重要途径。

编纂民法典是党的十八届四中全会提出的重大立法任务。2020 年 5 月 28 日，全国人民瞩目的《民法典》获全国人民代表大会表决通过，标志着我国全面迈入民法典时代。这是中国法治进程中的一个重大里程碑。

《民法典》与人民生活息息相关，被誉为市民社会生活的百科全书。《民法典》是从日常生活中抽象出来的法律规则系统，是民事领域的基本法律规范，是社会生活的基本准则。《民法典》给予我们“从摇篮到坟墓”的全面爱护。从网络时代的个人信息的保护，到老人社会来临下的失能老人的监护，从房屋买卖中的合同纠纷，到各种事故中的损害赔偿，从房屋不动产权证书的过户，到婚姻家庭生活的维护，几乎我们生活中做的每件事，都可以在《民法典》中找到法律依据。

陶行知在 1921 年题为“活的教育”中第一次明确提出了生活教育的概念：(一)生活的教育；(二)为生活而教育；(三)为生活的提高、进步而教育。[①]“生活即教育，社会即学校，教学做合一”是生活教育理论体系的重要命题和基本内涵。“生活即教育”强调生活决定教育，教育不能脱离生活，教育的目的、内容和方法都不能脱离现实社会生活的需要。[②]为美好生活而进行法治教育，将民法的教育与生活紧密联系起来便是提高法治教育针对性、实效性的教育学依据。

《侵权责任与生活》是面向非法学专业读者的法律通识类著作，是《思想道德与法治》课程法治部分的一个延伸，也是江苏省中小学生法治教育中心推出的民法典普法著作之一。《民法典》侵权责任编通过对民事主体权益的保护，及时充分救济受侵害的民事权益，有力维护最广大人民群众根本利益，切实增强人民群众获得感、幸福感和安全感。

全书以《民法典》侵权责任编为框架，以侵权责任的基本法律

---

① 参见陶行知等著，胡晓风等编：《生活教育文献》，四川教育出版社 1988 年版，第 291 页。

② 唐迅：《陶行知现代教育思想命题新探》，载《教育研究》1999 年第 11 期。

问题为抓手，通过研讨大量经典案例，帮助读者理解侵权责任的基本原理，学会从民法的角度理解生活、热爱生活、创造生活，为有尊严的生活打好法治素养基础。

全书力求以读者的生活为视角，用生活中的典型案例来阐释侵权责任的基本原理，提高民事权利的保护意识，增强平等、自由、法治、诚信的核心价值观的理解力和践行力。

全书以民法方法论为重点，生动阐释日常生活关系密切的民法规范，帮助读者应用所学民法知识大胆维护权利，自觉履行义务，培养预防纠纷发生的能力。

全书以预防和解决侵权责任纠纷为难点，帮助读者培养运用侵权责任理论和民法规范分析和解决侵权责任法律纠纷问题的能力。

全书由南京晓庄学院宋纪连、徐青英、郭艺蓓三位作者共同撰写，具体写作分工如下：宋纪连，第 1、2、6 章。徐青英，第 4、5 章。郭艺蓓，第 3、7 章。

在著书过程中，本书得到了南京晓庄学院马克思主义学院、江苏省中小学法治教育中心领导和同事们的大力支持与帮助，在此表示衷心的感谢！本书是立项课题高校思政课中以民法典教育为载体的法治精神培育研究（2020NXY04）、社会主义核心价值观视域下《民法学》法治精神培育研究、社会主义核心价值观视域下高校思政课法治精神培育研究（2021SJB0176）、南京晓庄学院在线开放课程《思想道德修养与法律基础》、法学课程思政示范教学团队以及南京晓庄学院申硕高质量科研成果《侵权责任与生活》的共同建设成果，并得到了专项资助。本书编写过程中引用和参考了许多专家学者的相关著作和研究成果，在此真诚致谢！但限于作者的学识水平和学术能力，本书出版中的不当与缺漏之处恐在所难免。衷心地希望广大读者对本书的疏漏提出批评，以使本书能够不断完善。

目 录

第一章　侵权责任概述和归责原则

第一节　什么是侵权行为和侵权责任
——侵权行为和侵权责任编概述

一、侵权行为的含义

【案例】 张公平与王武是好朋友。[1]2006 年 2 月，王武开玩笑，起草了一则征婚广告，并以张公平的名义在微信朋友圈中发布。发布不久，张公平便收到了多名异性的短信，要求与其建立恋爱关系。张妻知道后，夫妻关系急剧恶化。后来，张公平得知此事系好朋友王武所为，怒气冲天，一纸诉状将王武告上了法庭，坚决要求王武赔偿精神损失。

【问题】 王武的行为是一种什么行为？该行为使张公平与王武形成了什么样的法律关系？

（一）侵权行为的概念

侵权行为是一种侵害民事主体权益的行为。民事主体享有

---

① 本书案例人物均为化名。

的权益主要体现在《民法典》第 110 条至第 114 条规定的自然人享有的生命权、身体权、健康权、姓名权、肖像权、名誉权、荣誉权、隐私权、婚姻自主权等权利，法人、非法人组织享有的名称权、名誉权和荣誉权，自然人的个人信息受法律保护的权利，自然人因婚姻家庭关系等产生的人身权利、财产权利、物权，第 118 条规定的债权，第 123 条规定的知识产权，第 124 条规定的继承权，第 125 条规定的股权和其他投资性权利，第 126 条规定的法律规定的其他民事权利和利益，第 127 条规定的数据、网络虚拟财产。如张山谩骂李斯，李斯精神极度痛苦住进了医院，张山则侵犯了李斯的人格尊严权和健康权。

侵权行为是指行为人违反法定义务，由于过错侵害他人民事权益，依法应当承担侵权责任的行为；以及侵害他人民事权益，不论有无过错，依照法律规定应当承担侵权责任的行为。[①]侵权行为导致侵权人和受害人之间形成了债的法律关系。案例中，王武为张公平刊登征婚广告，是侵犯他人姓名权的行为，被告王武与原告之间形成了侵权行为之债的法律关系。

（二）侵权行为的法律特征

侵权行为具有如下法律特征：

1. 侵权行为是一种事实行为

侵权行为主观上并没有产生、变更或者消灭法律关系的意思，而是该行为符合法定的构成要件，就直接规定其发生一定的法律效果。

2. 侵权行为是一种侵害其他民事主体合法权益的行为

侵权行为侵害的对象既包括权利也包括利益。一般认为，对

---

① 参见魏振瀛主编：《民法》，北京大学出版社 2021 年版，第780 页。

债权的侵犯，适用对利益的保护标准。[①]把侵权行为区分为三种：(1)过错不法侵害他人的权利(绝对权)；(2)违反保护性法律侵害他人的权益(权利及利益)；(3)故意以悖于善良风俗的方法侵害他人的权益(相对权及利益)。[②]

3. 侵权行为包括作为和不作为

作为是直接对受害人实施某种积极的加害行为，如张山酒后殴打李斯，砸毁李斯的财产，散布李斯的个人隐私等。这里的作为行为违反绝对权赋予相对人不得侵害的法定义务。在特殊法定的情况下，加害人需具有作为义务和作为能力，消极的不作为也构成侵权行为。如泳池救生员疏于观察，对游泳的客人没能及时救助导致其伤亡，就是不作为侵权行为。

4. 侵权行为客观上造成了损害性的后果

《民法典》侵权责任编是救济法，无损害则无救济。损害是指行为人的行为对受害人的民事权益造成的不利后果，通常表现为财产减少、生命丧失、身体残疾、名誉受损、精神痛苦等。广义的"损害"还包括构成现实威胁的"不利后果"。如某人的房屋倾斜，如不及时采取防范措施，房屋随时有可能倒塌，损害他人的人身、财产安全。这种侵权责任的承担方式，是基于物权、人格权等绝对权而产生的保护性请求权，不要求有损害结果。

5. 一般侵权行为需要行为人存在过错

侵权行为主要是行为人因过错而侵害他人民事权益的行为。同时，无过错原则也是我国侵权法的归责原则，适用无过错责任原则时，需要法律明确规定。

---

① 参见魏振瀛主编：《民法》，北京大学出版社 2021 年版，第781 页。

② 参见叶金强：《〈民法典〉第 1165 条第 1 款的展开路径》，载《法学》2020 年第 9 期。

6. 侵权行为会产生侵权责任的不利法律后果

法律上规定侵权行为的最终目的是确立责任。我国《民法典》侵权责任编规定了归责原则、抗辩事由、各种侵权责任的构成要件和免责事由。

二、侵权责任的概念和特征

【案例】 2 月 18 日,张公平伙同王某在深圳市宝安区某KTV 内,以勒索 500 万元为目的绑架某公司老板周某,周某不从,王某持刀捅伤周某头部、背部。经司法鉴定,确认周某因被锐器砍击致重型开放性颅脑损伤,鉴定为三级伤残。10 月,深圳市宝安区人民法院作出刑事判决书,认为:被告人王某在实施共同犯罪过程中,起主要作用,是主犯,应当按照其所参与的全部犯罪处罚;判决被告人王某犯绑架罪,判处无期徒刑,并处没收财产。张公平在实施共同犯罪过程中,并非本案主要伤害后果的直接责任人,起次要和辅助作用,是从犯,判决张公平犯绑架罪,判处有期徒刑 10 年,并处没收财产。

【问题】 两被告的个人财产均被没收,受害人周某的民事侵权赔偿如何实现?

(一) 侵权责任的概念

侵权责任指民事主体因自我行为或由其监管的他人行为或由其管理的物件致使他人民事权益遭受侵害而应承担不利的民事法律后果。①侵权行为是责任承担的前提和依据,凡是实施了侵

① 参见宋纪连:《民法典人生导图》,上海人民出版社 2022 年版,第 68 页。

权行为的行为人，只要符合法律规定的责任构成要件，就会产生侵权责任。侵权责任是民事责任，而不是行政责任或者刑事责任。因侵权行为产生民事责任的同时，也可能产生行政责任或者刑事责任。《民法典》第187条规定，民事主体因同一行为应当承担民事责任、行政责任和刑事责任的，承担行政责任或者刑事责任不影响承担民事责任。

（二）侵权责任的特征

侵权责任具有如下法律特征：

1. 侵权责任是因违反法定义务而应承担的法律后果

相对应的违约责任很大一部分则是对约定义务的违反导致的法律后果。

2. 侵权责任的根本特性是不利性的后果

财产的不利性，如因赔偿损失而减少已有财产，人身方面的不利性，如因消除影响、恢复名誉、赔礼道歉而导致社会的负面评价等。

3. 侵权责任以损害赔偿为核心，但又不限于损害赔偿

侵权责任的主要功能在于对受害人提供补救，使受害人遭受的全部损失得到恢复。《民法典》第179条第1款规定，承担民事责任的方式主要有11种，其中主要适用于侵权责任的方式有：停止侵害、排除妨碍、消除危险、返还财产、恢复原状、赔偿损失、消除影响、恢复名誉、赔礼道歉等。法律规定惩罚性赔偿的，依照其规定。在适用于侵权责任的方式中，有些是预防性质的，如停止侵害、排除妨碍和消除危险，有些是填补损失性质的，如恢复原状、赔偿损失、消除影响、恢复名誉、赔礼道歉。

4. 侵权责任的方式具有法定性和任意性

与违约责任的约定性不同，侵权责任的方式以及具体内容，法律都有明确规定。例如，损害赔偿的项目和计算方法，法律都有详细规定。侵权责任与刑事责任、行政责任不同，它是一种民

事责任，当事人可以在法定的基础上，对责任的内容、方式等加以协商和处分。《民法典》第1187条规定，损害发生后，当事人可以协商赔偿费用的支付方式。协商不一致的，赔偿费用应当一次性支付；一次性支付确有困难的，可以分期支付，但是被侵权人有权请求提供相应的担保。

5. 侵权责任具有优先性

根据《民法典》第187条的规定，民事主体因同一行为应当承担侵权责任和行政责任、刑事责任，民事主体的财产不足以支付的，优先用于承担民事责任。本案受害人周某应该刑事附带民事诉讼，向两被告主张民事侵权赔偿，该赔偿优先于没收个人财产的刑事处罚。

三、侵权责任制度的功能

【案例】 A公司系《动画片〈喜羊羊与灰太狼〉主角造型之二喜羊羊》美术作品著作权人。作品完成日期为2003年12月18日。B公司成立于2010年6月1日，经营范围为生产、加工、销售牙刷、塑料制品等。C超市成立于2018年1月11日，经营场所位于大连市瓦房店市，经营范围为预包装食品、日用百货零售等。2020年10月16日，公证员、公证人员跟随D知识产权代理公司的委托代理人，来到大连市瓦房店市C超市在该超市公证购买"卡雪"牌牙刷等商品。上述牙刷的刷柄均使用了羊的卡通形象，牙刷包装的背面均标有"汕头市B公司"字样。

B公司的被诉侵权产品在辽宁省、山东省多地多店销售，有一定的地域广度，侵权行为持续多年。法院根据A公司提举证据证明的许可使用费的数额18.17万元为计算基数，确定三倍的赔偿数额，判决B公司于该判决生效之日起十日内赔偿A公司经济损失及维权合理开支共计50万元。①

【问题】 本案中对于知识产权的侵权人B公司采用了惩罚性赔偿制度，体现了侵权制度的什么功能？

所谓侵权责任制度的功能，是指侵权责任制度在社会生活中所发挥的具体作用，包括"显性"的补偿功能和"隐性"的预防功能。前者是通过赔偿等手段，使受害人回复至受害前的状态；而后者是通过增加违法成本等方式，起到预防侵权行为发生的作用。侵权责任法的基本机能是填补损害以及一定程度的预防功能。②如果赔偿是过失制度的唯一目的，那它就是一种贫困的制度，因为它不但成本很高而且很不完善。但是，其经济功能不是赔偿而是对无效率事故的阻止。③

(一) 补偿功能

补偿功能是侵权责任制度的首要功能和最基本的功能。补偿功能就是通过侵权责任制度填补被侵权人所遭受的损害，保护被侵权人的合法权益。该功能主要是通过损害赔偿责任加以实现的。"损害多少，赔偿多少"，侵权人主观过错程度并不影响赔偿的范围与数额。

现代社会是一个风险社会，在许多合法的生产和危险作业引起损害时，很难证实行为人具有过错或者致害行为具有不法性，也很难从道德角度进行谴责教育，因果关系的举证也愈发困难，但无辜的受害人如果得不到有效补救，将严重影响受害人的正常

① 参见辽宁省大连市中级人民法院(2022)辽02民终1296号民事判决书。

② 参见王泽鉴：《侵权行为》，北京大学出版社2009年版，第8—10页。

③ 参见［美］波斯纳：《法律的经济分析(第7版)》，蒋兆康译，法律出版社2012年版，第285页。

生活，也有违法律的基本价值和侵权责任制度的立法目的。①侵权责任制度在更多的时候，要与商业保险、强制责任保险相结合，以“损失分散”的方式来补偿受害人。这种损失分散，既能有效地实现补偿的功能，使被侵权人避免因侵权人没有赔偿能力而致损害无法填补，也可以防止侵权人因承担巨额的赔偿责任陷入困境或破产。②

侵权责任制度对补偿功能的实现体现了优先和全面的原则。在某些案件中，如果侵权人的可执行财产较少，不足以既赔偿被侵权人的损失又支付行政罚款或刑罚罚金或没收财产时，根据《民法典》第 187 条规定，优先赔偿被侵权人的损失。《民法典》规定了多种责任承担方式、财产损害赔偿的范围和计算标准，为全面救济受害人提供了法律依据。同时《民法典》规定的多数人侵权的连带责任制度也能较好地实现补偿功能。侵权责任制度具有的补偿功能不仅意味着遭受的有形损害的赔偿，还包含对被侵权人的精神损害的抚慰。《民法典》第 1183 条对精神损害赔偿责任进行了明确规定。

（二）预防功能

预防功能是指侵权责任制度通过规定侵权人应负的民事责任，提高违法成本促使可能的侵权人今后小心从事，避免侵害他人合法权益。事先防范胜于事后救济，从而损害赔偿制度（尤其是侵权行为法）的设计及运用自应使其发挥预防损害的功能。③侵权造成财产和精神损害，事后救济也会导致维权成本的增加和整个社会财富总量的减少。为了更有效地保护受害人，通过强化预

---

① 参见王利明：《侵权责任法研究（上卷）》，中国人民大学出版社 2016 年版，第 121—122 页。

② 参见王泽鉴：《侵权行为》，北京大学出版社 2009 年版，第 9 页。

③ 参见王泽鉴：《损害赔偿》，北京大学出版社 2017 年版，第 33 页。

防功能，最大限度地防止损害的发生，是最理想的制度功能。

侵权责任制度规定了防御性请求权，通过停止侵害、排除妨碍、消除危险等责任形式，达到防患于未然的目的。例如为了强化对人格权的保护，特别是预防损害，《民法典》第 997 条规定了侵害人格权禁令制度。预防型民事责任在对某些权利和利益的保护方面，尤其是对绝对权的保护，有着补偿性民事责任形式所无法比拟的优点和长处。①

侵权责任制度强化了注意义务，预防危害和危险的发生。侵权责任制度通过强化监护人和教育机构责任以及安全保障义务的责任，提高直接侵权人的注意义务，督促潜在责任人积极采取安全保护措施，预防损害的发生。为了提前化解风险，侵权责任制度依据危险程度为行为人确立了不同程度的注意义务。例如《民法典》第 1243 条规定高度危险场所安全保障责任。

在过错推定责任中，责任由物件的所有人、管理人、使用人等承担，以督促其采取措施避免损害的发生。《民法典》第 1209 条规定的机动车所有人、管理人与使用人不一致时的侵权责任，由机动车使用人承担赔偿责任；机动车所有人、管理人对损害的发生有过错的，承担相应的赔偿责任。

在产品责任中，缺陷产品的生产者、销售者承担惩罚性赔偿责任，以及生产者、销售者的警示、召回等义务，都有助于预防损害的发生。事实上，与过失责任相比，严格责任增加了侵害人的私人成本，由此减少其财富。②对知识产权严重侵权人实施惩罚性赔偿制度，也有利于预防知识产权侵权行为的发生。《民法典》第

---

①　参见最高人民法院民法典贯彻实施工作领导小组主编：《中华人民共和国民法典侵权责任编理解与适用》，人民法院出版社 2020 年版，第 43 页。

②　参见［美］兰德斯、波斯纳：《侵权法的经济结构》，王强、杨媛译，北京大学出版社 2005 年版，第 79 页。

1185条:“故意侵害他人知识产权,情节严重的,被侵权人有权请求相应的惩罚性赔偿。”《著作权法》第54条、《商标法》第63条和《专利法》第71条等规定的实际损失或者侵权人的违法所得1—5倍的倍数进行确定。案例中的惩罚性赔偿是由赔偿和惩罚所组成的,对知识产权的故意侵权行为实施惩罚,大大提高了违法成本,从而达到预防和遏制此类行为发生的效果,有利于知识产权的保护。

四、侵权责任编和其他民事法律的关系

【案例】 王某兰系赵某芹与王某清之女,刘某友系赵某芹与刘某之子,王某兰与刘某友系同母异父关系。法院曾终审判决确认双方争执的东房二间归赵某芹所有,北房西侧一间归王某兰所有、其余房屋归刘某友所有,刘某友于本判决生效后十日内给付王某兰房屋折价款900元。之后2018年,王某兰以排除妨害为由,诉至法院要求判决刘某友立即腾退24号院内两间东房、一间北房西侧房屋。法院于2018年12月21日判决:(1)刘某友于本判决生效后十日内腾退北房西侧一间的房屋;(2)驳回王某兰的其他诉讼请求。2019年3月9日,刘某友将诉争全部房屋拆除并翻盖。经现场勘验,现诉争院内建有一栋二层小楼(西房),每一层有三大间房屋,一层最北侧一大间自西向东包含厨房、厕所和卧室,一层中间一大间为客厅,一层最南侧的大间自西向东包含卧室、厕所和卧室;二层最北侧一大间自西向东包含卧室、厕所和卧室,二层中间一大间自西向东包含储藏间和客厅,二层最南一大间自西向东包含卧室、厕所和卧室。①

① 参见北京市第二中级人民法院(2020)京02民终145号民事判决书。

【问题】 刘某友的行为侵犯了王某兰的什么权利？该权利的性质是什么？

侵权责任编是民法典调整侵权责任法律关系的重要一编。《民法典》第1164条规定：本编调整因侵害民事权益产生的民事关系。侵权责任法律制度是一组相关法律规范的总和，不仅包括《民法典》的有关规定，也包括其他法律文件中的相关规定，例如《产品责任法》《食品安全法》《环境保护法》《国家赔偿法》以及司法解释的规定等。

（一）侵权责任编和合同编

侵权责任编与合同编都属于民法债的范畴，具有许多相同之处。侵权行为和合同行为都是债的发生根据。合同责任和侵权责任均为民事责任，在构成要件、免责条件、责任形式等方面具有民事责任的共同特点。侵权责任编和合同编是民法中相互独立的两个法律部门，两者的区别主要体现在以下方面：

1. 规范的性质不同

侵权行为是事实行为，是法律所禁止的行为。侵权行为虽可产生债，更多的是法律强制性的规定，侵权责任编体现了强行法的特点。而合同行为是民事法律行为，强调意思自治，在不违反法律的强制性规定，不损害他人的合法权益和不违反公序良俗原则的情况下，法律就承认其效力，合同编更多的是任意性规范。

2. 保护的权益范围和目的不同

侵权责任编所保护的是民事主体的物权、人身权以及知识产权，这是对抗一切不特定人的绝对权。合同编目的是维护交易秩序，法律保护的是订约当事人依据合同所产生的权利，即合同债权，这是一种在特定的当事人之间所发生的相对权。

3. 责任形式不同

侵权责任编和合同编都有损害赔偿这种责任形式，但在运用损害赔偿责任时，两者在归责原则、构成要件、赔偿范围等方面都存在明显的区别。另外，适用于合同责任的形式（如违约金）不能适用于侵权责任，而适用于侵权责任的形式（如恢复名誉、赔礼道歉）也不能适用于合同责任。

（二）侵权责任编与物权编、人格权编以及知识产权法的关系

侵权责任编与物权编、人格权编以及知识产权法共同维护民事法律关系，对物权、人格权和知识产权等民事权利进行保护。但四者之间仍然存在明显的区别，不能通过侵权责任编完全替代物权编、人格权编以及知识产权法，其主要区别在于：

1. 规范对象不同

侵权责任编主要是规定侵权行为及其责任，从而对民事主体的人身或财产利益进行保护；而物权编、人格权编以及知识产权法主要调整物权关系、人格关系和知识产权法律关系，以确认权利为首要目标。侵权责任编通过保护物权、人格权和知识产权等绝对权，主要解决以上合法权益受到侵害时的法律救济问题。

2. 制度功能不同

侵权责任编的功能主要是救济，它主要通过对已经遭受的侵害进行救济的手段来保护权利。而物权编、人格权编以及知识产权法，具有确权功能，注重保护民事主体当事人权利的正当行使。例如，侵权责任编虽然可以通过侵权责任保护隐私权，但无法从正面确认隐私权，也无法规定隐私权的具体内容。隐私权的内容需要在人格权编进行细化规定。《民法典》第 1032 条第 2 款规定："隐私是自然人的私人生活安宁和不愿为他人知晓的私密空间、私密活动、私密信息。"案例中原有房屋无法恢复原状时，应当明确财产损害赔偿的范围，刘某友恶意拆除旧房屋并再建新房屋，侵犯了王某兰的房屋所有权和宅基地使用权中的共有权，房屋原所有人与翻建人应当视为对新盖房屋形成了新的共有关系，该权利属于《民法典》物权编保护的权利，王某兰受到侵权后，刘某友需要在确认王某兰共有份额的基础上，对侵犯的共有权部分进行赔偿。

第二节 应该由谁来承担责任
——过错责任原则和过错推定责任

一、归责原则及其体系

【案例】 张公平为苏州市一小区业主，其邻居王武出于保护自身财产安全的考虑，在自家房屋窗户旁的外墙上安装了摄像装置，两摄像头均可进行转向调节。一摄像头正对张公平家厨房外的阳台，另一摄像头可拍摄到张公平家的客厅。张公平认为王武安装摄像头侵犯了自己的隐私权，故将王武诉至法庭。

【问题】 王武是否需要承担侵权责任？

（一）归责的含义

归责，是指确定责任由谁来承担，实质是寻找被告的过程，包含以下三层含义：第一，归责是最终确定由谁承担责任。如果没有归责的过程，被侵权人的损害就没有办法得到救济，侵权人的民事违法行为就不能得到制裁。第二，归责的核心是寻找确定责任归属的标准。这种标准就蕴含了法律价值判断的因素，包括过错和损害结果的因素。第三，归责与责任不同。归责是一个复杂的责任判断过程,责任是归责的结果。①

侵权行为归责原则,是指在行为人的行为致他人损害发生之后,据以确定责任由何方当事人承担的根据和标准。侵权行为归责原则是贯穿于侵权责任制度之中,对侵权行为规则起着统率作用的指导方针。一定的归责原则直接体现了统治阶级的侵权立法政策,同时又集中表现了侵权法的规范功能。②

(二) 侵权行为归责原则体系

侵权行为归责原则体系是由各归责原则构成的具有逻辑联系的系统结构。在当代世界各国的侵权法中,侵权行为归责原则都呈现多元化的趋势。③《民法典》第 1165 条第 1 款规定的是过错责任原则,第 2 款规定的是过错推定原则,第 1166 条规定的是无过错责任原则。我国侵权责任制度的归责原则体系是由这三个归责原则构成的,其各自调整不同的侵权行为的责任归属。

1. 最基本、最主要的归责原则是关于一般侵权行为的过错责任原则

《民法典》第 1254 条规定:“禁止从建筑物中抛掷物品。从建筑物中抛掷物品或者从建筑物上坠落的物品造成他人损害的,由侵权人依法承担侵权责任。”案例中,王武安装摄像装置,未能尽到注意义务,导致两个摄像头均可采集到张公平的私人空间和个人活动轨迹等信息,具有过错,构成侵权行为,需要承担侵权责任。

2. 过错推定原则

将过错推定原则作为一个单独的归责原则是因为:(1)过错

---

①② 参见王利明:《侵权行为法归责原则研究》,中国政法大学出版社 1992 年版,第 18 页。

③ 参见魏振瀛主编:《民法》,北京大学出版社 2021 年版,第 784 页。

推定责任原则调整的不是一般侵权行为，而是一部分特殊侵权行为。(2)在证明主观过错要件上实行举证责任倒置，原告不承担举证责任，而是由被告承担举证责任。(3)法院审理过错推定原则的侵权案件适用关于特殊侵权责任的特别条款，并不是适用侵权行为一般条款的规定。(4)适用过错推定原则的是特殊侵权行为，其责任形态是替代责任。

3. 无过错责任原则

无过错责任原则是一个独立的归责原则，它调整的范围与过错责任原则、过错推定原则不同，其独立地调整着产品侵权责任、高度危险责任、特殊侵权责任的归属。法律确定无过错也应当承担民事责任，这一个范围内的侵权行为就不再由过错责任原则调整，而由无过错责任原则调整，只要符合这一法律规定，则行为人无论有无过错都应承担民事责任。

4. 公平责任

作为补充适用的规则，由于公平责任的适用情形极为狭窄，须严格限制，所以，无法作为一项独立的归责原则。①公平分担损失责任在实际中适用的范围是对于损害的发生，行为人没有过错，受害人也没有过错的情形，这种情形并不是严格意义上的侵权行为。须“依照法律的规定”分担损失。《民法典》第 1186 条规定将公平责任的适用空间限缩在狭小的“法律规定”的情形下，导致适用范围更加限缩，这显然不符合归责原则所要求具有一定的普遍适用性的特征。而且公平责任旨在分担损失，故其只适用于损害赔偿的侵权责任承担方式，对赔礼道歉、恢复名誉等侵权责任承担方式并不适用。

---

① 参见程啸：《侵权责任法》，法律出版社 2021 年版，第 112 页。

二、归责事由

【案例】 5月1日上午,张公平为其子张强举办婚礼,10时许,张家组织燃放鞭炮。燃放刚一结束,邻居李斯6岁的儿子李小小用脚踢倒爆竹筒,致使尚未燃放完的鞭炮窜出炸伤路边行人许女。许女受伤后在多家医院治疗,支出医疗费3万余元。其伤情经鉴定构成八级伤残。李斯称未有人维持现场活动秩序,其子去拿燃放过的爆竹筒时,未有任何人出面阻止。

【问题】 本案中许女的受伤应该找谁承担责任?

归责事由是对那些能够使得已发生的损害被追究责任的法律原因的统称。归责事由分为以下两类。①

(一) 主观的归责事由

即依据行为人有无过错,确定就其所造成的损害是否应当负赔偿义务(责任),只有损害是因行为人之故意或过失所致时,才应负赔偿责任。过错是侵权责任编中最基本的归责事由。在我国,以过错作为归责事由的侵权责任类型包括:一般过错责任(《民法典》第1165条第1款)与过错推定责任(《民法典》第1165条第2款)。

(二) 客观的归责事由

我国法上客观的归责事由有三类:(1)危险的不可控性。在行为人从事具有高度危险的活动时,如果是因危险性因素而致人损害的,行为人应当承担赔偿责任。此时,行为人承担赔偿责任的归责事由,不是过错而是物的危险或活动的危险。例如,占有

① 参见程啸:《侵权责任法》,法律出版社2021年版,第110页。

或者使用高度危险物的人，因其占有、使用的物属于“易燃、易爆、剧毒、高放射性、强腐蚀性、高致病性等高度危险物”，所以这种高度危险现实化造成他人损害时，占有人或者使用人应当承担侵权责任(《民法典》第1239条)。(2)教育者和管理者事先的可控性。在替代责任的侵权行为中，责任人虽无过错也要对教育或管理的人所进行的侵权行为承担责任。此时的归责事由既非过错也非危险，而是事先的可控性。例如，监护人有权管理、教育被监护人，其对被监护人具有控制力，因此必须就被监护人造成他人损害的行为负责(《民法典》第1188条第1款)。(3)民法公平原则在侵权领域的法定细化。在有些情况下，即便造成损害之人没有过错，亦不适用无过错责任，但基于公平之考虑，仍要令行为人承担补偿责任的归责事由就是公平责任。在案例的事故中，李小小系直接侵权人，李斯作为监护人应当对受害人许女的损害后果承担侵权责任。张公平作为结婚活动组织者应负有安全保障义务，存在一定主观过错，应当承担相应的赔偿责任。法院判决李斯赔偿原告损失的70％，被告张公平承担30％的赔偿责任。

三、过错责任原则

【案例】　某工厂女工梁一思因为工作熟练，工资很快涨为同车间最高。对此，其同事赵静心怀嫉妒，总想找机会贬低她。后来赵静偷看梁一思的私人信件，得知梁一思曾经得过性病，遂大肆传播，给梁一思造成了严重的精神损害。

【问题】　赵静偷看梁一思的私人信件，大肆传播梁一思曾经得过性病的行为，需要承担责任吗？为什么？

(一) 过错责任原则的含义

过错责任原则,以过错作为价值判断标准,判断行为人对其造成的损害应否承担侵权责任的归责原则。[①]“有过错有责任”。《民法典》第1165条第1款规定:“行为人因过错侵害他人民事权益造成损害的,应当承担侵权责任。”该条是一般条款,适用所有一般侵权行为的归责,只要在法律没有特别规定的情况下,都适用过错责任原则。

我国《民法典》规定的过错责任原则的含义如下:第一,过错责任原则的性质是主观归责原则。行为人在主观上没有可非难性,就不能承担赔偿责任,除此之外没有其他标准。第二,以过错作为侵权责任的必备构成要件。在适用过错责任原则的场合,行为人的过错是必备要件之一。如果行为人在主观上没有过错,就缺少必备的构成要件,就不能构成侵权责任。第三,以过错为责任构成的最终要件。德国学者耶林指出:“使人负损害赔偿的,不是因为有损害,而是因为有过失,其道理就如同化学上之原则,使蜡烛燃烧的,不是光,而是氧,一般的浅显明白。”[②]这一论述精彩地描绘了过错要件在侵权责任构成中最终的决定地位。将过错作为最后的和最基本的构成要件加以考察,最终确定侵权责任应当由谁来承担。

一般侵权行为引起的损害赔偿案件,应当由主观上有过错的一方承担赔偿责任。主观上的过错是损害赔偿责任构成的必备要件之一,即无过错就无责任,目的在于保障行为人的行为自由。如北京自甘风险规则适用第一案“羽毛球索赔案”就是典型,对于对抗性体育运动,都不可避免地存在受伤危险,如果损

① 参见杨立新:《侵权责任法》,法律出版社2021年版,第48页。

② 转引自王泽鉴:《侵权行为》,北京大学出版社2009年版,第12页。

害非人为原因导致，其他参加者对此无过错，则无需承担侵权责任。

过错责任原则为民事主体确立了行为标准。它要求行为人尊重他人的合法权益，从而为行为人清晰地划定了自由行为的范围，通过法律强制赋予过错行为以侵权责任，它教育民事主体行为时应谨慎、小心，尽到注意义务，努力避免损害的发生。[①]案例中赵静的行为，故意侵犯梁一思的隐私权并给梁一思造成了严重的精神损害，该行为因赵静的过错，需要承担侵权责任。

（二）过错原则的适用

在实践中适用过错责任原则的规则如下：过错责任原则适用于一般侵权行为，其责任形态都是自己责任，行为人对自己的行为承担责任，不实行替代责任。只有在法律有特别规定的情况下，即特殊侵权行为才不适用过错责任原则。在《民法典》侵权责任编第三章以后规定的特殊侵权责任中，适用过错责任原则的侵权责任类型是：(1)网络侵权责任；(2)违反安全保障义务损害责任；(3)机动车相互之间造成的损害责任；(4)医疗技术损害责任和医疗管理损害责任。

适用过错责任原则确定赔偿责任，其构成要件有四个，即违法行为、损害事实、违法行为与损害事实之间的因果关系和过错，这四个要件缺一不可。适用过错责任原则，在举证责任上按照民事诉讼的基本规则进行，即原告举证。原告要对自己的主张承担全部的举证责任，举证不足或者举证不能的，应当承担败诉的结果。

---

① 参见魏振瀛主编：《民法》，北京大学出版社2021年版，第785页。

四、过错推定原则

【案例】 幼儿园的小亮和小明在课间打架，小明戳伤小亮左眼，致其失明。诉讼中在幼儿园提供的监控视频中发现在场的班主任王某当时未予制止小亮和小明课间的打闹。

【问题】 本案中，家长没有证据证明幼儿园当时是否尽到管理、保护义务，能否起诉要求幼儿园承担责任？

（一）过错推定原则的含义

过错推定原则，是指在法律有特别规定的场合，从损害事实的本身推定侵权人有过错，并据此确定造成他人损害的行为人赔偿责任的归责原则。[①]《民法典》第1165条第2款规定："依照法律规定推定行为人有过错，其不能证明自己没有过错的，应当承担侵权责任。"在适用过错推定原则的侵权行为中，行为人承担的责任形态基本上是替代责任，包括对人的替代责任和对物的替代责任，一般不适用自己责任的侵权责任形态。

所谓过错推定，在被侵权人在诉讼中，能够举证证明损害事实、违法行为和因果关系三个要件的情况下，如果侵权人不能证明对于损害的发生自己没有过错，那么，就从损害事实本身推定侵权人在致人损害的行为中有过错，并就此承担赔偿责任。案例中，小亮是无民事行为能力人，小亮受伤左眼失明，家长可以基于过错推定，要求幼儿园承担责任（《民法典》第1199条），除非幼儿园能够证明其尽到教育、管理职责，可以不承担侵权责任。

---

① 参见杨立新：《侵权责任法》，法律出版社2021年版，第51页。

适用过错推定原则的意义，在于坚持过错责任原则的基础上，使被侵权人处于有利的诉讼地位，加重侵权人的责任，切实地保护被侵权人的合法权益，有效地制裁民事违法行为，促进社会和谐。

适用过错推定原则，从损害事实中推定行为人有过错，就使被侵权人因免除举证责任而处于有利的地位，而行为人则因担负举证责任而加重了责任，因而更有利于保护被侵权人的合法权益。举证责任的倒置在某种程度上修正了过失责任，使法院基于社会需要，衡量当事人的利益，合理地分配损害。[①]正因为过错推定原则具有这些优越性，它才随着侵权法理论的发展而发展，经久不衰，日臻完善，成为侵权法的归责原则之一。[②]

（二）过错推定原则的适用

适用过错推定原则的侵权责任包括损害事实、违法行为、因果关系和过错推定四个要件。过错推定的要件需要被告举证证明自己没有过错，否则就有过错。在过错推定原则适用的场合，举证责任有特殊规则：(1)原告起诉应当举证证明三个要件：一是违法行为，二是损害事实，三是因果关系。原告承担这三个要件的证明责任。(2)这三个要件的举证责任完成之后，法官直接推定被告有过错，不要求原告寻求行为人在主观上存在过错的证明，而是从损害事实的客观要件以及它与违法行为之间的因果关系中，推定行为人主观上有过错。(3)过错要件实行举证责任倒置。如果被告认为自己在主观上没有过错，则须自己举证，实行举证责任倒置，证明自己没有过错；证明成立者，推翻过错推定，否认行为人的侵权责任。(4)被告如果证明不足或者不能证明

① 参见王泽鉴：《侵权行为》，北京大学出版社 2009 年版，第 14 页。

② 参见杨立新：《侵权责任法》，法律出版社 2021 年版，第 52 页。

者，则推定过错成立，行为人应当承担侵权民事责任。①

过错推定原则的适用范围是一部分特殊侵权行为。按照《民法典》的规定，下述情况适用过错推定原则：(1)对于教育管理责任主体中监护、教育和用工管理义务的强化。监护人责任、暂时性丧失心智损害的责任、用人单位损害责任、劳务派遣损害责任、个人劳务损害责任、定作人指示过失责任、无民事行为能力在教育机构受到损害的责任，适用过错推定原则；(2)在医疗损害责任中，医疗伦理损害责任适用过错推定原则；(3)在机动车与非机动车或者行人造成的交通事故中，对于机动车一方的责任，适用过错推定原则；(4)在动物损害责任中，动物园的动物造成损害的，适用过错推定原则；(5)在物件损害责任中，建筑物等倒塌责任，建筑物、构筑物或者其他设施以及建筑物上的搁置物、悬挂物致人损害、堆放物致人损害、交通障碍物损害林木致人损害、地下工作物损害责任等，都适用过错推定原则。其他侵权责任不适用过错推定原则。

第三节　应该由谁来承担责任——无过错责任原则和公平责任

一、无过错责任的概念和特点

【案例】 近年来，飞机失事在全球范围内频发。2022 年 3 月 21 日，东航 MU5735 航班执行昆明至广州任务时于广西梧州上空坠毁，机上人员共 132 人，其中乘客 123 人、机组人员 9 人，机上人

① 参见杨立新：《侵权责任法》，法律出版社 2021 年版，第 52—53 页。

员全部遇难。一般情况下，空难遇难者家属获得的赔偿包括两部分：第一，承运人（航空公司）所承担的赔偿。第二，保险公司所承担的赔偿，除了航空意外伤害险，还包括乘客自身投保的意外险或者意外医疗保险等。对于购买了航意险的乘客来说，既可以得到航空公司所支付的赔偿金，还可以得到保险公司所支付的赔偿金。

【问题】 乘客遇难，航空公司要承担什么责任？

（一）无过错责任的意义和含义

一般认为，无过错责任原则起源于19世纪。因为科技革命的发生，工业革命导致机器大生产的广泛应用，飞机成为连接地球村最重要的交通工具，但工业化和技术的发展是双刃剑，同时会带来各种各样的危险，人们不得不痛苦地面对不断发生的事故和造成的重大损害。风险社会的形成与科技进步、信息发达、企业竞争、消费活动、社会政治经济发展等具有密切关系。①相关产业尽管从制度上尽最大努力加以防范，但损害依然不可避免。如飞机相对于其他交通工具是事故发生几率最低的交通方式，但一旦发生事故将是灾难性的。因此，在允许从事高危行业的同时，应建立与之相应的损失补偿机制。②为维护现代社会生活之安全，实现更为公平妥当的损害填补制度，于危险活动之损害事故，固确有基于危险归责，发展无过失责任原理之必要。③无过错责任因此应运而生。一般认为，无过错责任的理论基础主要有三④：(1)危

---

① 参见王泽鉴：《损害赔偿》，北京大学出版社2017年版，第1页。

② 参见［德］马克西米利安·福克斯：《侵权行为法》，齐晓琨译，法律出版社2006年版，第6—7页。

③ 参见邱聪智：《从侵权行为归责原理之变动论危险责任之构成》，中国人民大学出版社2006年版，第388页。

④ 参见程啸：《侵权责任法》，法律出版社2021年版，第126页。

险来源理论。特定企业、物品或设施的所有人、持有人制造了危险来源。故行为人应承担高度的注意义务并在没有过错的情况下对损害承担责任。(2)危险控制理论。在某种程度上仅该所有人或持有人能够控制这些危险。如有危险结果发生,即便其无过错也应承担责任。例如,产品的制造缺陷因生产者所致,在产品高度技术化、功能日益复杂化的时代,消费者无法知悉产品是否存在制造缺陷,只有生产者最有可能知道,并在技术上克服与避免。(3)利益与风险共担理论。获得利益者,应负担责任,乃正义的要求。基于利益享有者承担风险的原则,其应承担责任。由此可知,无过错责任的核心功能就是合理补偿因行为人的危险行为或危险物件造成的损害。而《民法典》第1166条的理论依据在于社会公平观念,此与行为本身是否存在高度危险,行为人是否更容易控制风险等均无关联。①(4)价格机能及保险制度的分散理论。因危险责任而生的损害赔偿,得经由商品服务的价格机能及保险制度予以分散。②

《民法典》第1166条规定:“行为人造成他人民事权益损害,不论行为人有无过错,法律规定应当承担侵权责任的,依照其规定。”无过错责任是指不以行为人的过错为要件,只要其活动或者所管理的人、物损害了他人的民事权益,除非有法定的免责事由,否则行为人就要承担侵权责任。案例中航空公司对乘客的责任就是无过错责任。《中华人民共和国民用航空法》第124条规定,因发生在民用航空器上或者在旅客上、下民用航空器过程中的事件,造成旅客人身伤亡的,承运人应当承担责任;但是,旅客的人身伤亡完全是由于旅客本人的健康状况造成的,承运人不承担责任。

---

① 参见程啸:《侵权责任法教程(第4版)》,中国人民大学出版社2020年版,第93—94页。

② 参见王泽鉴:《侵权行为》,北京大学出版社2009年版,第15页。

（二）无过错责任的特征

无过错责任具有以下几项特征：

1. 不以侵权人的过错为责任成立要件

被侵权人无须证明侵权人的过错，只要证明存在加害行为、损害后果以及因果关系等客观构成要件即可。

2. 对减责与免责事由有严格的限制

在无过错责任中，即便损害完全是因为第三人过错引发的，责任人也要先承担责任，然后再去向第三人追偿（如《民法典》第 1233 条、第 1250 条）。在无过错责任中，只有在受害人具有重大过失时，方能减轻侵权人的赔偿责任（如《民法典》第 1245 条）。同时，危险程度不同的危险责任，法律规定的减责与免责的事由也有差异。例如，民用航空器的危险程度比一般的高度危险活动的危险程度要高，因此，其免责事由更严格，即便是不可抗力，也不能免责；而高度危险物致害时，只要证明损害是由于受害人的故意或者不可抗力造成的，即可免责（《民法典》第 1239 条）。

3. 存在最高赔偿限额的规定

在无过错责任尤其是以危险为归责事由的无过错责任中，法律往往规定侵权人的最高赔偿限额。在高度危险责任中，前提是只有当侵权人没有过错时才适用。如果侵权人存在故意或者重大过失的，那么被侵权人就超过限额的部分依然可以继续要求侵权人承担赔偿责任（《民法典》第 1241 条）。实际生活中，最高赔偿限额使得危险责任可以与责任保险制度相配合，从而合理地分散损害。

4. 无过错责任归责的基础主要是危险

这种危险性不以行为人的主观心态为转移，活动或者物质的危险性越高，责任的严格性应当越强。案例中，根据《国内航空运输承运人赔偿责任限额》规定，航空公司对每名旅客的赔偿责任限额为人民币 40 万元；对每名旅客随身携带物品的赔偿责任限额为人民币 3 000 元；对旅客托运的行李和对运输的货物的赔偿责任限额，为每公斤人民币 100 元。

二、无过错责任原则的适用

【案例】 2020 年 3 月 9 日凌晨，张公平家建房奠基，按当地习俗燃放烟花以示庆贺。张公平从刘某生经营的商店里购买了两只盛 A 花炮厂生产的“激情花舞”72 发烟花在自家房屋旁边的道路上进行燃放。当时天下着雨，张公平在瓦工包头陈某帮忙打伞的情形下用打火机点火燃放，在第一个烟花正常燃放后，因烟花外包装上燃放说明和警示说明内容被遮挡，无法看清，张公平用打火机点燃第二个烟花时，火花冲入眼睛，造成其右眼受伤。张公平的各项损失共计 334 981.28 元。①

【问题】 盛 A 花炮厂是否应承担产品质量责任？

无过错责任原则是作为过错责任原则的补充才适用，其目的在于补偿受害人所受的损失。②无过错责任的构成要件有四个：一是行为；二是受害人的损害，既包括形成实际损害后果，也包括没有造成损害后果仅造成危险；三是行为与损害之间具有因果关系；四是法律规定应当承担侵权责任，即不存在法定的免责情形。

---

① 参见安徽省安庆市中级人民法院(2021)皖 08 民终 3586 号。

② 参见马俊驹、余延满：《民法原论》，法律出版社 2010 年版，第 997 页。

无过错责任并不是绝对责任，在适用无过错责任原则时要注意以下的问题：

（1）行为人可以向法官主张法定的不承担责任或者减轻责任的事由。法律根据行为的危险程度，对适用无过错责任原则的不同侵权类型规定了不同的不承担责任或者减轻责任的事由。在适用无过错责任原则的侵权案件中，只是不考虑行为人过错，并非不考虑受害人过错。如果受害人对损害的发生也有过错的，在有的情况下可减轻，甚至免除行为人的侵权责任。必须考虑是否存在法定的免责事由。在通常情况下，无过错责任一般是加重责任，很难被免责，但是如果存在法律规定的免责事由，则可能依法减轻或免除责任。

（2）法官对某一案件适用无过错责任，必须是《民法典》或者其他法律的明确规定。例如《民法典》第 8 章规定的高度危险责任比较特殊，根据第 1236 条的规定，从事高度危险作业造成他人损害的，应当承担侵权责任。该规定没有限制高度危险责任的具体适用范围，是开放和动态的，只要从事高度危险作业的，就要承担无过错责任。如产品缺陷致人损害的危险，环境污染对人类的生存环境构成危险性，饲养的动物始终存在攻击他人的危险性等，正是这些危险活动和危险物的存在，形成了无过错责任归责的正当性基础。上述案例系产品责任纠纷，归责原则为无过错责任。一般情况下，判断产品是否存在缺陷的标准，应看其是否符合有关保障人体健康和人身、财产安全的国家标准或者行业标准。此时，认定产品缺陷还必须综合考虑致人损害产品是否存在“不合理危险”等产品的个性化因素，且烟花外包装上燃放说明和警示说明部分被遮挡，存在警示缺陷，盛 A 花炮厂本案中应承担产品质量责任。

三、公平责任的概念

【案例】 王武居住在某小区高层建筑内，某日下班走到某单元楼下时，被楼上扔出的啤酒瓶砸中头部，伤势严重，被送医救治，花去医药费共计 9 万元。经警方和物业调查难以找到加害人，王武便把该单元二楼以上所有业主（共计 16 户）全部诉至法院，要求承担赔偿责任。

【问题】 二楼以上小区业主需要承担什么责任？

（一）公平责任的含义

所谓公平责任，是指在当事人对于损害的发生都无过错，但法律又未规定适用无过错责任的情况下，法院依据法律的规定，决定由加害人与受害人双方对该损害予以分担。《民法典》第 1186 条："受害人和行为人对损害的发生都没有过错的，依照法律的规定由双方分担损失。"

应当说，公平责任在长期司法实践中对于解决纠纷、维护社会稳定，发挥了一定的作用，但是随着我国社会主义法治建设事业的发展，该规则也出现了很多问题。在民法典编纂过程中，全国人大宪法和法律委员会经研究认为"实践中，该规定因裁判标准不明导致适用范围过宽，社会效果不是很好，为进一步明确该规则的适用范围，统一裁判尺度"，《民法典》第 1186 条将原《侵权责任法》第 24 条中"可以根据实际情况，由双方分担损失"修改为"依照法律的规定由双方分担损失"。这一规定对法官的自由裁量权进行了限制，除非有法律的明确规定，否则任何法规、规章、司法解释以及法官个人都不能为了"和稀泥"，任意要求行为人和受害人分担损失。法官在裁判中必须严格依法办事，确认侵权责任。行为人有责任就应当承担责任，不能让无辜的受害人来分担损失；行为人没有责任，也不能因为行为人有钱而让其分担损失。案例中二楼以上小区业主需要承担公平责任。根据《民法典》第1254条规定不能确定具体侵权人的，由可能加害的建筑物使用人给予补偿。除非证明自己不是侵权人，如顶层业主通过证明当天家中无人就可以免责。

（二）公平责任的特点

《民法典》第1186条规定的双方分担损失，虽然与过错责任、无过错责任不是同一层次的归责原则，但属于一种公平分担损害的裁判规则，是一种基于民法上的公平原则的特殊法律责任。[①]公平责任是民法中公平原则在侵权责任编中的具体运用，其特点表现在如下几个方面：

与过错责任相比：第一，过错责任原则的前提是当事人存在主观上的过错或根据法律规定推定行为人有过错，而适用第1186条需要"受害人和行为人对损害的发生都没有过错"，由于双方对损害的发生均不具有可归责性，为了利益平衡和公平，由双方分担损失。第二，在过错责任中，行为人过错的轻重程度、行为人与第三人是否存在共同过错或行为人与受害人是否存在混合过错，都是衡量行为人责任范围的重要因素，该条中，由于双方均无过错，那么过错就不能成为为当事人双方分担损失的依据。第三，过错责任一般要求一方承担损害赔偿责任，而该条要求双方分担损失。

与无过错责任相比：第一，第1186条主要适用公平责任理论，而无过错责任主要适用危险开启或危险控制理论，因为从事高度危险性的行为或持有具有高度危险性物品的行为人从这一

---

① 参见王利明主编：《中国民法典评注：侵权责任编》，人民法院出版社2021年版，第86页。

活动获取了利益，为合理分配行为人的危险行为或危险物件造成的损害，基于利益享有者承担风险的原则，行为应承担责任。[①]第二，无过错责任原则只适用于法律有明确规定的情况，而该条的适用范围是双方对损害的发生均无过错的情况。第三，无过错责任原则要求一方承担责任，而该条要求双方分担损失。

四、公平责任的适用

【案例】 李斯之子李田与韩星、赵前、王武原系朋友关系，均未满18周岁。5月4日22时许，韩星、赵前、王武与李田四人吃过晚饭后一同去商丘古城南湖游玩。四人到南湖牌坊北面路东湖边，李田与韩星蹲在湖边玩闹时，李田推了韩星一把，韩星没有站稳滑向湖里时本能地拽住李田，二人同时掉进湖里。王武赶忙下水救人，急忙中将一人推上岸，当其再救另一人时因体力不支无奈放弃，上岸后发现被救的是韩星。赵前也急忙呼救别人帮忙，李田被随后来到的派出所民警和消防人员打捞出水后经商丘市第四人民医院抢救已无生命体征。另查明，2019年和2020年诚信旅游公司曾在城湖周边制作安装了相应警示标志。[②]

【问题】 李田的死亡赔偿需要韩星（监护人韩福）承担责任吗？

《民法典》第1186条规定，受害人和行为人对损害的发生都没有过错的，依照法律的规定由双方分担损失。公平责任的适用条件包括如下几项：

---

① 参见最高人民法院侵权责任法研究小组编著：《〈中华人民共和国侵权责任法〉条文理解与适用》，人民法院出版社2010年版，第183页。

② 参见河南省商丘市中级人民法院（2021）豫14民终4776号民事判决书。

第一，公平责任原则只有在双方当事人均没有过错的情况下才能适用，双方当事人都应举证证明自己没有过错。①“没有过错”强调的是在导致损害发生这一关键问题上，受害人和行为人双方的主观心理状态均是既没有故意也没有过失，均不具有任何可归责性。基于利益平衡的公平考虑，双方在无过错情形下分担损失。公平责任属于后位补充适用，即在能够适用过错责任原则（包括过错推定责任原则）和符合法律规定适用无过错责任原则的情况下，公平责任就不能适用。

第二，适用公平责任必须是法律规定的情形。法律规定的情形主要有：(1)完全行为能力人对自己的行为暂时没有意识或者失去控制造成他人损害的，且自身不存在过错的，可以与受害人分担损失。《民法典》第 1190 条第 1 款规定：“完全民事行为能力人对自己的行为暂时没有意识或者失去控制造成他人损害有过错的，应当承担侵权责任；没有过错的，根据行为人的经济状况对受害人适当补偿。”比如，营运车辆的司机不知道自己患有某种疾病，而在营运过程中突发疾病，造成乘客以及车辆的损害，对受害人超出保险范围内的损失，可与乘客分担。(2)无法查清行为人的情况。《民法典》第 1254 条第 1 款规定：“禁止从建筑物中抛掷物品。从建筑物中抛掷物品或者从建筑物上坠落的物品造成他人损害的，由侵权人依法承担侵权责任；经调查难以确定具体侵权人的，除能够证明自己不是侵权人的外，由可能加害的建筑物使用人给予补偿。可能加害的建筑物使用人补偿后，有权向侵权人追偿。”(3)紧急避险。《民法典》第 182 条第 2 款、第 3 款规定：“危险由自然原因引起的，紧急避险人不承担民事责任，可以给予

① 参见马俊驹、余延满：《民法原论（第 4 版）》，法律出版社 2010 年版，第 999 页。

适当补偿。紧急避险采取措施不当或者超过必要的限度，造成不应有的损害的，紧急避险人应当承担适当的民事责任。”(4)见义勇为。《民法典》第183条规定：“因保护他人民事权益使自己受到损害的，由侵权人承担民事责任，受益人可以给予适当补偿。没有侵权人、侵权人逃逸或者无力承担民事责任，受害人请求补偿的，受益人应当给予适当补偿。”(5)《民法典》第6条公平原则的适用。民法总则编的公平原则对侵权责任编调整的有关事项当然具有一般适用和补充适用的效力。以公平原则为指引和遵循，在法律没有规定适用无过错责任原则和过错推定责任原则的情形下，双方当事人均没有过错，但如果不分担损失会显失公平的案件中，人民法院就可以根据案件实际情况适用本条规定。比如在因意外事件造成损害的案件中就有必要根据案件实际情况分担损失。①本案韩星、赵前、王武、李田均为未满18周岁的限制民事行为能力人，李田落水死亡上述四人均不存在过错行为。根据查明的事实，李田与韩星在湖边玩闹时推了韩星一把，虽然韩星失足拉李田入水出于本能反应，没有过错，但是李田落水与韩星行为之间存在因果关系，应当适用《民法典》第1166条：“行为人造成他人民事权益损害，不论行为人有无过错，法律规定应当承担侵权责任的，依照其规定。”双方均无过错，但造成了李田死亡的后果，法院基于公平原则认为韩星(监护人韩福)应对李斯予以适当补偿，酌定的比例为李斯损失的15%。

第三，司法实践中，可能会出现损害的发生是由有过错的第三人引起，但却不能找到有过错的第三人从而无法追究其侵权责任的情形。此时，行为人虽无过错，但其行为与受害人的损害之间却

---

① 参见最高人民法院民法典贯彻实施工作领导小组主编：《中华人民共和国民法典侵权责任编理解与适用》，人民法院出版社2020年版，第207页。

存在一定的事实上的联系，从平衡双方当事人利益角度出发，让其分担损失具有合理性。①例如接受劳务一方承担的补偿责任。《民法典》第 1192 条规定，提供劳务期间，因第三人的行为造成提供劳务一方损害的，提供劳务一方有权请求第三人承担侵权责任，也有权请求接受劳务一方给予补偿。接受劳务一方补偿后，可以向第三人追偿，接受劳务一方此时承担的补偿责任，也属于公平责任。

第四节　侵权请求权和其他民事请求权的关系如何——侵权请求权

一、侵权请求权的概念

【案例】 2021 年 5 月 13 日晚，李斯乘坐公交车中途下车时，因公交车司机违反基本操作规则和常识，公交车没有停稳便打开车门，导致李斯跌倒受伤，送往医院抢救无效死亡。李斯家属起诉公交公司。

【问题】 李斯家属对公交公司有一种什么请求权？

（一）请求权的概念和请求权基础思维与方法

所谓请求权，是指请求他人为一定行为或者不为一定行为的权利。请求权包括债权请求权（合同请求权、无因管理请求权、侵权请求权和不当得利请求权）、物权请求权、人格权请求权、继承法上的请求权以及亲属法上的请求权等。请求权人自己不能直

① 参见最高人民法院侵权责任法研究小组编著：《〈中华人民共和国侵权责任法〉条文理解与适用》，人民法院出版社 2010 年版，第 186 页。

接取得该权益，而需通过他人实施或者不实施特定行为方能间接取得该权益。

请求权基础思维与方法包括两个核心板块。一为多项请求权的检视次序框架，通常遵循“合同——准合同——无因管理——物上请求权——侵权/不当得利”的基本次序。①二为单项请求权内部检视的三个层次，包括“请求权已成立”[涉及请求权的积极产生要件、消极产生要件（权利障碍抗辩事由）]、“请求权未消灭”（涉及权利消灭抗辩事由）、“请求权可实行”（涉及对抗请求权的实体法抗辩权），分析过程即为适用请求权基础（主要规范）、反对规范以及各自多层级的辅助规范的过程。②

（二）侵权请求权的概念与特点

根据《民法典》第 1165 条：“行为人因过错侵害他人民事权益造成损害的，应当承担侵权责任。依照法律规定推定行为人有过错，其不能证明自己没有过错的，应当承担侵权责任。”《民法典》第 1166 条：“行为人造成他人民事权益损害，不论行为人有无过错，法律规定应当承担侵权责任的，依照其规定。”不仅明确了侵权关系的主体，同时也确定了侵权的请求权。侵权请求权是请求权的一种，它是指在侵权行为发生之后，被侵权人有权依法请求侵权人承担侵权责任。③案例中，根据《道路交通安全法实施条例》第 63 条第 4 项规定，车辆停稳前不得开车门和上下人员，开关车门不得妨碍其他车辆和行人通行。案例中公交公司驾驶员违反

① 参见吴香香：《请求权基础：方法、体系和实例》，北京大学出版社 2021 年版，第 11—12 页。

② 参见吴香香：《请求权基础：方法、体系和实例》，北京大学出版社 2021 年版，第 15—16 页。

③ 参见王利明：《侵权责任法研究（上卷）》，中国人民大学出版社 2016 年版，第 57—59 页。

操作规则，在车未停稳的情况下打开车门，导致李某从车上摔下受伤致死，应承担侵权责任，死者家属对被告公司有基于李斯生命权、健康权受到侵害后的侵权请求权。

侵权请求权的特点在于：第一，侵权请求权是因侵权行为导致损害事实而发生的请求权。损害事实是前提，无损害事实，便无侵权请求权的产生。第二，侵权请求权是发生在特定当事人之间的权利。侵权请求权是赋予受害人对被侵权人行使的一种权利。第三，侵权请求权的内容是请求侵权人承担侵权责任。我国《民法典》采取多元化的责任形式，所以，侵权责任不仅包括损害赔偿，还包括停止侵害、排除妨害、消除危险、赔礼道歉等多种侵权责任承担方式。第四，侵权请求权的依据是民法典的侵权责任编的规定。是否构成侵权责任，依据就在于《民法典》侵权责任编，而违约损害赔偿等合同之债请求权的依据在于合同编。

（三）侵权请求权的主体

侵权请求权的主体有两个，即侵权人和被侵权人。所谓侵权人，也称加害人，是指损害他人民事权益的人。侵权请求权的主体可以是自然人，法人或者非法人组织。

侵权人可以分为以下两类：第一，行为人，也称直接加害人，是指直接实施损害他人民事权益的行为即侵权行为的人。行为人又可以分为两种情况：一是单独加害人，即行为人是单个主体的，也称单个侵权；二是共同加害人，即行为人是多个主体的，也称数人侵权。第二，责任人，也称替代责任人，是指虽然没有直接实施损害他人民事权益的行为即侵权行为，但依据法律规定应当承担侵权责任的人。例如某精神病人用石块猛击停在某小区的一辆汽车并将该汽车砸毁，该精神病人的监护人就要依法承担侵权责任，虽然该监护人本人并不是该侵权行为的直接实施者。

所谓被侵权人，也称受害人，是指民事权益受到侵害的人。

被侵权人可以是所有具有民事权利能力的民事主体，只要具有实体法上的民事权利能力，同时又因侵权行为导致其权利受到损害的人，即具有被侵权人的主体资格。被侵权人，通常就是侵权请求权的主体，表现在诉讼法上，即为提起侵权之诉的原告。对于无民事行为能力的被侵权人和限制民事行为能力的被侵权人，应当由法定代理人代其行使侵权请求权。法人的民事行为能力，主要是通过法人的法定代表人、代表机构或者代理人来实现。

侵权请求权的主体，除了受害人，在法定条件下还包括以下三种：一是被侵权人死亡的近亲属，“死者的姓名、肖像、名誉、荣誉、隐私、遗体、遗骨等受到侵害，其近亲属向人民法院提起诉讼请求精神损害赔偿的，人民法院应当依法予以支持”。①在侵权行为法上，间接遭受损失之人，就其经济上的损失原则上不得请求赔偿。因为间接损害通常被认为是受害人不确定、赔偿范围不确定、损失数额不确定的损害，不具有可预见性。②二是被侵权人为单位，该单位分立、合并后的权利承继人。三是被侵权人死亡的，支付被侵权人医疗费、丧葬费等合理费用的第三人。对于侵权人已经向近亲属支付相关费用的，第三人可根据无因管理的规定向受益的近亲属请求返还。③

（四）侵权请求权的内容

根据承担侵权责任的方式，侵权请求权的内容主要有以下 8 种：(1)停止侵害请求权；(2)排除妨碍请求权；(3)消除危险请求

① 参见《最高人民法院关于确定民事侵权精神损害赔偿责任若干问题的解释》第 3 条。

② 参见邹海林、朱广新主编：《民法典评注：侵权责任编 1》，法制出版社 2020 年版，第 188 页。

③ 参见邹海林、朱广新主编：《民法典评注：侵权责任编 1》，法制出版社 2020 年版，第 192 页。

权;(4)返还财产请求权;(5)恢复原状请求权;(6)赔偿损失请求权;(7)赔礼道歉请求权;(8)消除影响、恢复名誉请求权。这8种方式的请求权,既可以单独适用,也可以合并适用。停止侵害、排除妨碍和消除危险请求权是防御性请求权,适用此种责任形式无须考虑加害人是否具有过错。

二、物权请求权和侵权请求权的关系

【案例】 地处渤海之滨的某县,海岸线长98公里,滩涂面积65万亩,是全国滩涂贝类精养区之一。前不久,来自该县造纸厂、化工厂、皮革厂等5家企业的工业污水,大量排放到孙某等18户渔民经营的6家海水养殖场,致使即将成熟上市的文蛤、毛蚶、蛏子以及梭鱼、鲈鱼等滩涂贝类、鱼类成批死亡,大部分绝收,经济损失达到上千万元。

【问题】 孙某等18户渔民的什么权利受到侵犯?

《民法典》物权编第238条规定:"侵害物权,造成权利人损害的,权利人可以依法请求损害赔偿,也可以依法请求承担其他民事责任。"《民法典》第238条采取物权请求权与侵权请求权相结合,对物权进行全方位保护的模式,这种做法符合我国司法实践,也有利于更好地保护当事人的物权权益。①损害赔偿请求权,是指由于他人的非法行为造成财产的毁损和灭失,侵害权利人的物权时,权利人所享有的补偿其损失的侵权请求权。损害赔偿请求权

① 参见江必新主编:《中华人民共和国民法典适用与实务讲座(上册)》,人民法院出版社2020年版,第183—184页。

的性质是侵权责任请求权。①

(一) 物权请求权与侵权请求权的功能

物权请求权与侵权请求权具有不同的功能和目的，两者对物权的保护也有不同的侧重点。传统的物权请求权主要包括请求返还原物、排除妨害和恢复原状，其目的在于排除物权受侵害的事实或者可能，恢复或者保障物权的圆满状态。而侵权请求权一般是在物权人无法通过行使物权请求权而获得救济时，由加害人承担损害赔偿之债，即以货币方式恢复被损害物的价值。案例中孙某等 18 户渔民的数千万贝类、鱼类财产是物权，造纸厂、化工厂、皮革厂等 5 家排污企业侵犯了养殖户的物权，18 户渔民对被告享有物权请求权与侵权请求权，可要求 5 名被告停止侵害，承担侵权损害赔偿责任。

(二) 物权请求权与侵权请求权的区别

关于物权请求权与侵权请求权之间的关系，理论上有争议。②两者的差异体现在以下方面：(1)是否以过错为构成要件。物权请求权旨在维护权利人对物的圆满支配状态，其成立并不要求行为人具有过错，不需要证明相对人具有过错，有利于保护物权；而侵权请求权的成立则一般需要行为人具有过错，一般要举证证明加害人具有过错，否则加害人不负侵权责任。(2)权利人是否需要证明存在损害不同。不法行为人侵害或者妨害物权人的物权，造成了妨害或危险，此种妨害或危险本身并非一种损害，常常难以货币的形式来具体确定或定量，但这并不影响物权人行使物权请求权。权利人主张物权请求权时，其仅需要证明其对物的圆满

① 参见杨立新、李怡雯：《中国民法典新规则要点》，法律出版社 2021 年版，第 196 页。

② 参见崔建远：《侵权责任法应与物权法相衔接》，载《中国法学》2009 年第 1 期。

支配状态受到不当影响即可，而不需要证明自身受到损害，权利人可以直接根据物权请求权，请求对方停止侵害、排除妨害、消除危险等；而在权利人主张侵权请求权时，其一般需要证明自身遭受损害。在解释论上，应当认为当原告提出停止侵害、排除妨碍或消除危险等诉求时，如无特殊指明，即是以《民法典》第 235 条、第 236 条（物权请求权）、第 462 条（占有保护请求权）为基础，而非以《民法典》第 1167 条为规范基础。①(3)是否适用诉讼时效不同。物权请求权一般不适用诉讼时效；而侵权请求权则需要适用普通诉讼时效。因而，适用物权请求权对强化物权人的保护是非常有利的。

因而在权利人的权利遭受侵害以后，使得权利人可以在物权请求权和侵权请求权之间作出选择，这对受害人的保护无疑是更为有利的。②

三、人格权请求权与侵权损害赔偿请求权的关系

【案例】 B公司在某小区开有一家美容店，周艺系该公司股东兼任美容师，邵宇系该小区业主，邵宇因美容服务问题在美容店内与周艺发生口角。邵宇利用其小区业主微信群群主的身份，在双方发生纠纷后多次在业主微信群中散布谣言，对B公司、周艺进行造谣、诽谤、污蔑、谩骂，并将周艺从业主群中移出，B公司因邵宇的行为生意严重受损。为此，B公司、周艺向法院起诉请求邵宇赔礼道歉、消除影响、恢复名誉，同时要求赔偿损失及精神

① 参见邹海林、朱广新主编：《民法典评注：侵权责任编1》，法制出版社 2020 年版，第 28—29 页。

② 参见朱岩、高圣平、陈鑫：《中国物权法评注》，北京大学出版社 2007 年版，第 180 页。

抚慰金共计 3 万元。①

【问题】 本案中原告的哪些请求属于人格请求权和损害赔偿请求权?

人格权请求权是指在侵害人格权和妨害人格权行使的具体行为出现以后,权利人有权行使停止侵害、排除妨害、消除危险、恢复名誉、赔礼道歉等请求权。②

(一) 人格权请求权与侵权损害赔偿请求权的联系

人格权请求权与侵权损害赔偿请求权,为受害人提供救济的两种途径,两者紧密联系。在权利保护的时间轴来看,人格权请求权注重的是事前预防功能,发挥防止侵害人格权行为发生,而侵权损害赔偿是在人格权益受到侵害后,为权利人提供的一项事后救济途径,发挥事后的损害填补功能。在人格权受到妨害同时遭受侵害并导致损害时,可同时适用两种请求权。即发生侵权损害赔偿请求权与人格权请求权的聚合,侵权损害赔偿请求权用以填补损害,人格权请求权用以防止人格利益妨害的持续。③案例中原告请求邵宇赔礼道歉、消除影响、恢复名誉是人格请求权,要求赔偿损失及精神抚慰金共计 3 万元是损害赔偿请求权。

(二) 人格权请求权与侵权损害赔偿请求权的区别

行为人侵害他人人格权时,两种请求权在权利行使方式、证明标准、行为人有无过错等方面均有不同,当事人有权选择于己最有利的救济方式。

---

① 参见北京市第三中级人民法院(2018)京 03 民终 725 号判决书。

② 崔建远:《债法总则与中国民法典的制订》,载《清华大学学报》2003 年第 4 期。

③ 参见最高人民法院民法典贯彻实施工作领导小组主编:《中华人民共和国民法典人格权编理解与适用》,人民法院出版社 2020 年版,第 76 页。

1. 行为人主观状态不同

一般侵权责任要求行为人主观上要有过错，包括故意或过失。虽然侵权损害赔偿也是救济人格权的重要方法，但此种责任形式在构成要件上，原则上要求满足过错要件。①人格权请求权的行使，无需证明侵害人的主观过错，因为人格权属于绝对权，在其受到妨害或有可能侵害时，权利人有权要求不法侵害人排除妨害，有利于防止损害的发生或者扩大，恢复对人格利益的圆满支配状态。

2. 功能不同

区分损害和妨害的不同情形，分别适用人格权请求权和侵权损害赔偿请求权；妨害和损害并存时，可以同时适用侵权损害赔偿请求权与人格权请求权。损害和妨害是不同的侵害形态，损害是后果已经发生、客观存在的状态，妨害是一种持续性的侵害状态。损害一经发生可以通过各种方式确定其范围和大小，而妨害尚未造成损害结果的实际发生，无法通过金钱衡量其价值和数额。②损害赔偿是一种事后救济，而且对精神利益的侵害，仅仅通过金钱的支付可能难以实现有效补救。而恢复名誉、消除影响、赔礼道歉等方式，在救济精神损害方面可能比金钱赔偿更为有效。在网络环境下，侵害人格权的损害后果具有不可逆性，损害一旦发生，即难以恢复原状。网络环境下损害后果的易扩散性，也使得人格权，特别是名誉、隐私、肖像、姓名等精神性人格权，在现代社会显得十分脆弱，极易遭受侵害。所以，许多学者认为，人格权的保护要注重“防患于未然”。③

---

① 参见王泽鉴：《人格权法》，北京大学出版社 2013 年版，第 394 页。

② 最高人民法院民法典贯彻实施工作领导小组主编：《中华人民共和国民法典人格权编理解与适用》，人民法院出版社 2020 年版，第 78 页。

③ 参见王利明：《论人格权请求权与侵权损害赔偿请求权的分离》，载《中国法学》2019 年第 1 期。

3. 诉讼中的举证责任不同

人格权只要受到妨害时，权利人就可以行使人格权请求权，受害人仅需证明人格权益遭受妨害便可主张维权，无需证明损害的具体数额，有利于及时排除妨害，制止损害的发生。例如，互联网时代下的人格权事后保护往往极其困难，被揭露的隐私、侵害名誉的言论在互联网上以光速传播，几分钟后有些事情就被网络媒体推到百万级以上的热搜，使得损害后果急剧放大，网络事后的删除往往也很难彻底，当事人人格权因此所遭受的伤害难以估量，很多案例的受害人一夜之间就成为世人皆知的"网红"。

4. 是否适用诉讼时效不同

人格权请求权基于绝对权，人格权遭受到侵害或妨害的持续状态时，就可以行使，而且不受诉讼时效的限制。侵权损害赔偿请求权是债权请求权，适用诉讼时效制度。《民法典》第 188 条规定：向人民法院请求保护民事权利的诉讼时效期间为三年。法律另有规定的，依照其规定。

关于侵权损害赔偿请求权与人格权保护请求权的关系，一般认为可以同时适用，受害方享有请求权的选择权，可以同时主张损害赔偿、赔礼道歉、消除影响等。①

四、侵权责任请求权和违约责任请求权

【案例】 甲医院的医生丁义因医疗过失而错误地将患者周

① 参见马世忠主编：《人民法院大讲堂民法典重点问题解读》，人民法院出版社 2021 年版，第 798—799 页。

艺健康的器官切除了。丁义的医疗过失行为既违反医疗服务合同而产生违约责任,又符合侵权责任的构成要件须承担医疗损害责任。

【问题】 患者周艺可否要求医院既承担违约责任又承担侵权责任?

《民法典》第 577 条:"当事人一方不履行合同义务或者履行合同义务不符合约定的,应当承担继续履行、采取补救措施或者赔偿损失等违约责任。"违约责任请求权是基于守约方请求对方承担继续履行、采取补救措施或者赔偿损失等违约责任的权利。主要体现为三大类核心的请求权,即继续履行请求权、违约损害赔偿请求权、违约金和违约定金请求权。《民法典》第 186 条规定:"因当事人一方的违约行为,损害对方人身权益、财产权益的,受损害方有权选择请求其承担违约责任或者侵权责任。"体现为违约损害赔偿请求权和侵权损害赔偿请求权的竞合问题。案例中,周艺不能同时要求甲医院既承担违约赔偿责任,又承担侵权赔偿责任,两者只能选其一。

(一) 侵权请求权与违约责任请求权的区别

关于侵权请求权与违约责任请求权主要区别如下:①

1. 请求权对应违反的义务不同

侵权请求权是针对行为人违反法律明确规定的义务而产生的权利;而违约责任请求权针对行为人违反当事人约定的义务而产生的权利。侵权请求权是以非特定民事主体之间的绝对权法律关系为基础,而违约责任请求权必须以特定当事人之间具有合

① 参见最高人民法院民法典贯彻实施工作领导小组主编:《中华人民共和国民法典总则编理解与适用》,人民法院出版社 2020 年版,第 940 页。

同关系为基础。

2. 请求权保护的范围不同

在我国，侵权请求权保护的范围广泛，包括人格权、身份权、物权、债权、知识产权和继承权，以及相关的人格利益、身份利益和财产利益。而违约责任请求权保护的范围由于受到合同相对性的限制，只保护当事人的债权，以及一方当事人违反合同义务而给对方当事人的预期利益所造成的损害。如果违约行为涉及债权人人身、财产固有利益的损害，则构成违约责任与侵权责任的竞合，按照第186条和《民法典》合同编中的规定，由当事人选择侵权责任或是违约责任起诉。

3. 请求权的内容不同

违约责任请求权为赔偿损失、支付违约金等以财产为内容的请求权，并且在没有给对方造成损失的情况下，仍可提起追究违约责任的请求，通常情况不得要求精神损害赔偿。侵权请求权以侵权人有给他人造成损害为前提，请求权的内容不能适用违约金，侵权请求权除了可以请求赔偿损失等财产性承担方式外，还可以采取消除影响、恢复名誉等非财产性承担责任的方式。

4. 归责原则不同

违约责任请求权依循严格责任原则，只要当事人违反合同义务，即对违约方有请求权，而不问其是否有过错。对于侵权请求权而言，一般的侵权行为要有过错要件。

（二）侵权请求权与违约责任请求权的竞合的处理

从权利人（受害人）的角度来看，因不法行为人的行为的多样性，使其具有因多种性质的违法行为而产生的多重请求权，此种现象称为请求权竞合，即以同一给付目的法律效果的数个请求权并存，当事人得选择行使之。如计程车司机驾驶不慎，发生车祸，致乘客受伤时，乘客有不完全给付债务、不履行的损害赔偿请求权及侵权行为损害赔偿请求权，得择一行使之。[①]

行为人违反了合同约定，同时也侵害了他人的合法权益。包括：(1)合同当事人的违约行为，同时侵犯了法律规定的强行性义务，如保护、照顾、通知、忠实、保密等附随义务或其他法定的不作为义务。如出售有瑕疵的产品致人损害、违反合同约定的保密义务而致他人的隐私权受到侵害等。(2)“违约性的侵权行为”，如在建设工程承包合同中，因工程质量低劣而致发包方受有损害的。(3)“侵权性的违约行为”，侵权行为直接构成违约的原因，如在加工承揽合同中，因承揽方保管不善，致使定作物或定作方提供的材料毁损、灭失。(4)不法行为人故意或重大过失实施侵害他人权利并造成他人损害时，在加害人与受害人之间事先就存在一种合同关系。如在医疗服务合同，因医生的故意或重大过失造成病人的伤害或死亡。[②]

违约责任与侵权责任的竞合成为我国司法实践中责任竞合的主要形态，具有如下特点：第一，行为人的行为同时符合违约责任和侵权责任的构成要件。从司法实践来看，一个行为符合数个责任构成要件，既可能是因为行为本身的复杂性所致，亦可能是因为法律规定本身的交叉所引起的，不论出于何种原因，此种现象完全不同于行为人实施数个行为而造成不同损害的情况。第二，数个责任之间相互冲突。这里所说的相互冲突，一方面是指行为人承担不同的法律责任，在后果上是不同的；另一方面，相互冲突意味着数个责任既不能相互吸收，也不应同时并存。若数种责任是可以相互包容或同时并存的，则行为人所应承担的责任已

---

① 参见王泽鉴：《民法思维：请求权基础理论体系》，北京大学出版社 2022 年版，第 83—84 页。

② 参见马俊驹、余延满：《民法原论》，法律出版社 2010 年版，第 1041—1042 页。

经确定,不发生责任竞合的问题。第三,受害人依法只能选择一项请求权行使。即便其选择的请求权不足以对受害人所遭受的损害提供充分的补救,受害人也不能选择另一种请求权行使。在诉讼过程中,受害人只能针对一项请求权提起诉讼,如果该项诉讼请求被驳回,受害人不能再根据另外一种请求权提起诉讼。

第二章　侵权责任构成要件和免责事由

第一节　行为人承担侵权责任的判断标准
——侵权责任构成要件概述

一、侵权责任构成要件的概念

【案例】 2017年1月16日，北京市公安局丰台分局卢沟桥派出所接李某某110报警，称支某3外出遛狗未归，怀疑支某3掉在冰里了。接警后该所民警赶到现场开展查找工作，于当晚在永定河拦河闸自西向东第二闸门前消力池内发现一男子死亡，经家属确认为支某3。发现死者时，永定河拦河闸南侧消力池内池水表面结冰，冰面高度与消力池池壁边缘基本持平，消力池外河道无水。北京市公安局丰台分局出具关于支某3死亡的调查结论，主要结论：该人系符合溺亡死亡；该人死亡不属于刑事案件。支某3家属对死因无异议。支某3遗体被发现的地点为永定河拦河闸下游方向闸西侧消力池，消力池系卢沟桥分洪枢纽水利工程（拦河闸）的组成部分。永定河卢沟桥分洪枢纽工程的日常管理、维护和运行由北京市永定河管理处负责。北京市水务局称事发地点周边安装了防护栏杆，在多处醒目位置设置了多个警示标牌，标牌注明管理单位为“北京市永定河管理处”。支某3的父母支某1、马某某，妻子李某某和女儿支某2向法院起诉，请求北京市永定河管理处承担损害赔偿责任。①

【问题】 北京市永定河管理处是否要承担侵权责任？

侵权责任构成，或者说侵权损害赔偿责任构成，是侵权法的核心问题，也是加害人与受害人博弈的“战场”。②行为人是否要承担侵权责任？判断的标准是什么？这是侵权责任构成要件要回答的重要问题。侵权责任构成要件是构成侵权人应当承担侵权责任必备的具体条件，是侵权责任有机构成的基本要素。因而，它是侵权人承担侵权责任的条件，是判断侵权人是否应负侵权责任的根据。③

有加害行为或者有损害事实但不一定要承担侵权责任。一方面，如果加害行为与损害后果之间的因果关系链条过长，就很难举证证明这中间的因果关系和具体侵害人的确定。例如，李思长期在街边小店吃麻辣烫食物导致食管癌的发生，医生认为长期食用太烫、太辣的食物，可能会诱发食管癌，但李思却不能对某家麻辣烫店家追究侵权责任。另一方面行为人基于某种正当理由实施加害行为也不一定担责，如张公平对入室抢劫犯赵六实施了正当防卫行为，导致抢劫犯重伤致残的后果。或者行为人尽到了

① 参见指导案例141号：支某1等诉北京市永定河管理处生命权、健康权、身体权纠纷案（最高人民法院审判委员会讨论通过2020年10月9日发布）。

② 参见柳经纬、周宇：《侵权责任构成中违法性和过错的再认识》，载《甘肃社会科学》2021年第2期。

③ 参见《中国大百科全书·法学》，中国大百科全书出版社1984年版，第473页。

合理注意义务而没有过错，如在公共场所的河道设有提醒不得下水游泳否则后果自负的警示牌，或者受害人具有故意或重大过失，如王武因家庭矛盾一时想不开在酒店六楼跳楼自尽，河道的管理单位以及酒店并不因为违反安全保障义务需要承担侵权责任。案例中支某3的死亡，北京市永定河管理处不承担侵权责任，因为仅有损害事实并不足以对行为人归责，侵权责任的成立必须符合侵权责任的构成要件：违法行为、主观过错、损害后果且违法行为与损害后果之间具有因果关系等。北京市永定河管理处对支某3的死亡发生无过错，也无违法行为，故不应承担赔偿责任。

民法通过对侵权的必要条件进行理论抽象，形成系统完整的侵权责任构成要件论。这一理论在大陆法系的侵权法中得到了充分的体现。例如，“任何行为使他人受损害时，因自己的过失而致使损害发生之人，对该他人负赔偿的责任”（《法国民法典》第1382条），“任何人不仅对因其行为所引起的损失，而且对因其过失或疏忽所造成的损害，负赔偿的责任”（《法国民法典》第1383条），对自己加害行为的具体要件进行了抽象。《德国民法典》第823条第1款对侵害五种绝对权的构成要件进行了概括，实际上侵害这五种绝对权的侵权行为构成了德国侵权行为的绝大部分。

侵权责任构成要件与归责原则具有密切联系。归责原则属于更为基础的范畴，它解决的是加害人或其他赔偿义务人承担责任的依据问题，一般来说，归责原则是确立责任构成要件的基础和前提。例如，对无过错责任而言，其构成要件中就不包括过错。当然，归责原则只是认定责任的一般原则，在认定某一行为是否成立侵权责任时，应当在归责原则的指导下，对行为人实施侵权行为做全面综合的评价。可以说，归责原则是责任构成要件的基础和前提，而责任构成要件则是归责原则的具体体现，其目的在于实现归责原则的功能和价值。①

二、侵权责任构成要件的分类

【案例】 2021年5月2日，张公平在从车上卸载牛时，牛发生逃逸顺路而下，至雷家塘村路口时将在此等候修三轮车的王金波顶撞倒地。王金波当天被救护车送往市人民医院，经诊断王金波左侧股骨粗隆间骨折、左髋部软组织损伤、胸部软组织损伤、腰部软组织损伤、腰椎横突骨折(腰2—4右侧)。王金波住院期间共支付医疗费用51 613.87元。司法鉴定因外伤(被牛撞击)致左下肢的损伤，其程度评定为十级伤残。②

【问题】 王金波可以要求张公平承担责任吗?

侵权责任的类型不同，其责任构成要件也不同。区分各种侵权责任构成要件，对于法官处理案件有十分重要的意义：一方面，司法审判人员在处理侵权纠纷时，对于不同侵权构成要件，要区分一般侵权和特殊侵权案件，在法律有特别规定的特殊侵权责任构成要件时，不能简单地以一般构成要件替代特殊构成要件；另一方面，法官在处理大致类似的案件时，应当适用同一构成要件，从而有助于保障法律的稳定性。

侵权责任构成要件也可以分为一般构成要件和特殊构成要件。一般构成要件是特殊构成要件的基础，特殊构成要件是在一

① 参见王利明：《侵权责任法研究(上卷)》，中国人民大学出版社2016年版，第304页。

② 根据乌鲁木齐市中级人民法院(2022)新01民终1061号民事判决书中的案例改编。

般构成要件的基础上对构成要件进行的调整。在我国《民法典》侵权责任编中，归责原则不仅确立了侵权责任的类型（如过错责任、无过错责任），而且确认了不同侵权责任类型的构成要件。所谓一般构成要件，是指在一般侵权行为中，适用过错责任原则时，认定责任的成立所应当满足的必要条件。侵权行为的一般构成要件是就一般侵权行为而言的，凡是适用过错责任原则的案件，都要满足一般责任构成要件。所谓特殊构成要件，就是指在特殊的侵权形态中，适用于过错推定责任、无过错责任和公平责任案件中的责任构成要件。各类特殊侵权行为的构成要件多由法律加以特别规定。①例如，在动物损害责任中，动物园的动物造成损害的，适用过错推定原则；产品缺陷致人损害责任和高度危险责任适用无过错原则，相应的侵权责任的构成要件就是不同的。《民法典》第 1245 条规定："饲养的动物造成他人损害的，动物饲养人或者管理人应当承担侵权责任；但是，能够证明损害是因被侵权人故意或者重大过失造成的，可以不承担或者减轻责任。"案例中，伤者王金波站在路边，并未有挑逗动物的情形，王金波无过错。张公平作为牛的所有人，在装卸牛的过程中未尽管理职责，未看管好牛，以至于发生伤人事件。张公平理应承担侵权赔偿责任。

三、侵权责任的一般构成要件

【案例】　2020 年 12 月 24 日上午 9 时许，张公平的朋友将车

---

① 参见王利明：《侵权责任法研究》（第 2 版）上卷，中国人民大学出版社 2016 年版，第 305 页。

停在李岩经营的明山区李岩汽车电子产品服务中心门前，想让张公平帮着看车。在张公平看车时，李岩从其经营的店出来，以车挡着店门口为由让张公平把车挪走，双方为此发生争执，继而张公平用脚踹了李岩腹部，李岩倒地。后李岩至本钢总院治疗，诊断为：头、腹部外伤。花医疗费 2 494.43 元。休工期：2020 年 12 月 24 日至 2021 年 1 月 7 日。误工费为 2 225.38 元。李岩各项经济损失数额为 4 719.81 元。①

【问题】 张公平需要对李岩承担侵权责任吗？其行为符合一般侵权责任的构成要件吗？

侵权责任中，需要说明的是，构成停止侵害、排除妨碍、消除危险、返还财产等责任的侵权行为，并不需要以损害后果为要件（《民法典》第 1167 条）。关于以承担侵权损害赔偿责任为内容的一般构成要件，主要有两种不同的观点：

第一种观点认为，责任构成是三要件，即过错＋损害事实＋因果关系。该观点认为侵权责任一般构成要件包括：过错、损害事实、行为与损害事实之间的因果关系。三要件说的主张者认为过错吸收了违法性，“没有必要将不法作为侵权责任的独立要件”。②如果按照三要件说，过错吸收了违法性，不法行为不作为独立的责任构成要件，这在理论上难以自洽，甚至会颠覆法治社会对侵权行为违法性的基本认知。从侵权责任发生的缘由来看，三要件说或者说过错吸收违法性论，抽掉了侵权责任构成基础的不法行为要件，这就等于抽掉了四要件中的“因”。如果从责任的承

① 根据辽宁省本溪市中级人民法院（2022）辽 05 民终 807 号民事判决书的案例改编。

② 参见孔祥俊、杨丽：《侵权责任要件研究（下）》，载《政法论坛》1993 年第 2 期。

担方式来看，违法性要件就更不能缺席。三要件或四要件均针对损害赔偿责任，如果不是损害赔偿责任，而是停止侵害、排除妨碍、消除危险、赔礼道歉、恢复名誉、消除影响等侵权责任，那么缺乏违法性要件，这些责任就更难以成立。①

第二种观点认为，责任构成是四要件，即违法行为＋损害事实＋因果关系＋过错。该观点认为，如果认为过错吸收了违法性，“无异于将创建法律秩序的任务委身于当事人的过错，实为过错概念难以承受之重”。②在过错责任中，侵权责任的构成要件有四个，即违法行为（加害行为）、损害事实、违法行为与损害结果之间的因果关系以及行为人的过错。在无过错责任中，侵权责任的构成要件有三个，即侵害行为、损害事实以及两者之间的因果关系。③因此，在一般侵权责任，不法行为与损害均为客观事实，其间通过因果关系链接起来，主观过错为主观要素，构成一个包括客观要素和主观要素、事实与逻辑的责任构成要件体系。

这两种学说的主要差异在于，是否以违法性作为独立的责任构成要件。在侵权责任制度中，过错不能完全代替违法性对侵权行为进行评价，违法性仍有必要作为侵权责任构成的独立要件。而且，对侵权行为进行违法性的客观评价，不是过错所能替代的，过错评价承载不了违法性所具有的法治社会评价功能。本书采用通说，认为违法行为是侵权责任构成的必备要件，亦即侵权责任必须具备违法行为、损害事实、因果关系和过错四个要

---

① 参见柳经纬、周宇：《侵权责任构成中违法性和过错的再认识》，载《甘肃社会科学》2021 年第 2 期。

② 参见张新宝：《侵权责任构成要件研究》，法律出版社 2007 年版，第 12 页。

③ 参见张新宝：《中国侵权行为法》，中国社会科学出版社 1995 年版，第 20—21 页。

件。违法行为在德国法系称之为不法行为,其内部结构包括两个要素,一是行为,二是违法(或称不法)。违法和行为合二为一,成为侵权责任构成的客观要件之一,与损害事实和因果关系这两个客观要件一起,构成完整的侵权责任构成中客观要件体系。①

违法的要素(或称不法的要素),即违反不可侵的法定义务,违反保护他人的法律,违背善良风俗的原则。前两种为狭义违法,后一种为广义违法。如果侵权责任中没有行为的要件,则无法说明侵权行为的客观表现形式;没有违法的要件,则无法确认侵权行为与法律之间的关系,因而使侵权责任无从认定。

无论在哪种归责原则下,都需要有违法行为、损害结果以及两者之间的因果关系这三个构成要件。同时,无过错责任原则下的"无论有无过错",也建立在过错概念的基础上。案例中李岩与张公平因挪车产生争执,张公平殴打李岩是违法行为,导致李岩健康权受到侵犯,并产生经济损失,张公平的加害行为和李岩的损害结果之间有因果关系,张公平用脚踹李岩腹部的行为是故意,有过错。张公平的侵权行为符合一般侵权行为的 4 个构成要件,所以张公平应对李岩遭受的损失承担赔偿责任。

第二节　侵权责任构成要件——加害行为和损害事实

一、加害行为的概念和特征

【案例】 4 月 9 日,灌区管理所在商店购买名称为草灌净的

① 参见杨立新:《侵权法论》,人民法院出版社 2011 年版,第 151 页。

除草剂，随后雇用飞手张公平对其辖区的涉案排水旱渠用无人机喷洒除草剂。程立承包的 1 公顷（15 亩）土地（种植玉米）位于该渠北侧。6 月，程立发现其耕种的玉米长势不好，得知灌区管理所于 4 月向其耕地相邻的排水旱渠喷洒了除草剂，并于 6 月向其所耕种的玉米地喷洒了解药。8 月 30 日，经镇赉县公证处公证，程立的受害地面积为 5.17 亩。经吉林省海明价格鉴证与评估有限公司价格评估，5.17 亩玉米减产损失为 11 539 元，程立为此支出评估费 2 000 元。①

【问题】 灌区管理所喷洒除草剂，导致程立的玉米减产，该行为是什么性质？

作为侵权责任构成要件之一的“行为”具有统一性与全面性。它不仅适用于自己的加害行为责任之构成，也适用于准侵权行为责任之构成。“行为”概念是统一的，不仅包括了人（包括法人，按照法人实在说，法人机关行为视为法人自己的行为）有自主意识的行为，人对他人的管理、监督以及对动物和物件管领、控制的事实，还包括无行为能力者的“举动”。②

加害行为，也称为违法行为，是一般侵权行为的构成要件之一。加害行为是民事主体在人的意志支配下所实施的侵害他人民事权益的行为。③根据《民法典》第 3 条的规定，权利的相对人均负有不得侵犯权利的一般义务，侵犯权利的行为都违反了法定义务，侵害他人权利时，即推定侵害行为的不法性。④根据第 3 条的规定，侵犯他人合法利益的行为，也可能构成侵权行为。案例中

① 参见吉林省白城市中级人民法院（2021）吉 08 民终 1500 号民事判决书。

② 参见张新宝：《侵权责任构成要件研究》，法律出版社 2007 年版，第 15 页。

③ 参见宋纪连：《民法典人生导图》，上海人民出版社 2022 年版，第 68 页。

④ 参见王泽鉴：《侵权行为》，北京大学出版社 2009 年版，第 218 页。

灌区管理所喷洒除草剂导致程立的玉米减产，侵犯了程立的财产权，该行为是加害行为。

加害行为是侵权人或者其被监护人、雇员等实施的行为。从实施加害行为的主体来看，包括两种：(1)行为人自己实施的加害行为；(2)被告对其造成的损害负有赔偿等义务的人实施的"行为"，这主要是指雇员在执行雇佣工作的过程中或者为了雇主的利益实施的行为以及被监护人致人损害的情况。动物致人损害不是人的加害行为，物件的内在危险之实现造成损害(如建筑物倒塌造成人身伤害)也不是人的加害行为，在侵权责任法理论中被称为"准侵权行为"。①

加害行为所侵害的是被侵权人的民事权益。侵害权利包括：人身权、物权以及与物权相关的他物权、知识产权和其他无形财产权利，婚姻家庭方面的权利有时也可能成为侵权行为所加害的客体。债权只有在极其特别的条件下才成为侵权行为加害的客体。侵权法保护债权，是通过对第三人故意侵害债权的行为科以侵权责任的方式来救济债权人，以达到保护债权的目的。②"错误执行侵害债权的，赔偿范围一般应当以债权标的额为限。债权受让人申请赔偿的，赔偿范围以其受让债权时支付的对价为限。"③某些人身和财产方面的利益可能成为加害行为侵害的客体，主要包括受到法律保护的精神利益(如死者的人格利益)和财产利益(如数据、网络虚拟财产)。

---

① 参见王利明：《侵权责任法研究》(第2版)上卷，中国人民大学出版社2016年版，第2页。

② 参见最高人民法院民法典贯彻实施工作领导小组主编：《中华人民共和国民法典侵权责任编理解与适用》，人民法院出版社2020年版，第17页。

③ 参见《最高人民法院关于审理涉执行司法赔偿案件适用法律若干问题的解释》(2022年3月1日施行)第17条。

二、作为和不作为

【案例】 张公平在某市龙虾大酒店就餐，邻座李四、王武因喝酒发生争吵，继而动手打斗，酒店保安见状未出面制止。李四拿起酒瓶向王武砸去，王武躲闪，结果张公平头部被砸伤，花去医疗费 5 000 元，误工 14 天。但李四是一个债务缠身的老赖，根本无钱给张公平赔偿。

【问题】 本案中，对于张公平的伤害，李四的侵权行为和酒店保安的行为如何定性？

（一）作为和不作为的含义

加害行为依其表现形态之不同，可分为"作为"与"不作为"。作为是指，行为人积极的举止动作，即有所为，外界对此能够加以识别，一般来说，侵权行为中的作为是不应该作而作。例如，谩骂他人、侵占他人的财物、损坏他人的手机等。不作为是指不做某件事情，从外界表现来看，行为人乃是处于消极的静止状态，什么也没干。被认定构成加害行为的不作为，必须是违反了某种作为的义务，应该作而不作。案例中李四的侵权行为是作为；酒店保安的行为违反了安全保卫义务，是不作为。

（二）不作为的义务产生根据

将不作为认定为加害行为时，除有《民法典》第 3 条的违反外，还需要有明确的作为义务的存在。先有作为义务，后有不作为，才构成作为义务的违反。一般认为，不作为义务的产生根据包括以下几种情况：法律规定、服务关系、契约上义务、自己之前行为以及公序良俗等。作为义务主要是产生于特定身份或有特定关系的人之间，包括以下几类：

1. 基于身份关系中产生的作为义务

如《民法典》第 1059 条第 1 款规定："夫妻有相互扶养的义务。需要扶养的一方，在另一方不履行扶养义务时，有要求其给付扶养费的权利。"

2. 基于合同导致的作为义务

一方面是当事人通过合同约定的各种作为义务。如张公平出差在外，有偿委托李思在老家帮忙照看 5 岁小强一个月，因李思疏于照顾，小强被烫伤，不仅产生违约责任，还会产生侵权责任，构成不作为的侵权行为。另一方面，法律也会直接规定一些合同的作为义务。如运输合同中的针对承运人的法定作为义务。客运合同的承运人在运输过程中，应当尽力救助患有急病、分娩、遇险的旅客(《民法典》第 822 条)。

3. 特定职业或营业从业者的作为义务

如面对火情，消防队接到火警，必须立即赶赴火灾现场，救助遇险人员，排除险情，扑灭火灾。①人民武装警察遇有公民的人身财产安全受到侵犯或者处于其他危难情形，有及时救助的作为义务。②

4. 安全保障的法定作为义务

安全保障是特定场所的管理人或特定活动的组织者所负有的保障他人人身、财产安全的义务。对于公共场所的管理人和群众性活动的组织者，《民法典》第 1198 条规定的安全保障义务中，就是作为义务。

5. 从事了在先行为的人对危险的及时排除的作为义务

如果行为人的在先行为诱发或开启了某种危险状态，从而使

① 参见《消防法》第 44 条第 4 款。

② 参见《人民武装警察法》第 28 条。

其负有消除该危险状态或救助因此而受害之人的义务。①例如，佘某驾驶轿车与环达公司在施工运输中掉落在路面的一水泥块相撞，造成车辆受损。湖南省高速公路管理局湘潭管理处和环达公司在施工运输中掉落水泥块在路面负有及时移走水泥块的作为义务。湖南省高速公路管理局湘潭管理处赔偿车主的车辆维修损失后向直接导致事故发生的环达公司追偿。②

6. 基于诚信原则产生的义务

在一些特殊的情况下，即便没有法定或约定的作为义务，基于诚实信用原则、公序良俗原则或生存共同体相互协助义务的要求也可产生作为的义务。③例如，同一矿坑的工作人员相互给予救助；登山者在看见其他登山者发生危险时顺手拉一把等。

三、损害的含义

【案例】　2020 年 8 月 29 日 13 时 46 分，张公平驾驶中型罐式货车（行驶证登记所有人巨野公司）沿江阴市华士镇澄鹿路由西向东行驶至泰清寺门口地段时，由于操作不当造成车内装载的燃油泄漏。2020 年 8 月 29 日 15 时 33 分许，李四驾驶电动自行车沿澄鹿路由西向东行驶至泰清寺门口地段时，由于地面油污摔倒，造成李四跌地受伤、电动自行车受损的交通事故，李四构成一级伤残，为植物人状态。交警部门出具道路交通事故认定书载明：张公平驾驶机动车载物行驶时遗洒载运物，其违法行为是造

---

① 参见程啸：《侵权责任法教程》，中国人民大学出版社 2020 年版，第 101 页。

② 参见湖南省长沙市中级人民法院(2017)湘 01 民终 4829 号民事判决书。

③ 参见程啸：《侵权责任法》，法律出版社 2021 年版，第 222 页。

成此事故的直接原因;张公平负全部责任,李四不负此事故的责任。李四向一审法院起诉请求:判令张公平、巨野公司、保险公司赔偿共计 1 778 421.18 元。具体损失项目为:医疗费 64 818.26 元、住院伙食补助费 9 650 元(50 元/天×193 天)、营养费 6 000 元(50 元/天×120 天)、护理费 438 600 元(200 元/天×365 天/年×5 年+200 元/天×368 天)、误工费 27 968 元(2 280 元/月/30×368 天)、残疾赔偿金 1 117 248 元(55 862.4 元/年×20 年)、精神损害抚慰金 10 万元、交通费 1 万元、车损 2 000 元、残疾辅助器具费 2 136.92 元。①

【问题】 本案中,李四诉讼主张了哪些损害?

损害是所有侵权损害赔偿的必备要件,没有损害则没有赔偿。损害事实是指民事主体人身或财产权益所遭受的不利影响,包括财产损害、非财产损害。非财产损害又包括人身损害、精神损害。正如王泽鉴先生所指出的,损害"系指权利或利益受侵害时所生之不利益。易言之,损害发生前之状态,与损害发生后之情形,而相比较,被害人所受之不利益,即为损害之所在"。②本案李四诉讼主张了非财产损害:身体伤残、精神损失;财产损害:车损费、医疗费、住院伙食补助费、营养费、护理费、误工费、交通费、残疾辅助器具费。

我国《民法典》中的损害概念包含如下几种情况:

1. 狭义的损害概念,即财产损失

财产损害还可以分为直接损失、间接损失以及纯经济利益的损失。直接损失是指既得利益的丧失或者现有财产的减损,即本

① 参见江苏省无锡市中级人民法院(2022)苏 02 民终 2291 号民事判决书。

② 参见王泽鉴:《不当得利》,中国政法大学出版社 2002 年版,第 34 页。

不该减少的减少了。间接损失是指可得利益的损失，即未来财产的减少，即该得到的没有得到；此种损失如果没有侵权行为的发生，受害人在正常情况下可以得到该利益。纯经济利益的损失，是指非因人身或所有权等权利受侵害而产生的经济或财产损失。例如，在繁忙的道路上发生交通事故，受损车辆被侵犯的是财产权，如果车上人员受伤，被侵犯的是人身权。此外，因事故导致道路堵塞，不能按时上班，无法及时搭乘班机等导致的损失，则可能构成纯经济利益的损失。纯经济利益的损失具有不确定性，涉及者不仅人数众多，而且往往数量巨大。究竟侵犯哪些利益造成的损失可以算作纯经济利益的损失，哪些纯经济损失可以得到赔偿，是民法上侵权责任面对的难题。

2. 广义的损害概念

既包括财产损失，也包括精神损害。该损害概念实际上是从损害赔偿的角度所说的损害，此种损害引发的后果是损害赔偿。本章所讨论的损害，主要是从此种意义上展开讨论的。在这个意义上理解的损害，是指行为人的行为对受害人造成了不利后果，但此种不利后果主要包括行为人实际给受害人造成的现实损害，但不限于财产损害。①非财产损害包括自然人的死亡或者伤残，对其他人身权如名誉权、隐私权的损害，以及精神损害。非财产损害虽然无法用金钱计量，但是金钱赔偿却是救济非财产损害的重要途径。

3. 最广义的损害概念，即侵害他人民事权益造成损害（《民法典》第 1165 条）

此种最广义的损害是指因侵害或损害他人民事权益而给受

① 参见全国人大常委会法制工作委员会民法室编：《中华人民共和国侵权责任法条文说明、立法理由及相关规定》，北京大学出版社 2010 年版，第 22 页。

害人造成的各种不利益状态，它既包括实际造成的损害后果，也包括各种危险和妨碍；既包括现实的损害，也包括将来可能发生的损害；既包括对各种权利和利益的侵害所造成的后果，也包括对各种权利和利益的行使而形成的妨害。可以说，损害是指受害人因他人的加害行为或者物的内在危险的实现而遭受的人身或财产方面的各种不利后果。①此种损害的概念，既可能作为损害赔偿的构成要件，也可能只导致停止侵害、排除妨碍、消除危险等责任的产生。

四、损害的类型

【案例】 周艺面容姣好，报名参加环球小姐大赛，一路过关斩将杀进决赛，如果2个月后决赛能当选环球小姐，则可获得奖金500万元（周艺人气极高，可能性是50%以上），即使最保守的入围奖也可以获得200万元的奖励（可能性是100%）。某日周艺坐王武的出租车上街购物时，与李斯的车发生碰擦，李斯一怒之下开车将王武的出租车撞坏，导致周艺严重受伤，脸部毁容。住院2个月，花去医药费4万元，毁容后无法继续参赛，痛失到手的环球小姐和至少200万元的奖励。如果能获奖，A广告公司准备和周艺签约代言人，一年的代言费是1 000万元。此后周艺精神抑郁，严重依赖精神类药物。王武维修车辆花费5 000元，维修半个月，因无法正常营业而损失6 000元。

【问题】 本案中周艺和王武的哪些损失是财产性损害与非

① 参见张新宝：《中国侵权行为法》，中国社会科学出版社1995年版，第20—21页。

财产性损害、直接损害与间接损害、积极损害与消极损害？

(一) 财产上损害与非财产上损害

依据损害能否通过金钱加以衡量分为财产上损害与非财产上损害。财产上损害，指具有财产价值，得以金钱计算的损害。例如，案例中周艺的医疗费、护理费、康复费以及奖励和代言费的减少，王武的修车费和营业损失。非财产上损害，指精神、肉体痛苦等不具有财产价值、难以用金钱计算的损害。①例如案例中周艺因脸部毁容遭受的痛苦、精神抑郁带来的损害，只能诉诸精神损害赔偿。

财产性损害与非财产性损害区分的意义。首先两者的可赔偿性不同。原则上，任何财产性损害都属于可补偿的损害。对于财产性损害的确定，采取的是所谓“差额说”，即将受害人在损害发生之前的财产状况与损害发生后的财产状况加以比较，如有差额则属于有损害。但是，非财产性损害只有在法律有规定时，才能得到赔偿(《民法典》第 1183 条)。其次，侵权责任的承担方式不同。当侵权人造成被侵权人财产性损害时，其承担的侵权责任是赔偿损失。而当侵权人造成被侵权人非财产性损害时，被侵权人除了要求侵权人赔偿损失外，还可以要求其承担赔礼道歉、恢复名誉、消除影响等其他侵权责任。②

(二) 直接损害与间接损害

损害依据因果关系可以分为直接损害与间接损害。直接损害，它是指对受害人的人身权益、财产权益本身直接造成的损害。例如，案例中周艺被撞身体受伤，王武的汽车受损。间接损害指

---

① 参见王泽鉴:《损害赔偿》,北京大学出版社 2017 年版,第 75 页。

② 参见程啸:《侵权责任法教程》,中国人民大学出版社 2020 年版,第 105 页。

因对权益受侵害间接致被害人的财产受到的损害。例如,受伤不能工作减少的收入、汽车受损不能营业的损失等。案例中周艺撞伤住院期间支出的医疗费、护理费、康复费和餐饮费,因脸部毁容而导致奖励和代言费的减少属于间接损害。王武维修车辆而支出的修理费,因维修导致车辆无法运营而遭受的损失属于间接损害。

直接损害与间接损害区分的意义:首先,因果联系的远近程度不同。直接损害是因加害行为直接造成的,与加害行为的联系最为密切。间接损害与加害行为的关系,则较为遥远。其次,直接损害与间接损害均应予以赔偿,直接损害以恢复原状为原则,间接损害只能金钱赔偿。①如王武的车辆受损就可以采取修理的方法恢复原状,营运损失只能支付金钱予以赔偿。

(三) 积极损害与消极损害

积极损害,是指因加害行为的发生,导致受害人既存财产即现有利益的减少。消极损害是指因加害行为的发生,导致受害人应增加的财产未增加。例如,案例中周艺治疗伤害支出了医疗费、交通费、护理费等为积极损害;因受伤导致的获奖和代言费的减少为消极损害。

区分积极损害与消极损害的意义体现在损害赔偿计算标准的差异。积极损害赔偿的计算一般要按照客观的方法即市场价格标准来确定(如《民法典》第 1184 条)。而对消极损害来说,因其是一种未来收入的损失,具有很大的不确定性,故此,只有那些具有一定的可能性的所失利益才能给予赔偿,如果某种失去的利益能否取得具有高度的不确定性,则该利益不能视为消极损害。例如,案例中周艺虽然已经进入了半决赛,但是最终能否被选为

① 参见王泽鉴:《损害赔偿》,北京大学出版社 2017 年版,第 77 页。

环球小姐具有高度的不确定性，故此不能要李斯赔偿奖金 500 万元。正因为有的消极损害具有高度的不确定性，我国法上明确给予赔偿的消极损害主要包括：(1)人身伤亡中的可得利益损失，如误工费、残疾赔偿金、死亡赔偿金；(2)车辆停运损失；(3)商业秘密被公开后导致的可得利益损失；(4)船舶损害的可得利益损失；(5)证券市场虚假陈述侵权中的可得利益损失等。①

(四) 出生前遭受的损害、出生后遭受的损害与死亡后的损害

以遭受损害的时间作为划分标准，可以将损害划分为出生前遭受的损害、出生后遭受的损害与死亡后的损害。这种划分，有利于法律对出生前的损害和死亡后的损害进行系统化考虑，决定提供相应的救济方案。②自然人从出生时起到死亡时止，具有民事权利能力，依法享有民事权利，承担民事义务(《民法典》第 13 条)。自然人自出生时起享有权利能力，具有人格，这一人格因死亡而消灭。

一个“人”在出生之前是胎儿。胎儿在被孕育期间可能遭受侵害：由于孕妇服用某些有副作用的药品，严重影响胎儿的发育。孕育期间遭受此等侵害，出生时即有严重的疾病或先天性缺陷，或者在出生后容易感染某种疾病(存在较高的发病率)，导致“有缺陷出生”。受孕的妇女本不希望孕育和生下有缺陷的孩子，但是由于医疗过失等方面的原因，导致胎儿“错误”出生，给该父母的生活带来沉重的压力。这些利益的损害属于出生前遭受的损害。

自然人死亡后不再是民事主体，不再享有任何权益和承担任

① 参见程啸：《侵权责任法教程》，中国人民大学出版社 2020 年版，第 106 页。

② 参见张新宝：《侵权责任构成要件研究》，法律出版社 2007 年版，第 137—139 页。

何义务。但是，死者的某些人格要素，如姓名、肖像、名誉、隐私等在其死亡后仍然承载着其近亲属的精神(感情)利益，对其侵害可能导致死者近亲属的精神损害。死者的姓名、肖像、名誉、荣誉、隐私、遗体等受到侵害的，其配偶、子女、父母有权依法请求行为人承担民事责任；死者没有配偶、子女且父母已经死亡的，其他近亲属有权依法请求行为人承担民事责任(《民法典》第994条)。

第三节 侵权责任构成要件——因果关系和过错

一、因果关系的概念

【案例】 张公平驾车不慎撞到李斯，李斯受重伤住院，支出医药费。住院期间，李斯家中财物被盗；工作上又丧失与王武的订约机会受有损失；因医院火灾，致李斯受伤害，又因手术发现脑瘤，提早退休。①

【问题】 李斯的权利受损和张公平的行为是什么因果关系？李斯住院后产生的损失和李斯的权利受损是什么因果关系？

(一) 因果关系和种类

因果关系是指各种现象之间引起与被引起的关系。侵权行为法上的因果关系，包括责任成立的因果关系和责任范围的因果关系。责任成立的因果关系，指可归责的行为与权利受侵害之间具有因果关系，如李斯之“死亡”是否“因”遭张公平下毒。倘若有所作为即得防止结果之发生，因其不作为乃致他人之权利受到侵

---

① 参见王泽鉴：《侵权行为》，北京大学出版社2009年版，第182页。

害时，则不作为与权利受侵害之间有因果关系。①责任范围的因果关系指“权利受侵害”与“损害”之间的因果关系，例如张公平驾车撞伤李斯，致其健康权受侵害，与李斯支出医药费的财产损害之间具有因果关系。

责任成立因果关系与责任范围因果关系在侵权行为法区别事实要件、违法性及有责任（故意过失）之上，提供了一个判断何种损害应归由行为人负责的思考方法，以车祸为例，将其基本思考架构，图示如下：

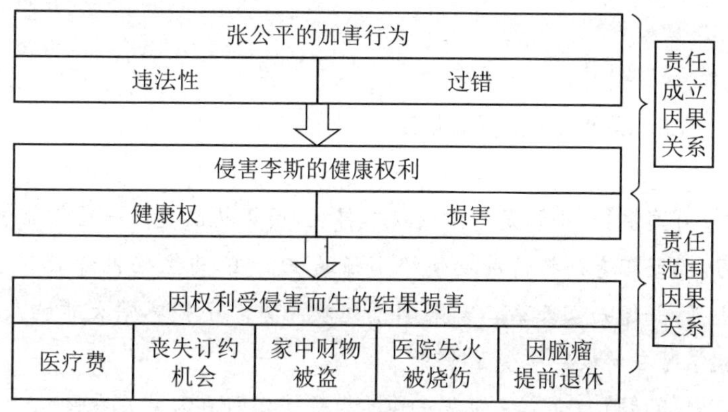

侵害行为（驾车撞人）与侵害他人权利（身体健康）之间的责任成立因果关系。侵害他人权利所生的损害应否赔偿，乃属责任范围因果关系。②在案例中，李斯的权利受损和张公平的行为是责任成立因果关系。关于责任范围的认定，医疗费用与身体健康被侵害具有因果关系（相当因果关系），应予赔偿；其他损害项目，均不具因果关系（相当因果关系），不应归于行为人负责。

① 参见王泽鉴：《侵权行为》，北京大学出版社 2009 年版，第 94 页。

② 参见王泽鉴：《侵权行为》，北京大学出版社 2009 年版，第 183—185 页。

（二）因果关系的特点

因果关系就是引起与被引起的关系，其具有如下两个特点：第一，它具有严格的时间顺序性，即原因在前、结果在后，但确定因果关系是从已经发生的损害结果出发而查找损害发生的原因，因此具有逆反性的特点。第二，它具有客观性。一个现象作用于另一个现象，一个现象引起另一个现象的因果性，并不以人们的意志为转移。因此，司法审判人员应以客观的实际情况为依据，对损害结果、行为和物件、特定环境等诸因素进行详细分析判断，从而确定因果关系。

二、因果关系的具体认定

【案例】 小强是甲学校初二男生，因干扰隔壁班女生正常自习，隔壁班老师将情况反映给小强的班主任，班主任批评教育了小强，并通知家长第二天来学校处理此事。小强感觉大难临头，放学时在学校跳楼受了重伤。

【问题】 班主任的做法和学生跳楼之间有因果关系吗？

因果关系学说之所以十分复杂，根本原因在于侵权纠纷形成原因的复杂性。如多因多果的案例，因果关系的判断就十分困难。一种行为可能与其他的行为和事件相互交叉地产生某种结果，或者多种行为或事件共同作用产生了多种结果。在引起损害发生的多个行为或事件中，可能只有一种或一些因素起决定作用，而另一个或另一些因素只起加速或促进的作用。各个因素相互交叉地发生作用，共同导致损害后果的发生。

因果关系，学界通说采相当因果关系说。相当因果关系说之重点，在于注重行为人之不法行为介入社会之既存状态，并对现存之危险程度有所增加或者改变。亦即行为人增加受害人既存状态之危险，或者行为人使受害人暴露于与原本危险不相同之危险状态，行为人之行为即构成结果发生之相当性原因。①

相当因果关系的构造可分为“条件关系”及“相当性”两个组成部分。②条件关系是指行为与权益被侵害之间具有条件关系。条件关系的认定系采“若无，则不”的检验方式。③如果没有某行为，则不会发生某结果，那么该行为就是该结果的条件。这一标准也可以从反面认定，“如果没有某行为，某权益被侵害的结果仍会发生，那么该行为就不是该结果的条件”。相当性是指具备条件关系的行为与权益被侵害之间的关系达到一定程度，从而使得该行为人对权益的被侵害承担法律后果具有正当性。相当性的判断标准是“有此行为，通常足生此种损害”。④案例中班主任的做法和学生跳楼之间没有相当性，也就没有因果关系，学校无需承担责任。

如何判断相当性？按照一般生活经验考察行为是否是损害的充分原因，从而判断是否具有相当性。被告的行为对于损害的发生是否是必不可少的，这就是因果关系的充分性。例如，在公开场合甲辱骂乙，乙不堪忍受而自杀身亡。这种辱骂行为可能构成对他人名誉权的损害，但辱骂并不是死亡发生的充分原因，辱骂与死亡不具有相当性。当然，如果甲明知乙患有严重心脏病受不了刺激，而故意辱骂导致其心脏病发而死亡的，表明行为人对

① 参见陈聪富:《因果关系与损害赔偿》,北京大学出版社 2006 年版,第 8 页。

② 参见王泽鉴:《侵权行为》,北京大学出版社 2009 年版,第 186 页。

③ 参见王泽鉴:《损害赔偿》,北京大学出版社 2017 年版,第 85 页。

④ 参见王泽鉴:《损害赔偿》,北京大学出版社 2017 年版,第 91 页。

行为结果具有可预见性，则需要对死亡后果承担赔偿责任。

三、过错的概念和性质

【案例】 刘婆婆回家途中，看见邻居肖婆婆带着外孙小勇和另一家邻居的孩子张小飞（均为4岁多）在小区花园中玩耍，便上前拿出几根香蕉递给小勇，随后离去。小勇接过香蕉后，递给小飞一根，小飞吞食时误入气管导致休克，经抢救无效死亡。

【问题】 刘婆婆给小勇香蕉后离开，小勇正常分享香蕉的行为有过错吗？

过错责任原则是侵权责任编的主要归责原则。过错是指侵权人的一种可归责的心理状况。对于自然人来说，过错体现为故意和过失的心理状态。无民事行为能力人因其不具备正常人的意思能力和判断能力，也就不存在过错。对于法人组织来说，过错并不是心理状态而是指法人团体意志的过错。

关于过错的性质，有主观过错说和客观过错说两种学说。主观过错说的核心是：过错是指行为人的主观方面，即过失或故意的心理状况，因而应当把过错与行为的不法性区别开来，“过错与人相关，不法则是对行为的描述”。①主张客观过错的学术观点认为，过错和不法是彼此不可分离的，因而将两者结合为一个责任要件。依据这样的观点，一般侵权行为的构成要件不是四个而是三个，即过错、损害和因果关系。其中的“过错”是客观的，即过错

① 梅吉尔思（Meijers）语。转引自王家福等主编：《民法债权》，法律出版社1991年版，第461页。

不是或者主要不是侵权人的主观心理状态，而是侵权人的行为的违法性质。主观说和客观说各有可取之处，但也都存在一定的局限性。完全否认主观方面的过错与不法行为之间的联系，是一种机械的认识；将主观方面的过错与客观上的行为违法性混为一谈，又忽视和抹杀了其各自的特点和独立价值。①过错概念的界定应当采取折中的观点。从性质上看，过错是主观要素和客观要素相结合的概念，它是指支配行为人从事在法律上、道德上应受非难的行为的故意和过失状态。《民法典》第 1165 条第 1 款规定，行为人因过错侵害他人民事权益造成损害的，应当承担侵权责任。案例中，刘婆婆好意赠送香蕉给小勇，小勇分享一根香蕉给小飞，都是正常的社会交往行为。4 岁孩子一般具备独立进食香蕉的能力，所以刘婆婆、小勇不存在过错。肖婆婆带着小飞和小勇玩，按照生活经验，小飞具备独立进食香蕉的能力，所以对于小勇正常分享香蕉的行为，法律当予以鼓励且并不要求肖婆婆阻拦。小飞吞食香蕉误入气管，属于不可预见的意外事件，所以不产生相关人员的过错责任。

四、过错的形式

【案例】 2021 年年底，李斯所在的公司年终聚餐，席间大家相谈甚欢，李斯喝了很多酒。回家时，跟李斯同住一个小区的同事王女士提出代李斯开车，李斯欣然同意。谁知在路途中与一辆大巴车相撞，致大巴车司机受伤。经交警部门认定，大巴车司机闯红灯，应负事故的主要责任，而王女士未谨慎驾驶，应负事故的

① 参见张新宝：《侵权责任法》，中国人民大学出版社 2020 年版，第 33 页。

次要责任。事后，大巴车司机将李斯及其同事王女士一起告上了法庭，要求他们赔偿医疗费等计5万余元。

【问题】 王女士需要承担赔偿责任吗？为什么？

（一）过错区分的意义

过错包括故意与过失。二者的区别仅在于以下两个方面：一为判断标准，故意只能从主观上进行判断，而过失采理性人的标准进行判断，是客观的；二为适用范围，于个别情形中须以故意为构成要件，如精神损害赔偿、惩罚性赔偿等。①区分两种过错形式的主要意义在于：

1. 有利于确定是否构成某些特殊侵权责任

一些特殊侵权责任的成立要求行为人主观上具有故意。例如，《民法典》第1195条第2款规定："网络用户利用网络服务实施侵权行为的，权利人有权通知网络服务提供者采取删除、屏蔽、断开链接等必要措施。通知应当包括构成侵权的初步证据及权利人的真实身份信息。网络服务提供者接到通知后，应当及时将该通知转送相关网络用户，并根据构成侵权的初步证据和服务类型采取必要措施；未及时采取必要措施的，对损害的扩大部分与该网络用户承担连带责任。"据此，网络服务提供商构成此类侵权要求其主观上明知有人通过其网络实施侵权行为，未对此采取必要措施就意味着其具有放任损害结果发生的心态，属于间接故意。

2. 有利于准确认定是否构成共同侵权

依据《民法典》第1168条的规定，二人以上共同实施侵权行

---

① 参见杨代雄主编：《袖珍民法典评注》，中国民主与法制出版社2022年版，第992页。

为，造成他人损害，构成狭义的共同侵权行为。而此种共同侵权行为与无意思联络的数人侵权的主要区别在于，是否存在共同故意。

3. 有利于确定受害人过错对责任减免的效力

虽然我国《民法典》第 1174 条仅将受害人的故意作为免责事由，但是在第 1173 条中规定过错是减轻责任的事由。一般来说，受害人的故意常常可以作为一种免责事由，但过失一般只能作为责任减轻的事由。

4. 有利于惩罚性赔偿的运用

在惩罚性赔偿中，根据我国《民法典》第 1207 条的规定，“明知产品存在缺陷仍然生产、销售，或者没有依据前条规定采取有效补救措施，造成他人死亡或者健康严重损害的，被侵权人有权请求相应的惩罚性赔偿”。此处所说的“明知”指的就是“故意”。

5. 有利于精神损害赔偿的运用

我国《民法典》第 1183 条第 2 款规定：“因故意或者重大过失侵害自然人具有人身意义的特定物造成严重精神损害的，被侵权人有权请求精神损害赔偿。”但根据《最高人民法院关于确定民事侵权精神损害赔偿责任若干问题的解释》（以下简称《精神损害赔偿司法解释》）第 5 条的规定，法官在确定行为人的精神损害赔偿数额时，应当考虑“侵权人的过错程度”。此处所说的侵权人的过错程度，就是指要考虑侵权人主观上是故意还是过失，以及过失的程度。

（二）故意的概念与可归责性

故意是指行为人预见到损害后果的发生并希望或放任该结果发生的心理状态。行为人对于其行为将会发生侵害他人民事权益的后果有所认识，即“明知”。行为人在对其行为之后果有所认识后具有的实现该后果的意愿。依据行为人是主动追求还是放任该后果的发生，可将故意分为直接故意与间接故意。①与过失不同，故意表现为行为人对于损害后果的追求、放任心态，而过失则表现为行为人不希望、不追求、不放任损害结果发生的心态。民事责任不同于刑事责任，通常不是以行为人主观恶性之大小来确定法律责任，因此在实践中多不必对故意的形态作深入区分对待。

行为人应当对其故意行为造成的损害承担责任，因为他具有直接追求或者间接放任他人的合法权益受到损害的恶劣心态。这种心理状态具有不正当性和可归责性，行为人对于损害的发生具有完全的控制力和主动性，故意致人损害，自然应当承担相应的民事责任。

故意是一种典型的可归责的心理状况，但它也必须通过行为人一定的行为表现出来。在某些情况下，通过对行为人行为的整个过程的考察，可以认定行为人的故意。而在一些极端性的侵权行为案（如持刀连续伤害多人）中，事件本身就足以说明行为人的故意心理状况，而无须就其过错进行举证。

（三）过失的概念与可归责性

过失是指行为人对自己行为的结果应当预见或者能够预见而竟没有预见，亦称为疏忽的过失，或虽然预见了却轻信这种结果可以避免，亦称为轻信的过失。所谓“过失客观化”，即指以“善良管理人”社会生活上之注意义务，作为过失判断之根据。②判断过失的有无采客观标准，即“理性人标准”。根据注意义务违反的程度不同，可将过失分为轻微过失、一般过失与重大过失。轻微过失是指较小的过失，如偶然误入他人土地，即可认为是轻微过失。一般过失，指行为人违反善良管理人的注意义务。善良管理

---

① 参见程啸：《侵权责任法》，法律出版社 2021 年版，第 291—292 页。

② 参见邱聪智：《从侵权行为归责原理之变动论危险责任之构成》，中国人民大学出版社 2006 年版，第 51 页。

人的注意,乃通常合理人的注意,系一种客观化或类型化的过失标准,即行为人应具其所属职业(如医生、建筑师、律师、药品制造者),某种社会活动的成员(如汽车驾驶人)或某年龄层(老人或未成年人)通常所具的智识能力。①重大过失,指行为人极端疏忽或极端轻信,严重违反该行为领域一般从业者应具有的最起码的注意义务。如外科医生在缝合胸腔时无视操作规程的要求,没有进行检查而将手术钳遗留在患者体内。有观点认为,重大过失是有认识的过失。②本案例中王女士未谨慎驾驶的行为不构成重大过失,仅属一般过失,无须承担赔偿责任。

(四) 过错的判断标准

行为人存在过错与否,判断的基本标准是其是否达到了应当达到的注意程度。如果他达到了应当达到的注意程度就没有过错,反之则有过错。是否有过错主要应当考虑行为人是否达到了法律、行政法规、部门或行业规定、操作规程等的要求以及一个理性人在当时、当地条件下所作出的合理反应,不只是适当考虑行为人自身的情况。

1. 一个合理的、谨慎的人(理性人)所应当具有的注意义务

在多数情况下,人们对于他人的民事权益之保护仅仅负有一般的注意义务。一般注意义务是指社会普通人在通常情况下所应当达到的注意标准。其次,一般注意义务是指按照一般人的标准衡量行为人是否有过错,而不能考虑行为人自身特殊的弱点或缺陷。例如,确定司机在驾车时是否尽到了注意义务,应当按照客观的一般人标准来进行,而不考虑每个人的年龄大小、性格是否急躁、视力如何等因素。

---

① 参见王泽鉴:《侵权行为》,北京大学出版社 2009 年版,第 242 页。

② 参见叶名怡:《重大过失理论的构建》,载《法学研究》2009 年第 6 期。

2. 法律、法规、规章和操作规程等要求的注意程度

在我国，大量的法律、法规都已经确定了注意义务标准，特别是由于现代社会工业化和科学技术的发展，在医疗活动、交通运输、产品生产和销售等领域已出现了越来越多的技术性规则，这些规则向行为人提出了明确的注意义务要求，对这些义务的违反即构成过失。[①]例如，《民法典》第 1222 条第 1 项规定，“违反法律、行政法规、规章以及其他有关诊疗规范的规定”，推定医疗机构具有过错。再如，外科医生进行某项手术应当遵循一定的操作规范，护士在进行青霉素等药品注射前应当对患者进行皮下试验等。

3. 关于行为人的年龄、精神健康状况

因为个人的年龄、精神健康状况等不同，对其行为性质、后果等的判断是有差异的，其注意义务标准也有所差异。如果法官完全不考虑无民事行为能力人和限制民事行为能力人的特殊情况，将难以判断监护人的过错程度和责任大小。例如，《民法典》第 1188 条规定：“无民事行为能力人、限制民事行为能力人造成他人损害的，由监护人承担侵权责任。监护人尽到监护责任的，可以减轻其侵权责任。”这里判断监护人的过失就需要考虑无民事行为能力人和限制民事行为能力人的特殊情况。

第四节　侵权责任不成立的法律事实——免责事由

一、免责事由的概念

【案例】 2021 年 6 月 13 日，一对新婚夫妇陈某和魏某与 3

① 参见王利明：《侵权责任法研究（上卷）》，中国人民大学出版社 2016 年版，第 351 页。

位同事到生态观光园游玩，并游览箭扣长城。当5人到达箭扣长城的“鹰飞倒仰”时遭遇雷击，陈某和魏某跌落山下身亡。痛失子女的4位老人将该段长城的管理方村委会和出售门票的生态观光园告上法院，索赔60万元。遇难夫妻的父母认为，作为对长城负有管护责任的村委会和出售门票的生态观光园在事实上已经将箭扣长城作为旅游景点实际经营，就应负有安全保障义务，为园内设施安装避雷设备，修葺道路、设置隔离设施，但两被告并没有履行此义务。对于两名受害人的死亡具有重大过错，要求被告赔偿死亡赔偿金、被扶养人生活费、丧葬费等共计60万元。被告村委会和观光园则辩称，观光园有合法登记手续，在其门票和观光园各路口均设有禁止攀爬长城的提示。此外，长城属于国家文物，村委会无权在长城上安装避雷设备及防护设施，不应承担民事责任。

【问题】 村委会需要承担责任吗？

免责事由，是指因其存在而使侵权责任不成立的法律事实。[①]减轻责任和免责事由虽有区别，但又是密切联系在一起的。一方面，侵权责任编规定的某些免责事由，如受害人的故意，它既可以是免责事由，也可以是减轻责任的事由。在某些侵权中（如饲养动物致人损害责任），受害人的重大过失既可以作为免责事由，也可以作为减轻责任的事由。另一方面，侵权责任编对第三人的原因造成的损害，没有明确它们究竟是减轻还是免除责任事由，这表明其在性质上兼而有之，要依据具体情形予以判断。当然，在具体的侵权责任承担中，免责事由和减轻责任的事由大多是可以分开的。

---

① 参见程啸：《侵权责任法》，法律出版社2021年版，第325页。

免责事由主要具有以下特点:第一,免责事由是免除责任的事由。免责事由决定着责任人就不应当承担责任。免责事由与责任不成立是不同的。责任的不成立是指不符合责任的构成要件。通常,免责是指符合责任构成要件,但又具备法定的免责事由,从而导致责任被免除。第二,免责事由主要由法律规定。第三,免责事由一旦成立,就导致责任人的责任免除。免责事由既可以由被告提出,也可能由法院依职权调查确定。例如,对于受害人过错导致免责的问题,法官应当依职权进行审查。

免责事由的适用,遵循特别法优先适用、一般法补充适用的规则。如果相应特殊侵权行为类型对于有关免责事由没有规定的,应当适用"一般规定"中的免责事由。作为一般法中的免责事由应当包括侵权责任编"一般规定"中的免责事由,也包括总则编民事责任一章中的免责事由,比如不可抗力、正当防卫、紧急避险、紧急救助等。案例中,村委会和观光园无权在长城上安装任何设施,且受害人死亡的直接原因是遭遇雷击后坠崖致重度颅脑损伤。此外,被告已在观光园内尽到提示义务,没有过错,受害人应当知道攀爬长城属违法行为。因不可抗力造成他人损害的,不承担民事责任。

二、一般免责事由一:正当防卫、紧急避险、自愿实施紧急救助

【案例】 2021年8月14日,从南充到成都的胡某、罗某驾摩托车抢走一女子的项链后逃逸。从旁边经过的张公平开着自己的奔驰轿车立即追赶,最后轿车在一座立交桥上与摩托车发生碰撞,胡某从立交桥上摔下当场死亡,罗某受重伤,左腿截肢。2022年,胡某的家属和罗某向法院提起诉讼,要求以故意伤害罪追究

张公平的刑事责任，并赔偿原告90万元。

【问题】 张公平追赶抢劫犯导致胡某和罗某的伤亡是否要承担侵权责任？

免责事由作为阻却侵权责任构成或者承担的事由，是侵权责任体系中的重要内容。免责事由可分为一般免责事由和特别免责事由。一般免责事由，是指损害确系被告的行为所致，但其行为是正当的、合法的。这种事由与阻却违法行为相同，如正当防卫、紧急避险、职务授权行为、自助行为等。特别免责事由，是指损害并不是被告的行为造成的，而是由一个外在于其行为的原因独立造成的，如意外事件、不可抗力、受害人过错和第三人过错等。①

(一) 正当防卫

我国《民法典》第181条第1款规定："因正当防卫造成损害的，不承担民事责任。正当防卫超过必要的限度，造成不应有的损害的，正当防卫人应当承担适当的民事责任。"所谓正当防卫，是指行为人为了保护社会公共利益、自身或者他人的合法权益免受正在进行的紧迫侵害，针对这一非法侵害采取必要措施，在必要限度内采取的防卫措施。由于正当防卫本身具有正当性，是一种合法行为，因此在符合正当防卫构成要件的前提下，对此造成的损害，防卫人不承担赔偿责任。构成正当防卫必须满足的条件有：(1)前提是合法权益受到不法行为侵害的事实。侵害的事实在先，防卫行为在后。(2)现实的急迫性，不法侵害须正在进行。(3)防卫目的的合法性。即把国家的、公共的、他人的或本人的权益免受侵害作为防卫的目的。如果是施以报复的行为或防卫挑

① 参见杨立新：《侵权责任法》，法律出版社2021年版，第167页。

拨的行为都是违法行为,构成侵权行为。(4)防卫须对加害人本人实行。(5)防卫不能超过必要的限度。必要限度的要求即该防卫行为达到足以有效制止侵害行为的强度,如果超出该必要限度,则构成防卫过当,应当依照第 181 条第 2 款承担相应的民事责任。案例中,张公平是在没有法定或约定义务的情况下,为避免他人利益受损失,驾车追赶胡某、罗某两个抢劫人时,与其驾驶的摩托车发生碰撞,才造成加害人一死一伤的损害后果。张公平的行为属于正当防卫,不承担民事赔偿责任。

(二)紧急避险

我国《民法典》第 182 条规定:“因紧急避险造成损害的,由引起险情发生的人承担民事责任。危险由自然原因引起的,紧急避险人不承担民事责任,可以给予适当补偿。紧急避险采取措施不当或者超过必要的限度,造成不应有的损害的,紧急避险人应当承担适当的民事责任。”为了社会公共利益、自身或者他人的合法利益免受更大的损害,在不得已的情况下而采取的造成他人少量损失的紧急措施,称为紧急避险。①紧急避险行为须满足的构成要件有:(1)前提是对正在发生的危险采取避险手段。(2)时间的紧迫性:必须是在不得已情况下采取避险措施,面对突然而遇的危险,如果不采取紧急避险措施,就会造成更大的损失。(3)目的的合法性:为了使本人、他人的人身、财产权利免受危险的损害,才采取紧急避险行为。(4)不能超过必要限度,这是对避险行为的要求。紧急避险行为所引起的损害应轻于该危险所可能带来的损害。例如,甲为避免乙扔的石头将自己的豪华汽车砸坏而猛打方向盘,压断了丙的腿。甲要保护的仅仅是财产权,可侵害的却是他人的健康权,健康权的价值远远大于财产权。甲的避险显然

---

① 参见杨立新:《侵权责任法》,法律出版社 2021 年版,第 171 页。

过当,应承担侵权责任。

(三) 自愿实施紧急救助行为

即行为人针对紧急情势,及时对遭受困难的受助人予以救助的情形。这里的紧急情势既可能是不法侵害,也可能是受助人突发疾病、个人危难等情况。自愿实施紧急救助行为,从道德上讲是一种彰显优良道德风尚的助人为乐行为,从法律意义上讲,这是一种见义勇为的典型行为。《民法典》第 184 条:“因自愿实施紧急救助行为造成受助人损害的,救助人不承担民事责任。”《民法典》从鼓励见义勇为、倡导助人为乐的社会风气角度,将紧急救助行为规定为免责事由。自愿实施紧急救助行为作为免责事由必须满足的条件有:(1)救助情形的紧急性。也就是说需要救助对象所面临的情况如果不能第一时间予以施救,将会造成难以弥补的损失。(2)救助行为的自愿性。(3)针对该救助行为对受助人而非其他人造成的损害免责。至于受助人是否有故意或者重大过失均在所不问。

三、一般免责事由二:自甘冒险、同意、自助行为、行使权利、执行职务

【案例】 2020 年 4 月 28 日上午,羽毛球运动爱好者宋某、周某与案外四人在公园内露天场地进行羽毛球 3 对 3 比赛,宋某与周某异队。运动中,宋某站在发球线位置接对方网前球后,将球回挑到周某方中场,周某迅速杀球进攻,宋某直立举拍防守未果,被羽毛球击中右眼。诊断为右眼眼球钝挫伤、人工晶体脱位、前房积血、玻璃体积血,于 2020 年 5 月 29 日行右眼人工晶体取出、玻璃体腔灌洗、剥膜术,术前见右眼视神经萎缩,术后 5 周余验光

提示右眼最佳矫正视力为0.05。截至2020年7月6日，宋某支出医疗费7 170.73元。①

【问题】 周某需要对宋某承担侵权责任吗？

(一) 自甘风险

自甘冒险制度在现实生活中有着十分重要的现实意义。体育运动中的游戏规则不宜完全由司法介入，《民法典》规定自甘冒险对于促进一些文体活动的正常开展，增强人民体质，丰富人民生活，尤其是提高广大青少年的身体素质具有重要意义。自甘风险又称自愿承受危险，是指受害人参加某些活动而将自己置于危险场合，自愿承担可能性的损害，对非故意造成损害的行为人不承担责任。参加者原则上应不以有行为能力为要件，而应以个别的识别能力为判定标准。②其构成要件是：第一，受害人作出自愿承受危险的意思表示，通常是将自己置于可能性的危险状况之下；第二，这种潜在的危险不是法律、法规所禁止的，也不是社会公序良俗所反对的，且此种危险通常被社会所认可存在或者难以避免的。例如，参加篮球运动一定会存在冲撞，参加足球运动有铲球，这些行为都有可能会造成倒地的风险，有可能会造成骨折的风险。从本质上讲，参加任何文体活动都存在风险，有可能造成损害。侵权责任编本着谨慎的精神，仅规定了"自愿参加具有一定风险的文体活动"中才能适用自甘风险制度。案例中，宋某作为多年参与羽毛球运动的爱好者，对于自身和其他参赛者的能力以及此项运动的危险和可能造成的损害，应当有所认知和预见，而宋某仍自愿参加比赛，将自身置于潜在危险之中，应认定为

① 参见北京市朝阳区人民法院(2020)京0105民初67259号民事判决书。

② 参见王泽鉴：《侵权行为》，北京大学出版社2009年版，第227页。

自甘风险的行为，周某对宋某损害的发生不具有故意或重大过失，故原告不得请求被告承担侵权责任。

（二）受害人同意

在不违背法律强制或禁止规定，也不得违背公序良俗原则的前提下，受害人同意才能作为免责事由，这体现了对权利人自由处分权利的承认和尊重。我国《民法典》虽未将受害人同意一般性地规定为免责事由，但是，在医疗损害责任（第 1219 条）、侵害隐私权（第 1033 条）、个人信息的保护（第 1035 条、第 1036 条）等相关规定上明确认可了权利人的同意属于免责事由。受害人同意，是指受害人自愿同意他人对其人身或财产施加某种损害。关于自愿对其人身实施损害，例如，病人同意医生对其手术，手术将造成失血，而手术对于挽救病人生命与失血的损害相比是利大于弊，于是选择手术的情形等。但是，如果甲同意乙帮助自己自杀，乙真的完成帮助甲自杀的行为，则乙的行为具有违法性，不能适用受害人同意而免责。关于自愿他人对其财产进行损害，如同自己损害自己的财产一样，一般情况下此种情形不构成对法律或公共道德的违反。自愿承担损害的构成要件是：第一，受害人明确作出同意对其实施加害的意思表示，知道或者应当知道对其实施加害行为的法律后果；第二，同意加害的内容不违反法律和公序良俗，且不超出受害人同意的范围。

（三）自助行为

自助行为，是指权利人为了保护自己的权利，在情势紧迫而又不能获得国家机关及时救助的情况下，对他人的财产或者自由在必要范围内采取扣押、拘束或者其他相应措施，为法律或社会公德所认可的行为。[①]自助行为属于私力救济的范畴。“自助行

① 参见杨立新：《侵权责任法》，法律出版社 2021 年版，第 180 页。

为”制度可以赋予公民在一定条件下的自我保护权利，是对国家权力在维护社会秩序和保护公民权益不及时情况下的有益补充。自助行为依法不负赔偿责任。自助行为的要件有：(1)为保护自己的权利；(2)情况紧急且来不及请求公力救济；(3)不超过必要的限度；(4)为法律或公序良俗所许可。一方面要求实施自助行为不得违反法律的强制性规定，另一方面也要求不能违反社会公序良俗。比如雇佣他人以暴力方法讨债、将小偷捆绑在电线杆上等形式皆为法律或者公序良俗所禁止；(5)及时请求国家机关予以处置。例如，餐馆老板发现有人吃“霸王餐”，不交钱准备离去，为了维护自己的合法权益，可以扣留与餐费价值差不多的物品，要求将来送餐费时再归还物品。自助行为结束后，行为人必须及时寻求公权力机关救济。同时《民法典》第 1177 条明确规定，受害人采取的措施不当造成他人损害的，就突破了自力救济的必要性，应当承担侵权责任。

(四) 行使权利

行使权利是指仅民事主体依法行使其私法上的权利，如所有权、抵押权、质权、债权、诉讼权等。例如，依据《民法典》第 436 条第 2 款，债务人不履行到期债务或者发生当事人约定的实现质权的情形，质权人可以与出质人协议以质押财产折价，也可以就拍卖、变卖质押财产所得的价款优先受偿。这就意味着，当质权人与出质人没有就质押财产的折价达成协议时，质权人可以直接将质押财产加以拍卖或变卖，此种行为不构成对出质人所有权的侵害。权利人行使其私权利的行为只要不超过正当的范围，就不构成侵权行为。

(五) 执行职务

即公权力机关必须依照法定的权限和程序行使公法上的权力的行为，例如，公安机关依法作出的对相对人进行罚款或者拘留等行政行为，不构成对相对人财产权和人身权的侵害；司法机关发布载有犯罪嫌疑人肖像的通缉令，不构成对其肖像权的侵害（《民法典》第1020条第3项）；法警依据法院的生效刑事判决书对被判处死刑的犯罪分子执行枪决，不构成侵害其生命权。

四、特别免责事由：不可抗力、受害人故意、第三人原因

【案例】 张公平驾驶小轿车沿312国道自西向东正常行驶，贾某因家庭琐事想不开想一死了之，骑自行车横穿马路，张公平避让不及紧急刹车，造成贾某受重伤、两车不同程度受损的一起道路交通事故。贾某主要诊断：肱骨外科颈骨折，其他诊断：全身多处骨折和肺部感染。交通事故认定书认定：张公平对交通事故不负责任，贾某负该起道路交通事故的全部责任。张公平驾驶的小轿车在某保险公司投保了交强险及商业三者险（责任限额：100万元），含不计免赔。事故发生在保险有效期内。

【问题】 某保险公司是否要对贾某的伤害承担赔偿责任？

外来原因的免责事由包括不可抗力、受害人过错和第三人过错等。

（一）不可抗力

《民法典》第180条："因不可抗力不能履行民事义务的，不承担民事责任。法律另有规定的，依照其规定。不可抗力是不能预见、不能避免且不能克服的客观情况。"除非法律另有规定，不可抗力是可以普遍适用于所有民事责任的免责事由。从分类上讲，既有自然原因的不可抗力，比如地震、台风、海啸等，也有社会原因的不可抗力，比如战争、动乱等。不可抗力作为免责事由的根

据是,让人们承担与其行为无关而又无法控制的事故的后果,不仅对责任的承担者来说是不公平的,也不能起到教育和约束人们行为的积极后果。不可抗力导致免责,必须是不可抗力是损害发生的唯一原因,当事人对损害的发生和扩大不能产生任何作用。[①]在侵权免责事由中,法律规定排除不可抗力的类型主要针对部分无过错责任的类型。主要有:(1)因不可抗力的自然灾害民用核设施的经营人在发生核事故的情况下造成他人损害的,不能免除核设施经营人的责任(《民法典》第 1237 条)。(2)因不可抗力的自然灾害造成的,不能免除民用航空器经营人的责任(《民法典》第 1238 条)。(3)保价的给据邮件的损失即使是由于不可抗力造成的损害,邮政企业也要对收件人承担赔偿责任。[②]

(二) 受害人故意

《民法典》第 1174 条:"损害是因受害人故意造成的,行为人不承担责任。"受害人故意作为免责事由。受害人故意,是指受害人明知自己的行为会发生损害自己的后果,而希望或放任此种结果发生的主观心理状态。受害人对损害的发生或者扩大的主观故意,说明受害人的这一故意行为是损害发生或者扩大的唯一原因,从而应使加害人对该损害或者扩大的损害免责。受害人故意分为直接故意和间接故意。直接故意是指受害人从主观上追求损害自己的结果发生,如受害人摸高压线自杀;间接故意是指受害人已经预见到自己的行为可能发生损害自己的结果,但也不停止该行为,而是放任损害结果的发生,如受害人盗割高压线,导致自己伤亡。如民用核设施或者运入运出核设施的核材料发生核事故造成他人损害的,受害人故意造成的,不承担责任(《民法典》

① 参见杨立新:《侵权责任法》,法律出版社 2021 年版,第 169 页。

② 参见《邮政法》第 48 条第 1 项。

第1237条)。民用航空器造成他人损害的,能够证明损害是因受害人故意造成的,不承担责任(《民法典》第1238条)。但如果受害人对于损害的发生存在故意,而侵权人对于损害的发生也有故意或者重大过失的,则属于适当减轻侵权人责任的问题,应当适用《民法典》第1173条的规定。[①]机动车发生交通事故造成人身伤亡、财产损失的,由保险公司在机动车第三者责任强制保险责任限额范围内予以赔偿,根据我国《道路交通安全法》第76条第2款的规定,交通事故的损失是由非机动车驾驶人、行人故意碰撞机动车造成的,机动车一方不承担赔偿责任。受害人故意造成交通事故保险公司免责。案例中保险公司无需对贯某的伤害承担赔偿责任。

(三)第三人原因

第三人行为中断因果关系,该第三人的过错行为与侵权人的侵权行为不构成共同侵权,[②]被告可以免责,应当由第三人承担侵权责任。《民法典》第1252条第2款规定,因所有人、管理人、使用人或者第三人的原因,建筑物、构筑物或者其他设施倒塌、塌陷造成他人损害的,由所有人、管理人、使用人或者第三人承担侵权责任。例如,第三人驾驶汽车撞击建筑物致使建筑物倒塌而给他人造成损害的,此时应由该第三人承担侵权责任,建筑物的所有人、管理人或使用人无需承担侵权责任。[③]第三人原因并不导致被告免责的情形包括以下两种情形:(1)虽然实施侵权行为的就是第三人,第三人应当承担侵权责任,但被告也不能以第三人行为

① 参见最高人民法院民法典贯彻实施工作领导小组主编:《中华人民共和国民法典侵权责任编理解与适用》,人民法院出版社2020年版,第103页。

② 最高人民法院民法典贯彻实施工作领导小组主编:《中华人民共和国民法典侵权责任编理解与适用》,人民法院出版社2020年版,第105页。

③ 参见程啸:《侵权责任法》,法律出版社2021年版,第362页。

为由主张免责,而需要承担相应的补充责任或公平责任。例如,提供劳务期间,因第三人的行为造成提供劳务一方损害的,提供劳务一方有权请求第三人承担侵权责任,也有权请求接受劳务一方给予补偿。接受劳务一方补偿后,可以向第三人追偿(《民法典》第 1192 条第 2 款)。(2)第三人行为即便中断因果关系,被告赔偿后向第三人追偿的情形。例如,因运输者、仓储者等第三人的过错使产品存在缺陷,造成他人损害的,产品的生产者、销售者赔偿后,有权向第三人追偿(《民法典》第 1204 条)。

第三章　侵权损害赔偿

第一节　侵权人和被侵权人之间产生的赔偿之债——侵权损害赔偿概述

一、侵权损害赔偿概述

【案例】 张公平在某网站看到旅行社的旅游广告，咨询之后签约参加了旅行社组织的某地7日游。在到达某地后张公平等20名游客才发现旅行社指定的领队导游不在。旅行社解释因为家中变故，领队导游临时退出。旅行社告诉游客们当地行程已经安排好不用担心，并随意指定了一名游客作为领队，就开始了定好的行程。其后的行程中，大家发现有一名游客身体状态非常差，竟然是一位患有严重黄疸型肝炎的病人，而这名游客最终在行程中死亡。旅游行程结束后，张公平为首的17名游客认为旅行社的行为严重影响正常旅游，致使他们整个行程担惊受怕，身心疲惫。打算向法院起诉旅行社，要求退回旅游费用，赔偿精神损失。

【问题】 张公平应如何向法院起诉？

（一）侵权损害赔偿的含义

侵权损害赔偿是指实施侵权行为造成损害时，在侵权人和被侵权人之间产生的赔偿之债。被侵权人是赔偿之债的债权人，侵权人是赔偿之债的债务人。被侵权人有请求侵权人进行损害赔偿的债权，侵权人支付一定金钱承担损害赔偿的债务。赔偿之债实现，被侵权人的损失得到补偿。侵权损害赔偿是侵权人承担侵权责任最主要的方式。侵权损害赔偿包括人身损害赔偿、财产损害赔偿和精神损害赔偿。

（二）侵权损害赔偿的法律特征

1. 侵权损害赔偿的目的是救济损失

赔偿是为了对受害人给予救济，使其受到的损失得到补偿。如果没有损失存在，自无赔偿存在的必要。原则上，受害人不能获得超出其损失范围的赔偿。救济损失是侵权损害赔偿的根本目的。

2. 侵权损害赔偿是一种财产赔偿

侵权行为造成的财产损害、人身损害、精神损害的赔偿责任都是以财产赔偿的方式进行的。对财产损失当然要以财产来赔偿。人身损害也须计算受害人的财产损失，以财产进行赔偿。造成他人严重精神损害的，应当进行精神损害赔偿，支付的赔偿金也是一种财产责任。即根据损害的程度估计金钱，使赔偿义务人对受害人给付金钱，从而填补损害。①

3. 侵权损害赔偿是由法律强制规定的

侵权责任与违约责任不同，是法定之债。违约责任的当事人可以自行协商是否约定违约金及违约金的数额。侵权损害赔偿不由当事人约定而产生，而是根据法律规定直接在侵权人与被侵

---

① 参见张龙文：《民法债权实物研究》，台湾汉林出版社 1977 年版，第 78 页。

权人之间产生，并且责任的大小也不由当事人约定，而是由受害人所受损失的大小确定。以上案例中，旅行社的行为既违反了张公平等人签订的旅游合同，也侵犯了张公平等人的人身权和财产权。张公平既可以选择违约之诉，也可以选择侵权之诉。但起诉违约，旅行社承担违约责任的根据是当事人约定的旅游合同，精神损害赔偿的请求无法得到支持。起诉侵权，旅行社承担侵权责任，根据被侵权人的损失确定责任的范围大小，不仅财产损失的赔偿能够得到法院的支持，精神损害的赔偿也能得到法院的支持。

二、侵权损害赔偿规则

【案例】 张公平开了一家书店，网红董敏法看中其位置环境，未经张公平同意就决定在张公平书店召集粉丝见面会。由于董敏法的粉丝众多，见面会上又情绪激动，见面会后张公平发现店内很多地方遭到破坏，造成张公平约1万元的损失。张公平找到董敏法要求赔偿。董敏法提出她的粉丝也在张公平的书店购买了不少的书籍，自己不可能赔偿那么多。

【问题】 张公平的1万元损失能否得到完全赔偿？

（一）完全赔偿规则

完全赔偿规则是指侵权人应当就侵权行为所造成的全部财产损失进行完全的赔偿。一般不考虑侵权人的主观过错程度，也不论侵权行为是否构成犯罪或者应受行政制裁等，损害赔偿数额确定的依据是侵权行为造成的全部损失的范围。全部损失包括：

1. 侵权行为对受害人所造成的直接损失和间接损失

不管是现存利益的直接损失，还是将来可实现利益的间接损失，都是受害人实际利益的受损，都给予补偿是合理的，否则就无法对受害人利益给予全面的保护。

2. 受害人因侵权行为所支出的必要费用

受害人在侵权行为发生后，为了恢复权利、减少损失而支付的必要费用也属于侵权行为造成的损失，对这些必要费用给予赔偿是合理的。例如，甲打伤乙后离开，乙流血不止，急忙拦下出租车去医院急救，打车费用是为了减少损失而产生，应属于甲的赔偿范围。

（二）损益相抵规则

损益相抵规则是指受害人因某一侵权行为而受到损害的同时也获得利益的，确定其所获损害赔偿数额时应扣除其所获得利益的规则。损害赔偿是为了补偿受害人损失，而不是为了使受害人从中获利。若侵权行为受害人通过损害赔偿弥补了全部损失，其因侵权行为而获得的利益，显然就成为额外获得的利益。损益相抵规则是债法的一般规则。因此承担损害赔偿责任的义务人有权请求在赔偿额中扣除受害人所得利益，仅就差额承担赔偿责任。例如：确定财产损害赔偿数额时，若受害人已经获得一定的保险赔偿，应扣除这部分保险赔偿金数额。

损益相抵规则适用的条件包括：(1)侵权损害赔偿之债有效成立。这是适用损益相抵规则的前提条件。(2)受害人获得利益。这是适用损益相抵规则的必备条件。若受害人受损却没有获得利益，损益相抵规则也无从适用。受害人获得的利益包括积极的财产利益，例如因受损而获得的保险赔偿金；也包括消极的财产利益，例如因受损无法生产而不必支出的生产费用等。(3)受损和获利基于同一侵权行为而发生。受害人损害发生和利益获得的原因是同一的，即两者之间有因果关系，否则不得适用损益相抵规则。例如，受害人因伤残而获得了社会捐助，发生的原因是大众对受害人的同情，希望其获得帮助，受损和获利之间不是基于同一原因，因此受害人收到的捐助，不适用损益相抵规则，侵权人责任不能减轻。

以上案例中，董敏法未经张公平同意占用张公平的书店开粉丝见面会是侵权行为，张公平的1万元损失是董敏法的侵权行为造成。但同时董敏法的粉丝见面会也给了张公平销售书籍的机会，并且粉丝的购买也给张公平带来了销售利益，属于张公平获得的利益。因此适用损益相抵原则，张公平的1万元损失应当扣除其书籍销售获得的利益，所剩余额是董敏法承担侵权责任所应当赔偿的数额。

（三）过失相抵规则

过失相抵规则是指受害人对损害发生或扩大有过错的，应当根据其过错的程度相应地减轻侵权行为人的损害赔偿责任。《民法典》第1173条规定："被侵权人对同一损害的发生或者扩大有过错的，可以减轻侵权人的责任。"《民法典》第1174条规定："损害是因受害人故意造成的，行为人不承担责任。"明确了我国侵权损害赔偿的过失相抵规则。

过失相抵规则适用的条件包括：(1)受害人存在过错。受害人存在主观过错时，方可适用过失相抵规则，相应地减轻侵权人的赔偿责任。一般侵权行为中，侵权人因存在主观过错而对其造成的全部损害后果承担损害赔偿责任。同样若受害人对损害的发生也存在过错，也应当为自己的过错行为承担责任。(2)受害人的过错行为必须是损害发生或者结果扩大的原因。受害人与侵权人的过错行为都是损害发生的原因，或者在已经造成损害的基础上，受害人的过错行为使得损害结果进一步扩大。受害人的过错行为与损害结果的发生和扩大之间具有因果关系。(3)受害人的行为必须是不当的行为。受害人行为若是正当行为,不能适用过失相抵规则,例如受害人为保护人身安全而正当防卫,却导致财产损失或财产损失的扩大,侵权人应对全部财产损失及扩大部分承担损害赔偿责任。适用过失相抵规则,受害人的行为必须是不当行为,但并不要求必须是违法行为。

(四)衡平规则

平等、公平、诚信、维护公序良俗、不滥用权利等是民事活动的基本原则,贯穿于民事活动的整个过程。确定侵权行为损害赔偿责任的过程中,也应当贯彻和符合这些民事基本原则。衡平规则是指在确定侵权损害赔偿范围时,必须考虑当事人的各种因素,将赔偿责任进行平衡,使赔偿责任的确定更公正。例如,加害人的经济状况不好,全部赔偿以后将使其本人及其家属的生活陷入极度困难时,要保障必要的生活费,可依据具体情况适当减少其赔偿数额。除了经济因素外,也应当考虑社会的风俗习惯、舆论、当事人身份、特殊需求等因素,对赔偿责任的确定进行综合判断。①

三、侵权损害赔偿费用支付方式

【案例】 张公平开车发生交通事故,将董敏法严重撞伤。经交管部门认定张公平在这起交通事故中负全责。董敏法经过医院抢救,挽回了生命,但双腿从此无法走路,成为残疾人。张公平承担侵权责任,表示愿意赔偿董敏法全部损失,但经保险赔偿后

① 参见杨立新:《侵权责任法》,法律出版社 2020 年版,第 146—147 页。

董敏法各项损失仍需 100 万元，张公平表示自己有心无力，实在无法承担。董敏法诉至法庭。

【问题】 法庭应如何处理？

《民法典》第 1187 条规定："损害发生后，当事人可以协商赔偿费用的支付方式。协商不一致的，赔偿费用应当一次性支付；一次性支付确有困难的，可以分期支付，但是被侵权人有权请求提供相应的担保。"由此可知侵权损害发生，在确定了赔偿费用金额后，当事人可以协商具体的赔偿费用支付方式。当事人无法协商一致时，法律规定了一次性支付和分期支付两种方式。

(1) 一次性支付。一次性支付是司法实践中采用最多的方式，是侵权损害赔偿支付的常态。赔偿费用一次性支付可以迅速完成赔偿，结束纠纷。因此《民法典》规定当事人无法就赔偿费用支付方式达成一致时，应当一次性支付赔偿费用。

(2) 分期支付。分期支付是一次性支付的补充，只有在一次性支付确有困难时，才可以采用分期支付的方式。分期支付意味着被侵权人不能很快补偿自己的损失，而是在将来多次的支付后才能得到完全的补偿。为避免被侵权人将来无法完全受偿的风险，被侵权人可以要求侵权人提供担保，保护自己的利益。

以上案例中，张公平一次性支付确有困难，法院可以判定张公平分期支付，但董敏法可以向法院提出，要求张公平提供一定的担保，保护自己的利益。

四、惩罚性赔偿

【案例】 张公平在商场花 5 000 元购买了一件知名品牌羊绒

衫,回家后发现羊绒衫竟然是高仿,根本不是知名企业生产。张公平找到商场,要求退货,并且要求商场三倍赔偿。后因双方协商未果诉至法院,张公平请求商场赔偿羊绒衫售价三倍赔偿金15 000 元。

【问题】 商场是否应该承担三倍的赔偿责任?

(一) 惩罚性赔偿概念

赔偿是为了对受害人给予救济,原则上受害人不能通过赔偿获利,赔偿额不得超出受害人的损失范围。但为了对某些侵权行为进行警告,并防止侵权行为人再犯,法律明确规定对某些特定种类的侵权案件应加重惩罚,适用惩罚性赔偿。《民法典》第 179 条第 2 款规定:“法律规定惩罚性赔偿的,依照其规定。”惩罚性赔偿是由法庭所作出的赔偿数额超出实际损害数额的赔偿。[①]适用惩罚性赔偿,不仅是对受害人的救济,更重在通过加重惩罚,预防侵权行为的发生,维护社会利益,实现社会和谐。

(二) 惩罚性赔偿适用范围

惩罚性赔偿仅适用于法律有明确规定的特别情形下:(1)《民法典》中的规定。第 1185 条“故意侵害他人知识产权,情节严重的,被侵权人有权请求相应的惩罚性赔偿”,规定了故意侵害知识产权适用惩罚性赔偿。第 1207 条“明知产品存在缺陷仍然生产、销售,或者没有依据前条规定采取有效补救措施,造成他人死亡或者健康严重损害的,被侵权人有权请求相应的惩罚性赔偿”,规定了产品责任适用惩罚性赔偿。第 1232 条“侵权人违反法律规定故意污染环境、破坏生态造成严重后果的,被侵权人有权请求相应的惩罚性赔偿”,规定了环境污染和生态破坏责任适用惩罚

① 参见杨立新:《侵权责任法》,法律出版社 2020 年版,第 160 页。

性赔偿。(2)其他法律中的规定。《民法典》以外，一些单行法也特别规定了惩罚性赔偿条款，例如《消费者权益保护法》《食品安全法》《电子商务法》等。以上案例中，商场作为销售者，销售高仿的羊绒衫属于欺诈销售行为。按照《消费者权益保护法》商场应当按照消费者的要求增加赔偿其受到的损失，增加赔偿的金额为消费者购买商品的价款或者接受服务的费用的三倍，也就是说商场承担的是惩罚性赔偿。因此法院应当支持张公平的诉讼请求，判决被告商场支付售价三倍的赔偿金。

第二节　自然人人身权利受到不法侵害的赔偿——人身损害赔偿

【案例】　张公平没能成功升职，怀疑是自己的同事魏荃泽背后破坏所致。因两人素有矛盾，积怨已久，张公平愤而将魏荃泽打至重伤，魏荃泽因此在医院住了一个星期。后魏荃泽要求张公平向他赔偿住院期间产生的各项费用，并且要求张公平赔偿自己妻子梁一思一个星期的误工费。张公平认为自己应当承担魏荃泽住院的所有费用，但梁一思的误工费跟自己无关，拒绝赔偿。

【问题】　张公平是否应当赔偿梁一思的误工费？

一、人身损害赔偿概述

人身损害赔偿是指自然人的健康权、身体权、生命权等人身权利受到不法侵害，引起致伤、致残、致死的后果，被侵权人因此而受损，侵权人通过一定数额的金钱赔偿承担侵权责任的方式。

自然人受到人身损害会造成各种财产上的损失,例如,因受伤而不得不停工医治,产生各项费用并且收入在减少。由侵权行为人对造成的人身损害进行损害赔偿来弥补经济损失实属必要。《民法典》第 1179 条规定:“侵害他人造成人身损害的,应当赔偿医疗费、护理费、交通费、营养费、住院伙食补助费等为治疗和康复支出的合理费用,以及因误工减少的收入。造成残疾的,还应当赔偿辅助器具费和残疾赔偿金;造成死亡的,还应当赔偿丧葬费和死亡赔偿金。”该条规定的就是人身损害赔偿。以上案例中因为张公平将魏荃泽打伤住院,梁一思不得不请假陪护,因此梁一思的误工费相当于魏荃泽因所受损害而产生的护理费,属于因为人身损害产生的合理费用。张公平应当对梁一思的误工费进行赔偿。

根据人身侵害造成损害后果的严重程度,将人身损害分为一般伤害、身体残疾和死亡三种情形。

二、一般人身伤害的赔偿计算

【案例】 上海人张公平因为经常开车跑长途,给自己的车买了交通事故责任强制保险和商业第三人责任险。后张公平跑长途在安徽发生交通事故,与魏荃泽的车相撞,魏荃泽身体多处受伤。经交管部门交通事故责任认定:张公平承担事故全责,魏荃泽无责任。

【问题】 张公平是否需要赔偿魏荃泽?若要赔偿,赔偿范围有多大?

一般人身伤害是指自然人遭受的可以通过医学治疗痊愈的

人身伤害。因此一般人身伤害与无法恢复原状的身体残疾以及无法复生的死亡相区别。根据《民法典》第 1179 条,一般人身伤害的赔偿包括:

(一) 为治疗和康复支出的合理费用

1. 医疗费

医疗费是被侵权人因受伤接受医疗机构医治而支出的相关费用。根据《最高人民法院关于审理人身损害赔偿案件适用法律若干问题的解释》(以下简称《人身损害赔偿司法解释》,医疗费根据医疗机构出具的医药费、住院费等收款凭证,结合病历和诊断证明等相关证据确定。赔偿义务人对治疗的必要性和合理性有异议的,应当承担相应的举证责任。医疗费的赔偿数额,按照一审法庭辩论终结前实际发生的数额确定。器官功能恢复训练所必要的康复费、适当的整容费以及其他后续治疗费,赔偿权利人可以待实际发生后另行起诉。但根据医疗证明或者鉴定结论确定必然发生的费用,可以与已经发生的医疗费一并予以赔偿。

2. 护理费

护理费是被侵权人在治疗恢复期间需要他人帮助护理照料而支出的相关费用。根据《人身损害赔偿司法解释》,护理费根据护理人员的收入状况和护理人数、护理期限确定。护理人员有收入的,参照误工费的规定计算;护理人员没有收入或者雇佣护工的,参照当地护工从事同等级别护理的劳务报酬标准计算。护理人员原则上为一人,但医疗机构或者鉴定机构有明确意见的,可以参照确定护理人员人数。护理期限应计算至受害人恢复生活自理能力时止。受害人因残疾不能恢复生活自理能力的,可以根据其年龄、健康状况等因素确定合理的护理期限,但最长不超过二十年。受害人定残后的护理,应当根据其护理依赖程度并结合配制残疾辅助器具的情况确定护理级别。

3. 交通费

交通费是指为了被侵权人治疗恢复在交通方面支出的相关费用。根据《人身损害赔偿司法解释》,交通费根据受害人及其必要的陪护人员因就医或者转院治疗实际发生的费用计算。交通费应当以正式票据为凭;有关凭据应当与就医地点、时间、人数、次数相符合。现阶段,驾驶私家车去医院的情况越来越多,相应的燃油费、过桥过路费、停车费等也应纳入交通费的计算。

4. 营养费

营养费是指被侵权人受伤后为恢复身体机能购买必需的营养食品所支出的费用。受伤的机体不仅需要治疗,额外生长恢复所需的热量和营养也是必需的,这些药物无法提供,必须从营养食品中获得。购买这些营养食品的支出不能归于医药费,而是属于营养费。根据《人身损害赔偿司法解释》,营养费根据受害人伤残情况参照医疗机构的意见确定。

5. 住院伙食补助费

住院伙食补助费是被侵权人在住院治疗恢复期间支出的额外的伙食费用。根据《人身损害赔偿司法解释》,住院伙食补助费可以参照当地国家机关一般工作人员的出差伙食补助标准予以确定。受害人确有必要到外地治疗,因客观原因不能住院,受害人本人及其陪护人员实际发生的住宿费和伙食费,其合理部分应予赔偿。

(二) 因误工减少的收入

因误工减少的收入,简称误工费,是指被侵权人因为人身伤害无法正常工作而失去或减少的劳动收入。根据《人身损害赔偿司法解释》,误工费根据受害人的误工时间和收入状况确定。误工时间根据受害人接受治疗的医疗机构出具的证明确定。受害人因伤致残持续误工的，误工时间可以计算至定残日前一天。受害人有固定收入的，误工费按照实际减少的收入计算。受害人无固定收入的，按照其最近三年的平均收入计算；受害人不能举证证明其最近三年的平均收入状况的，可以参照受诉法院所在地相同或者相近行业上一年度职工的平均工资计算。

案例中，魏荃泽因交通事故而受伤，张公平对该交通事故全责，应当对魏荃泽所受人身损害进行赔偿。但张公平的车投保了交通事故责任强制保险和商业第三人责任险，其造成的损害应当由保险公司向魏荃泽进行赔偿。赔偿的范围，包括医疗费、护理费、交通费、营养费、住院伙食补助费、误工费等。

三、身体残疾的赔偿计算

【案例】 上海人张公平因为经常开车跑长途，给自己的车买了交通事故责任强制保险和商业第三人责任险。后张公平跑长途在安徽发生交通事故，与魏荃泽的车相撞，魏荃泽受重伤。经交管部门交通事故责任认定：张公平承担事故全责，魏荃泽无责任。魏荃泽经医院治疗后，仍然留下终身残疾，失去了一条腿，不得不安装义肢及其他辅助器具。魏荃泽请求张公平及其保险公司赔偿损失。

【问题】 对魏荃泽的赔偿范围有多大？

身体残疾是指自然人遭受人身伤害虽经医学治疗但仍丧失或部分丧失身体功能。被侵权人残疾后，为了辅助身体功能必须借助器具，还可能由于劳动能力受损而失去劳动收入或劳动收入减少。因此被侵权人身体残疾所受到的损失，除了一般人身伤害的损失外，还有因残疾带来其他财产损失。根据《民法典》第1179条，身体残疾的赔偿除了一般人身伤害的赔偿外，还包括：(1)辅助器具费。辅助器具费是指因被侵权人身体残疾需要配备辅助器具而支付的相关费用。根据《人身损害赔偿司法解释》，残疾辅助器具费按照普通适用器具的合理费用标准计算。伤情有特殊需要的，可以参照辅助器具配制机构的意见确定相应的合理费用标准。辅助器具的更换周期和赔偿期限参照配制机构的意见确定。(2)残疾赔偿金。残疾赔偿金是因被侵权人身体残疾劳动能力受损导致劳动收入减损，对其经济损失给予赔偿的金钱。根据《人身损害赔偿司法解释》，残疾赔偿金根据受害人丧失劳动能力程度或者伤残等级，按照受诉法院所在地上一年度城镇居民人均可支配收入或者农村居民人均纯收入标准，自定残之日起按二十年计算。但六十周岁以上的，年龄每增加一岁减少一年；七十五周岁以上的，按五年计算。受害人因伤致残但实际收入没有减少，或者伤残等级较轻但造成职业妨害严重影响其劳动就业的，可以对残疾赔偿金作相应调整。

案例中，魏荃泽因交通事故而受伤致残，张公平对该交通事故全责，应当对魏荃泽所受人身损害进行赔偿。但张公平的车投保了交通事故责任强制保险和商业第三人责任险，其造成的损害应当由保险公司向魏荃泽进行赔偿。赔偿的范围，包括一般人身伤害的损失，医疗费、护理费、交通费、营养费、住院伙食补助费、误工费等。除此之外还应该赔偿因残疾造成的损失，包括辅助器具费、残疾赔偿金等。魏荃泽为安装义肢及其他辅助器具所支付的费用，后续更换义肢等产生的费用都属于辅助器具费，保险公司应当赔偿。

四、死亡的赔偿计算

【案例】 上海人张公平因为经常开车跑长途，给自己的车买了交通事故责任强制保险和商业第三人责任险。后张公平跑长途在安徽发生交通事故，与魏荃泽的车相撞，魏荃泽受重伤，经抢救不治身亡。经交管部门交通事故责任认定：张公平承担事故全责，魏荃泽无责任。魏荃泽留有一子，魏荃泽妻子董敏法在办完魏荃泽葬礼后，请求张公平及其保险公司赔偿损失，并按照上海的标准对自己和孩子进行补偿。保险公司认为不应该按照上海的标准进行补偿，应当按照事故发生地安徽的标准进行补偿，双方未能达成一致。后董敏法在上海提起诉讼，法院受理。

【问题】 该案件的赔偿范围有多大？法院会支持董敏法按上海标准进行补偿的请求吗？

侵害他人人身造成死亡的，不仅损害了自然人的健康权、身体权，还最终导致自然人生命权的丧失。因此伤害致人死亡的，侵权人不仅应对其造成的一般人身伤害的损失进行赔偿，还应对其造成死亡带来损失进行赔偿。但由于被侵权人已经死亡，事实上无法亲自提出损害赔偿请求，此时被侵权人的近亲属有权请求侵权人承担侵权责任。被侵权人为组织，该组织分立、合并的，承继权利的组织有权请求侵权人承担侵权责任。

根据《民法典》第 1179 条，死亡的赔偿除了一般人身伤害的赔偿外，还包括：(1)丧葬费。丧葬费是指被侵权人死亡，为办理火化、安葬等丧葬事项而支出的费用。我国要求导致死亡发生的侵权人承担丧葬费用，符合道德的要求。根据《人身损害赔偿司法解释》，丧葬费按照受诉法院所在地上一年度职工月平均工资标准，以六个月总额计算。此外被侵权人死亡的，支付被侵权人医疗费、丧葬费等合理费用的人有权请求侵权人赔偿费用，但是侵权人已经支付该费用的除外。(2)死亡赔偿金。死亡赔偿金是指因被侵权人死亡，对其近亲属的损失进行赔偿的金钱。自然人死亡后，其家属亲人特别是受其抚养的人因此而影响生活，甚至丧失生活来源。死亡赔偿金的意义并不是对死者进行补偿，而是在于对其近亲属的经济损失进行赔偿，维持他们生活的水平。根据《人身损害赔偿司法解释》，死亡赔偿金按照受诉法院所在地上一年度城镇居民人均可支配收入标准，按二十年计算。但六十周岁以上的，年龄每增加一岁减少一年；七十五周岁以上的，按五年计算。

因同一侵权行为造成多人死亡的，可以以相同数额确定死亡赔偿金。同一侵权行为造成多人死亡的情况主要发生在一些重大的伤亡事故中，例如交通事故、空难事故、生产事故、矿难事故等，往往会产生众多的事故受难者。此时法官可以适用相同数额的死亡赔偿金，统一维护被侵权人的权益，加快纠纷解决速度，稳定社会秩序。

案例中，魏荃泽因交通事故而死亡，其妻董敏法有权请求损害赔偿。张公平对该交通事故全责，应当承担人身损害赔偿责任，但张公平的车投保了交通事故责任强制保险和商业第三人责任险，其造成的损害应当由保险公司进行赔偿。赔偿的范围，包括一般人身伤害的损失，包括医疗费、护理费、交通费、营养费、住院伙食补助费、误工费等。除此之外还应该赔偿因死亡造成的损失，包括丧葬费、死亡赔偿金等。

根据《人身损害赔偿司法解释》，死亡赔偿金按照受诉法院所在地上一年度城镇居民人均可支配收入标准计算。因此董敏法在上海起诉，上海的人民法院受理，死亡赔偿金应当按照上海的标准执行。

第三节　对被侵权人财产上的损失用金钱进行赔偿——财产损害赔偿

【案例】 张公平与同事董敏法素有矛盾，积怨已久。某天张公平在公司正好看见董敏法与自己上司交谈，联想到最近自己经常被批评，认为董敏法在制造自己和上司之间的矛盾。张公平非常愤怒，跑到车库偷偷将董敏法的车轮戳瘪，车身划伤。董敏法未能找到谁弄坏了她的车，只能自己承担了修车费用。其后一个多星期，因公司位置比较偏僻，董敏法不得不每天坐出租车上下班。一个月后董敏法终于知道是张公平将她的车弄坏，要求张公平赔偿她修车费用1万元和出租车费1 000元。张公平只肯承担修车费用，拒绝承担出租车费。

【问题】 张公平是否应当赔偿董敏法的损失？赔偿的范围有多大？

一、财产损害赔偿概述

财产损害赔偿是指侵权人因侵害财产权或人身权，造成被侵权人财产上的损失，侵权人通过支付一定数额的金钱进行赔偿，承担侵权责任的方式。无论侵权行为损害的是人身权益还是财产权益，都有可能导致被侵权人的财产损失。财产损失不仅包括有形财产的损失，也包括无形财产的损失，可能表现为有形财产被侵占或毁损，也可能表现为无形财产价值的减损。

财产损害赔偿是对被侵权人财产损失的完全赔偿，被侵权人的财产损失多少，就应当赔偿多少。财产损害赔偿使被侵权人的财产损失得到直接的补偿，被侵权人的财产状态恢复到未受侵权损害之前，是对被侵权人财产损失最有效的救济。

案例中，张公平弄坏了董敏法的车，侵害了董敏法的财产权利，应当对董敏法承担损害赔偿的责任。财产损失不仅包括直接损失，也包括间接损失，修车费用 1 万元和出租车费 1 000 元都是董敏法因车受损造成的财产损失，张公平应当进行赔偿。

二、侵害财产权益造成财产损失的财产损害赔偿

【案例】 张公平因被公司老板董敏法批评，非常生气。他偷偷跑到车库将董敏法的车轮胎放气。当天董敏法与人约好谈一笔生意，车开到半途才发现车轮胎没气了，导致她没能赶到现场，最终生意被其他公司抢走。董敏法非常生气，因为该笔生意如果成功，将给公司带来巨额的盈利。一个月后董敏法终于知道是张公平将她的车弄坏，她愤怒地将张公平解雇，并要求张公平赔偿她修车费用 1 万元和如果生意成功公司本该得到的盈利 1 000 万元，张公平拒绝赔偿。后董敏法将张公平告上法庭。

【问题】 张公平是否应当赔偿董敏法的损失？赔偿的范围有多大？

（一）概述

《民法典》第 1184 条规定："侵害他人财产的，财产损失按照损失发生时的市场价格或者其他合理方式计算。"该条规定的就是侵害他人财产权益造成财产损失的损害赔偿。他人的财产权益包括物权、债权、知识产权、继承权、股权和其他投资性权利等。

随着技术的进步,互联网的迅猛发展不断改变着现代人的经济生活模式,出现网络虚拟财产权等新型的财产权益。人们的财产权益表现得更加多元,更多类型的无形财产进入法律的保护范畴。

(二) 财产损害的赔偿范围

对财产损害的赔偿包括了对直接财产损失的赔偿和间接财产损失的赔偿。

1. 直接财产损失

直接财产损失是指因侵权行为导致现有财产利益的直接减损。例如经营中的出租车被撞,严重受损,这里的出租车的毁损就属于直接财产损失。直接财产损失的计算可采用"直接财产损失赔偿额=原物现有价值-残存价值"。这里需要注意,并不是用原物的原有价值来进行计算,而是用原物在损害发生时的价值来计算。也可以采用"直接财产损失赔偿额=维修费用+减损的价值"的方法。对于被侵权人的直接财产损失进行的是完全的赔偿。

2. 间接财产损失

间接财产损失是指因侵权行为导致未来财产利益的间接减损。例如经营中的出租车被撞,严重受损,无法继续营业,这里出租车预期营业额的损失就属于间接财产损失。间接财产损失的计算可采用"间接财产损失赔偿额=单位时间增值效益×影响效益发挥的时间"。其中单位时间增值效益可根据被侵权人的个人平均值或同行业、同类型的平均值来确定,或综合个人和同行业平均值来确定。①未来财产利益往往具有不确定性,间接财产损失的数额也不可能完全客观,因此对于被侵权人的间接财产损失进行的是适当补偿,而非完全补偿。

---

① 参见杨立新:《侵权责任法》,法律出版社 2020 年版,第 154—155 页。

（三）财产损害赔偿计算标准

计算财产损失的价格计算依据、计算的时间点等也会对赔偿数额产生影响。

1. 计算的价格标准

根据我国《民法典》第 1184 条规定，财产损害赔偿的计算价格标准是市场价格。在市场经济条件下，财产的价值都能在市场中以确定的市场价格表现出来。当财产损害发生时，以市场价格作为损失计算的标准进行金钱赔偿，对被侵权人来说是最公平、客观的，也符合完全赔偿的要求。

2. 计算的时间点

财产损失计算的时间点，可以有很多的选择，如侵权行为发生时间点、损害发生时间点、诉讼开始的时间点、诉讼终结的时间点等。[①]市场价格会随着市场的变化而不停变动，选择计算的时间点会直接影响到被侵权人所获赔偿的多少。相较而言，财产被侵害导致损失发生的时间受其他因素的影响小，作为计算的时间点既容易被确定，也相对容易被人们接受。根据《民法典》第 1184 条规定，我国财产损害赔偿的计算时间点是“损失发生时”。

3. 其他合理方式

根据《民法典》第 1184 条，财产损害赔偿也可采用其他合理方式。“合理”是财产损害赔偿的基本要求，在具体的案件中，若按照财产损失发生时的市场价格确定财产损害赔偿数额明显不合理的情况下，允许法官在合理的范围内进行自由裁量，确定赔偿数额。

以上案例中，张公平弄坏董敏法的车，损害了董敏法的财产

---

① 参见陈小君：《财产权侵权赔偿责任规范解析》，载《法商研究》2010 年第 6 期。

权益,应当承担赔偿责任。董敏法修车费1万元,张公平应当赔偿。但公司如果交易成功,能得到的1 000万元盈利,这一损失完全超出张公平的预期,法官可以合理地自由裁量,判定张公平不应当承担1 000万元的赔偿责任。

三、侵害他人人身权益造成财产损失的财产损害赔偿

【案例】 董敏法是家乡电视台的主持人,很受当地老百姓的喜爱,当地多家商家邀请董敏法进行代言宣传。梁一思是董敏法从小的朋友,也是一位美容师,负责董敏法日常上节目的化妆。后梁一思开美容店,未经董敏法同意,将董敏法上学时的素颜照片与现在的照片并排放在美容店的宣传册上,标题为:"女人成功逆袭的秘密"。照片传开后,导致董敏法在当地遭到严重嘲笑,并且很长一段时间,再无商家找董敏法进行代言宣传。董敏法将梁一思诉上法庭,请求梁一思公开赔礼道歉并赔偿损失。

【问题】 法庭能否支持董敏法的请求?

(一) 概述

《民法典》第1182条规定:"侵害他人人身权益造成财产损失的,按照被侵权人因此受到的损失或者侵权人因此获得的利益赔偿;被侵权人因此受到的损失以及侵权人因此获得的利益难以确定,被侵权人和侵权人就赔偿数额协商不一致,向人民法院提起诉讼的,由人民法院根据实际情况确定赔偿数额。"该条规定的就是侵害他人人身权益造成财产损失的损害赔偿。侵权行为只侵害他人的财产权益而未侵害人身权益,或虽侵害了他人的人身权益但只有精神损害而未造成财产损失的,都不适用该条的规定。

根据《民法典》规定，侵害他人人身权益造成物理性的人身损害、残疾、死亡的，适用第 1179 条的规定，显然第 1182 条规定并不适用于生命权、身体权、健康权等物理性人身权益受到的侵害的情形。《民法典》第 1182 条规定的侵害他人人身权益造成财产损失的损害赔偿适用的主要是精神性人身权益受到损害的情形，这类人身权益包括人身自由、人格尊严、姓名权、名称权、名誉权、肖像权、隐私权、个人信息等。这类人身权益往往具有经济价值，甚至可以商业利用，蕴藏着巨大的商业利益，受到损害会给被侵权人带来经济利益的损失，应当给予救济，对其进行财产损害赔偿。例如明星的肖像权被侵权使用。

（二）侵害他人人身权益造成财产损失的赔偿标准

被侵权人通过对这类人身权益的利用，本可获得相应的经济利益，侵权行为使这些本可获得的经济利益失去，被侵权人因此受到财产损失。根据《民法典》第 1182 条规定，对侵害他人人身权益造成财产损失赔偿标准有：

1. 被侵权人因此而受到的损失

按照完全赔偿原则，被侵权人可以选择将自己全部损失作为赔偿标准，确定赔偿数额。但由于被侵害的是精神性人身权益，采用此标准被侵权人往往难以证明损失的准确范围，也难以确定准确的赔偿数额。

2. 侵权人因此获得的利益

当损失数额很难确定时，被侵权人可以选择使用侵权人获得的利益作为赔偿的标准，也就是将侵权人的非法获利视作为被侵权人的损失。侵权人通过侵害行为获得的利益，正是在被侵权人受损的基础上获得的，将其非法获利剥夺，既是对被侵权人的完全补偿，也是公平正义的体现。被侵权人可以在被侵权人的损失和侵权人的获利两种标准中，选择对自己更为有利的赔偿标准，更好地保护自己的利益。

3. 由法院确定

当上述两个损失赔偿标准都难以确定时，当事人可以就赔偿数额进行协商，在无法达成一致时，由人民法院根据具体案件的实际情况确定赔偿数额。

案例中，董敏法是当地的知名主持人，其肖像具有商业化的利用价值。梁一思使用董敏法的照片进行宣传，侵犯了董敏法的肖像权，应当赔礼道歉，赔偿损失。董敏法由于形象受损，致使再无商家找其代言，可以对比原先的代言情况，确定其所遭受损失的数额，由梁一思承担赔偿责任。

第四节　对因人身权益或特定财产权益被侵害而造成严重精神损害的赔偿——精神损害赔偿

【案例】 张公平开车外出游玩，由于道路不熟悉，将董敏法养了3年的宠物小狗给撞死了。养了3年的小狗忽然死了，董敏法精神上接受不了，向法院起诉，不仅请求张公平赔偿财产损失，并且要求张公平赔偿自己的精神损失。

【问题】 董敏法的诉讼请求能否得到法院的支持？

一、精神损害赔偿的概述

精神损害赔偿是指被侵权人因人身权益或特定财产权益被侵害而造成严重精神损害，侵权人通过支付一定数额的金钱对被侵权人的精神损害进行赔偿，承担侵权责任的方式。任何人都享有保护自己精神世界不受精神创伤的权利。精神损害赔偿针对的就是侵权行为对精神造成的损害。这种精神的损害不与财产损失相关，而是受害人精神的痛苦和精神利益的丧失。《民法典》第1183条第1款规定："侵害自然人人身权益造成严重精神损害的，被侵权人有权请求精神损害赔偿。"规定的就是精神损害赔偿。显然我国法律将精神损害赔偿的请求权限制在自然人，法人和其他组织不能适用。案例中，张公平虽然撞死了小狗，但并没有侵害董敏法的人身权益，因此董敏法无权要求精神损害赔偿。法院只会支持张公平赔偿财产损失的诉讼请求。

自然人精神损害的程度有轻有重，如果受害人只是遭受了偶尔的精神痛苦或者心理情绪上的不愉悦，则不属于应予以赔偿的精神损害。①只有在造成严重精神损害时，被侵权人才能请求精神损害赔偿，这是适用精神损害赔偿的前提条件。精神损害是否严重，具有很强的主观性，需要在具体案件中结合具体的情况进行判断。综合考虑侵权行为的性质、程度、方式，受害人遭受精神损害造成的后果，以及受害人的后续情绪反应。重点考察受害人情绪反应的严重程度，是否达到工作失误，学习成绩下降，生活无常或者自杀等严重后果。②

精神损害赔偿具有补偿抚慰的功能。对遭受严重精神损害的被侵权人进行精神损害赔偿并不意味着人身权可以用金钱衡量。一方面金钱的赔偿虽不能使曾经的伤害消除，对受害者却可发挥补偿抚慰的作用。一定的金钱可以使受害者生活改善，情绪放松，帮助其更快地摆脱负面情绪的影响，恢复正常的工作生活。另一方面，精神损害赔偿具有惩罚的功能。虽然精神损害并不是

---

① 参见扈纪华、石宏：《侵权责任法立法情况介绍》，载《人民司法（应用）》2010年第3期。

② 参见《山东高级人民法院关于审理人身损害赔偿案件若干问题的意见》第86条。

财产损失，却仍要求侵权行为人承担金钱赔偿的责任，显然具有惩罚性。通过经济上惩罚，对侵权行为人和其他社会成员进行警戒和教育，以减少该类侵权行为的发生。

二、精神损害赔偿适用范围

【案例】 张公平和董敏法即将结婚，为了好好珍藏结婚这天的美好记忆，他们特地聘请专业的摄影公司为他们拍摄记录。不料婚礼结束后，摄影公司告知由于记忆芯片损坏，张公平和董敏法的结婚摄像原始资料全部丢失，无法完成约定的婚礼特辑制作，愿意赔偿他们的经济损失。张公平和董敏法非常愤怒，要求摄影公司不能仅仅赔偿经济损失，还必须赔偿他们的精神损失。

【问题】 摄影公司应不应该对张公平和董敏法进行精神损害赔偿？

(一) 侵害自然人人身权益造成精神损害的赔偿

1. 侵害人身权益的种类

根据《精神损害赔偿司法解释》，自然人遭受非法侵害，向人民法院起诉请求赔偿精神损害，人民法院应当依法予以受理的人身权益包括：(1)生命权、健康权、身体权。(2)姓名权、肖像权、名誉权、荣誉权。(3)人格尊严权、人身自由权。(4)隐私或者其他人格利益。(5)亲子关系或者近亲属间的亲属关系。

2. 精神损害赔偿的请求权

精神损害赔偿只能适用于自然人，有权向人民法院提出请求的只能是自然人，法人或其他组织不得提出请求。精神损害赔偿的请求权人包括两类：(1)被侵权人。人身权益受损害导致严重精神损害的被侵权人当然是精神损害赔偿的请求权人。(2)被侵权人的近亲属。被害人因侵权行为而死亡,这种生离死别给其近亲属造成精神上痛苦是巨大的,近亲属基于这种严重的精神损害,有权请求精神损害赔偿。根据《精神损害赔偿司法解释》第3条规定,死者的姓名、肖像、名誉、荣誉、隐私、遗体、遗骨等受到侵害,其近亲属向人民法院提起诉讼请求精神损害赔偿的,人民法院应当依法予以支持。

(二) 侵害具有人身意义特定物造成精神损害的赔偿

侵害他人财产,一般来说造成的是经济损失,应当适用财产损害赔偿。但有些财产对被侵权人有着特殊的人身上的重大意义。例如父母留下的唯一照片,寄托着子女对父母的情感,对于子女来说非常珍贵,无可替代。对这类财产的侵害,不仅造成被侵权人财产上的损失,更重要的是侵害了被侵权人重要精神利益,造成被侵权人精神的痛苦。《民法典》第1183条第2款规定:"因故意或者重大过失侵害自然人具有人身意义的特定物造成严重精神损害的,被侵权人有权请求精神损害赔偿。"规定了侵害具有人身意义特定物造成精神损害的赔偿。案例中,结婚对张公平和董敏法来说是无法重复的,记录结婚这一天的摄影特辑对于张公平和董敏法来说也是唯一的,具有重大的人身意义。摄影公司丢失摄像原始资料的行为不仅是对张公平和董敏法的财产权益的损害,更是对他们重要精神利益的损害,致使他们非常痛苦,因此张公平和董敏法有权请求精神损害赔偿,摄影公司不仅应当对张公平和董敏法进行经济损失的赔偿,也应当对他们的精神损失进行赔偿。

根据《民法典》第1183条第2款的规定,被侵权人能够请求侵害具有人身意义特定物造成精神损害的赔偿,必须符合以下条件:(1)侵害的是具有人身意义的特定物。被侵害的财产,必须具有人格的象征意义，并且与权利人的人身利益紧密地联系在一起。侵害财产不仅导致财产的毁损灭失，财产中包含的人身利益也随之而消灭，才会造成被侵权人的精神损害。(2)造成严重的精神损害。对具有人身意义特定物的损害造成被侵权人的精神损害，并且此精神损害达到严重的程度。(3)侵权人主观上有故意或重大过失。侵权人在主观上出于故意或者重大过失实施了对具有人身意义特定物的侵害行为，并且此侵害行为与被侵权人精神受严重损害的结果之间存在着因果的联系。

三、精神损害赔偿的计算

【案例】 徐州姚某居住在爷爷的自建房内，该房屋在拆迁的范围内。某日，姚某回家时发现该房屋已经被拆除，屋内物品下落不明。姚某向法院起诉，请求拆迁公司赔偿财产损失以及精神损害抚慰金。关于精神损害抚慰金，一审法院认为，因该房屋姚某爷爷曾经居住，可能存放着一些年代较久的物品，具有一定的人格象征意义，综合考虑本案，酌定精神损害抚慰金 3 万元。姚某不服一审判决，以赔偿数额过低为由提起上诉。

【问题】 二审法院会不会支持姚某的请求？①

与财产损害相比，精神损害无形性的特点决定了精神损害赔偿很难有统一客观的价值判断标准，具有较强的主观性，人民法院必须结合具体案件的实际情况，综合考虑各因素，确定精神损

① 根据“姚某与徐州市九龙湖房屋拆迁安置有限公司财产损害赔偿纠纷案”改编，案号：(2019)苏 03 民终 1870 号。

害赔偿的数额。根据《精神损害赔偿司法解释》第5条规定，精神损害的赔偿数额根据以下因素确定：

1. 侵权人的过错程度，法律另有规定的除外

精神损害赔偿对侵权人具有惩罚功能，侵权人主观的过错程度决定了惩罚的力度。首先区分侵权人主观上是故意还是过失，侵权人是故意甚至是恶意的侵权行为，显然应当提高损害赔偿的数额，才能更好发挥惩罚的威慑力，并能更好地抚慰受害人的精神损害。侵权行为是过失造成的，也应当区分侵权人是重大过失、一般过失还是轻微过失，过失程度越高，侵权人承担的精神损害赔偿数额应当越高。

2. 侵权行为的目的、方式、场合等具体情节

侵权行为的目的、方式、场合的不同，一方面反映了侵权人主观恶度的高低，另一方面也会影响受害人精神损害的严重程度，和对社会正常秩序危害的大小。例如采用暴力手段、公开场合、多次实施侮辱行为，对比非暴力、非公开场合、单次实施的侮辱行为，显然主观恶度更高，造成受害人的精神损害更严重，会对社会和谐秩序造成更大破坏，应当确定更高的精神损害赔偿数额。

3. 侵权行为所造成的后果

侵权行为造成的后果是指精神损害，一方面，精神损害赔偿以侵权行为造成严重的精神损害为前提。另一方面，需要承担精神损害赔偿责任的侵权行为，造成的精神损害严重后果仍有程度的区分。精神损害后果越严重，承担的精神损害赔偿责任越重，确定的赔偿数额应当越高。

4. 侵权人的获利情况

虽然精神损害赔偿针对的是被侵权人精神利益的受损，但当侵权人通过侵权行为获得高额的经济利益，侵权人的获利情况多少会成为人民法院确定赔偿数额的考虑因素，更公平合理地达到

对侵权人进行惩罚的目的。

5. 侵权人承担责任的经济能力

侵权人的经济能力有高低之分，不考虑侵权人经济能力因素，僵化统一的精神损害赔偿数额，对富有者可能毫无威慑，却摧毁贫寒者的生活。面对这样的惩罚结果被侵权人同样也无法得到精神的抚慰。因此，人民法院应当考虑侵权人承担责任的经济能力因素，灵活的确定精神损害赔偿金额，达到更公平合理的惩罚侵权人的效果。

6. 受诉法院所在地平均生活水平

我国不同地区的经济发展程度有很大的差异，人民法院在确定精神损害赔偿数额时，应当考虑受诉法院所在地的平均生活水平，确定符合当地人民实际生活水平的精神损害赔偿金数额。

案例中，二审法院认为一审法院根据实际情况确定的精神损害数额于法有据，合情合理，故判决驳回姚某上诉，维持原判。

第四章　共同侵权责任

第一节　数人共同不法侵害他人权益造成损害的行为——共同侵权行为概述

一、共同侵权行为的概念和分类

【案例】 张公平(男)与梁一思夫妻俩因房屋排水问题与邻居董敏法产生矛盾。夫妻俩共谋伤害董敏法,董敏法中一刀,但无法判断是张公平还是梁一思所为。

【问题】 张公平与梁一思是否构成共同侵权?

(一) 概念

共同侵权行为是与单独侵权行为相对应的概念。关于共同侵权行为的概念,理论界并未达成共识。对共同侵权行为,有学者称之为"共同过错",①有学者称之为"共同致人损害",②还有学

① 参见王利明:《侵权行为法归责原则研究》,中国政法大学出版社 2003 年版,第 295 页。

② 参见佟柔:《民法原理》,法律出版社 1982 年版,第 227 页。

者称之为“共同不法行为”。共同侵权行为分为广义的共同侵权行为和狭义的共同侵权行为。根据我国《民法典》的规定，通常认为共同侵权行为是指数人共同不法侵害他人权益造成损害的行为。[①]这是对共同侵权行为的广义理解。狭义的共同侵权行为，仅指共同加害行为。本章从广义的角度讨论共同侵权行为。

（二）分类

在理论上，对广义的共同侵权行为的类型划分，学者有不同见解。根据《民法典》第 1168、1169、1170、1171、1172 条及《最高人民法院关于审理人身损害赔偿案件适用法律若干问题的解释》第 2 条的规定，依据其归责原则的不同，广义的共同侵权行为分为以下四种类型：

1. 共同加害行为

即狭义的共同侵权行为，又称典型的共同侵权行为。《民法典》第 1168 条规定：“二人以上共同实施侵权行为，造成他人损害的，应当承担连带责任。”这是对广义的共同侵权行为的明确规定。但共同加害行为属于《民法典》第 1168 条的范畴，它包括共同故意的侵权行为、共同过失的侵权行为、故意与过失混合的侵权行为。

2. 共同危险行为

即准共同侵权行为。《民法典》第 1170 条在借鉴总结司法解释经验的基础上，第一次以法律的形式对共同危险行为进行了清晰的规定。《民法典》第 1170 条规定：“二人以上实施危及他人人身、财产安全的行为，其中一人或者数人的行为造成他人损害，能够确定具体侵权人的，由侵权人承担责任；不能确定具体侵权人

---

① 参见黄薇：《中华人民共和国民法典侵权责任编释义》，法律出版社 2020 年版，第 14 页。

的，行为人承担连带责任。”

3. 教唆和帮助行为

即视为共同侵权行为。从《民法典》第1169条的规定来看，已经明确将教唆、帮助行为看作是共同侵权行为的一种。

4. 无意思联络的数人侵权

即客观共同侵权行为。依据《民法典》第1171条和第1172条的规定，无意思联络的数人侵权行为，其本身又可分为两类：一是承担连带责任的无意思联络的数人侵权行为；二是承担按份责任的无意思联络的数人侵权行为。

案例中的董敏法只需要证明张公平、梁一思共谋伤害自己，至于自己挨的那刀是张公平还是梁一思所砍的，是不需要承担举证责任的。而且，即使张公平能证明董敏法的刀伤是梁一思所致，同样也不能免除自己的连带责任。张公平和梁一思构成共同侵权，承担连带责任。

二、共同侵权行为的构成要件

【案例1】 张公平与梁一思夫妻俩因房屋排水问题与邻居董敏法产生矛盾，夫妻俩共谋杀害董敏法，由张公平来实施，梁一思没有具体参与实施。

【案例2】 张公平与梁一思夫妻俩因房屋排水问题与邻居董敏法夫妻产生矛盾，夫妻俩共谋杀害董敏法夫妻，张公平负责杀害董敏法，梁一思负责杀害董敏法妻子。

【问题】 案例中的张公平与梁一思的行为是否构成共同侵权？

共同侵权行为是一种特殊的侵权行为，与单独的侵权行为相比，具有以下构成要件：

1. 主体的复数性

又称侵权主体的多人性。首先从侵权主体数量上看，共同侵权行为的主体必须是二人或二人以上。如果仅仅是单一的侵权行为人，不能产生共同侵权行为。这是对共同侵权行为主体数量上的硬性规定。其次从侵权主体种类上看，《民法典》第 1191 条第 1 款规定了用人单位的工作人员因执行工作任务造成他人损害的，由用人单位承担侵权责任。因此侵权主体可以是自然人、法人或者其他组织，也可以是自然人和法人或其他组织的集合。无论是自然人、法人还是其他组织，均为独立承担民事责任的主体，但不存在雇主与雇员之间的关系或者其他替代责任关系。①但在教唆、协助他人实施的情况下，被教唆、协助的人如果是无民事行为能力人则不能认定为共同侵权行为。

案例 1 中，梁一思虽然没有具体参与实施杀害董敏法，但她有意识地利用他人行为作为自己的行为，同样可以被看作是共同行为人，并不要求她必须亲自实施侵权行为，因此张公平与梁一思的行为构成共同侵权。案例 2 中，张公平具体负责杀害董敏法，梁一思负责杀害董敏法妻子。无论是在董敏法被杀害的案件中，还是在董敏法妻子被杀害的案件中，参与共谋的行为人都是共同行为人，无论其是否亲自实施侵权行为。故张公平与梁一思二人都是共同行为人，构成共同侵权。

2. 过错的共同性

指数人侵权行为人对损害后果的出现具有共同故意或共同过失，或者虽无有共同故意或共同过失通谋，而是分别实施数个

---

① 参见李显冬：《侵权责任法》，北京大学出版社 2014 年版，第 98 页。

行为,但数个行为直接结合导致同一个不可分割的损害后果。[①]因此,共同侵权既包括有意思联络的数人侵权,也包括无意思联络的数人侵权。根据这一概念,有意思联络的数人侵权既可以是数个侵权人的共同故意,也可以是共同过失,还可以是故意与过失的混合。在特殊情况下,数个侵权人之间虽然没有共同过错,但其行为因直接结合导致同一损害结果的发生,这样的情况也构成共同侵权,即无意思联络的数人侵权。

3. 结果的同一性

共同侵权行为的特点就在于数个侵权行为造成了同一的损害后果。[②]在共同侵权中,虽然是数个侵权行为人实施了多个行为,但多个行为所造成的损害后果是同一的,不可分割的。即使损害后果有多个,但多个损害后果是由共同侵权行为所导致的共同后果,仍是共同侵权行为。如果损害后果不具有同一性,而是可以分割的,那么不构成共同侵权行为。例如甲打伤了丙的头部,乙打伤了丙的胸部,那么甲乙不构成共同侵权行为。

4. 责任的连带性

《民法典》第1168条规定:"二人以上共同实施侵权行为,造成他人损害的,应当承担连带责任。"所以,共同侵权行为人的连带责任是基于法律规定而产生的。连带性,是指共同侵权人对受害人承担连带责任。受害人有权请求侵权人中的任何一人或数人承担全部损害赔偿责任,任何侵权人都有义务向受害人负全部赔偿责任。这是共同侵权行为与单独侵权行为的最大不同,这是因为共同侵权行为比一般侵权行为具有更大的社会危害性。

---

① 参见张艳、马强:《试论无意思联络的数人侵权》,载《民商法论丛》2003年第1期。

② 参见张新宝:《中国侵权行为法》,中国社会科学出版社1995年版,第89页。

三、共同侵权行为的本质

【案例】 张公平与梁一思夫妻俩因房屋排水问题与邻居董敏法夫妻产生矛盾，夫妻俩合谋殴打董敏法。在共同殴打董敏法后，张公平又闯入董敏法家，砸毁了董敏法家的电视机，以泄私愤。

【问题】 张公平与梁一思共同殴打董敏法和砸毁电视机的行为是否构成共同侵权？

共同侵权行为在法理上和司法实践中讨论的重点和难点也正是对共同性的认识上，因此，有的学者将共同性归结为共同侵权行为的本质问题是不为过的。[①]共同侵权行为的本质属性究竟是什么，是规定共同侵权责任中争论最大的问题。《民法典》第1168条规定："二人以上共同实施侵权行为，造成他人损害的，应当承担连带责任。"在这一规定中，共同性没有得到完全的阐述。但是由于对共同侵权行为本质特征"共同性"的理解不同，学界对共同侵权行为的概念、特征和分类产生了不同的看法。关于共同侵权行为的本质，理论界主要包括以下几种学说。

（一）主观说

主观说认为，共同侵权的各行为人主观上必须存在共同的意思联络。即"各加害人间不仅须有行为之分担，且须有意思联络（即共同意思），至少限度亦须有共同之认识始可，否则若偶然的数人行为相竞合时，即难认为共同侵权行为"。[②]在案例中，对于共

① 参见王利明、杨立新：《侵权行为法》，法律出版社1996年版，第187页。

② 参见郑玉波：《民法债编总论》，中国政法大学出版社2004年版，第142页。

同殴打伤害董敏法的行为，张公平夫妻二人具有共同的意思联络，因此构成共同侵权行为。对于张公平砸毁电视机的行为，是张公平单独行为所导致的，不构成共同侵权，因此由张公平承担单独侵权行为责任。依据各行为人有无意思联络为要件，主观说又分为共同故意说、共同过错说、共同认识说三种类型。

共同故意说，又称为意思联络说。共同故意说认为，共同侵权行为人之间必须有主观上的意思联络才能构成共同侵权，即各行为人之间必须存在通谋。如果是过失行为则不能成立共同侵权行为。共同故意说强调行为人在主观上的意思联络，但不重视各行为客观上的关联性。

共同过错说，该学说认为共同侵权行为最大的特征是数个侵权行为人之间具有共同过错，共同过错包括共同故意或者共同过失。正由于侵权行为人之间有共同过错，所以共同侵权人应当共同承担责任。

共同认识说，该学说主张共同侵权行为人之间虽然并不必须有意思联络，但只要数个共同侵权人对损害结果的发生具有共同的认识，也可成立共同侵权行为。

（二）客观说

客观说主张各侵权人之间不须有意思联络，只要各侵权人的行为在客观上造成同一损害结果的发生，即可成立共同侵权行为。客观说认为侵权行为的本质在于共同行为，要求侵权人实施的侵权行为在客观上必须紧密相连，即各侵权行为只要相互联系导致发生同一损害结果就构成共同侵权行为，并承担连带责任。这一学说客观上扩大了共同侵权责任的适用范围，与主观说所要求的必须有意思联络的限制有本质区别。由于对“共同性”这一概念本质理解的不同，客观说有共同行为说、关联行为说和结果共同说不同类型。

（三）折中说

该学说认为，共同侵权的成立，应从主观方面和客观方面进行认识。从主观方面而言，各加害人均应有过错，或为故意或为过失，但并不要求共同的故意或者意思上的联络，而只要求过错的内容应当是相同或者相似的。从客观方面而言，各加害人的行为应当具有关联性，构成一个统一的不可分割的整体，而且都是损害发生的不可或缺的共同原因。①依照折中说的内涵，有意思联络的侵权行为当然构成共同侵权行为；另一种情况是虽然没有意思联络，但由于相同内容的过失、相同内容的故意或者过失直接联合导致侵害同一受害人的行为，同样适用共同侵权行为。

综上所述，对共同侵权行为共同性理解的不同直接决定了共同侵权行为人责任的不同。对共同性的理解可以分为三种情况：一是存在共同故意的情况下，适用主观说；二是数个加害人的侵权行为类型单独适用属于应当适用无过错责任时，适用客观说；三是在不属于上述两种情况下，适用折中说。②

四、共同侵权行为的法律后果

【案例】 张公平与董敏法为寻求刺激，经常相约飙车。2022年某天凌晨，两人分别驾驶两轮摩托车到城外飙车，时速高达300千米/小时，在拐弯处突然遇到了下夜班的梁一思。董敏法成功躲避，而张公平却因为采取了不恰当的措施导致直接撞击梁一

---

① 参见王利明：《中华人民共和国侵权责任法释义》，法律出版社2010年版，第55页。

② 参见张筱：《共同侵权行为的本质界定》，载《法制与社会》2008年第18期。

思，致其身受重伤。

【问题】 张公平和董敏法是否构成共同侵权，是否需要承担连带责任？

共同侵权行为的法律后果，是由共同行为人承担连带责任。依照《民法典》第178条关于连带责任的规定：“二人以上依法承担连带责任的，权利人有权请求部分或者全部连带责任人承担责任。”我国《民法典》规定的连带责任相关条款主要有以下这些：狭义的共同侵权（第1168条）；教唆、帮助完全民事行为能力人侵权（第1169条第1款）；共同危险行为（第1170条）；分别实施充足原因侵权（第1171条）。共同侵权行为的法律后果如下：

第一，共同侵权连带责任是对被侵权人的整体责任。这种责任不同于分别责任，而是指共同侵权人作为一个整体对损害共同承担责任，共同侵权中的每一个行为人都要对被侵权人共同承担责任，即每一个人都有义务向被侵权人负全部赔偿责任。无论各行为人在实施共同侵权行为中所起的作用和过错如何不同，都不影响连带责任的整体性。①总之在对外方面，每个侵权人都必须全部承担对被侵权人的赔偿请求责任。

第二，被侵权人有权向共同侵权人的任何一个人请求承担全部赔偿责任。正是由于共同侵权连带责任是侵权人对被侵权人的整体责任，所以被侵权人在行使损害赔偿请求权时有充分的自主选择性。一方面，被侵权人可以选择责任主体。被侵权人既可以选择共同侵权中的一人或数人，也可以选择全部侵权人。另一方面，被侵权人可以选择损害赔偿的范围。被侵权人既可以是请求侵权人承担部分责任，也可以请求侵权人承担全部责任。

---

① 参见杨立新：《侵权责任法》，复旦大学出版社2016年版，第149页。

第三,共同侵权连带责任的各行为人内部承担按份责任。《民法典》第178条规定:“连带责任人的责任份额根据各自责任大小确定;难以确定责任大小的,平均承担责任。实际承担责任超过自己责任份额的连带责任人,有权向其他连带责任人追偿。连带责任,由法律规定或当事人约定。”这就说明共同侵权人在对外方面承担的是整体责任,各侵权人不分份额;而就对内关系而言,各侵权人仍然承担的是按份责任。因此当共同侵权人的一人或数人承担了超过了自己应当承担份额的责任之后,有权向其他共同侵权行为人进行追偿。

案例中,梁一思受到重创与张公平和董敏法飙车行为具有关联性,两人共同造成事故发生,因而构成共同侵权,应当承担连带责任。梁一思可以向任一责任人请求全部赔偿责任,实际承担责任的一方在承担责任后,可以就超出自己份额的部分向另一方进行追偿。

第四,共同侵权连带责任是法定责任。共同侵权的连带责任是根据法律的规定而产生的。一方面,在法律没有明确规定的前提下,被侵权人不得随意主张侵权人的连带责任,不能要求各侵权人相互承担连带责任。另一方面,共同侵权人约定的内部的责任份额,仅仅对各侵权人内部有约束力,不对被侵权人产生效力,也不能影响共同侵权人对外的连带责任。

第二节　数人的加害行为或危险行为对他人的合法权益造成侵害——共同加害行为和共同危险行为

一、共同加害行为的概念和构成要件

【案例】 张公平因房屋排水问题与邻居董敏法产生矛盾。

张公平正准备放火烧董敏法的房屋，梁一思恰巧路过，她深知张公平与董敏法积怨已久，为泄私愤，便加入放火行动中，与张公平共同放火一起烧了董敏法的房屋。

【问题】 张公平与梁一思是否构成共同加害行为？

共同加害行为又称狭义的共同侵权行为，是最为典型的一种共同侵权行为，在现实生活中大量存在。共同加害行为，是指两个或两个以上的行为人共同侵犯他人的合法权益从而造成损害，由加害人承担连带责任的侵权行为。[①]《民法典》第1168条规定："二人以上共同实施侵权行为，造成他人损害的，应当承担连带责任。"这条是对狭义的共同侵权行为的规定。根据该条规定，构成共同加害行为需要满足以下几个构成要件：

第一，加害主体的复数性。这包含两层含义，一是行为主体的复数性。在共同加害行为中，行为主体必须二人或二人以上。加害人可以是自然人，也可以是法人或其他组织。如某法人单位的数个职员，其在从事业务时致人损害的，不构成共同加害，因为民事责任由其法人单位承担。二是责任主体的复数性，即对共同加害行为应当承担责任的主体必须是二人或二人以上。"共同行为人须有责任能力之人参加者，惟于有责任能力者之间，成立共同侵权能力。"[②]这说明各行为人均应具备独立承担民事责任的能力。如果侵权人为二人以上，但是仅仅只有一人具有相应的民事行为能力，则不能成立共同加害行为。

第二，共同实施加害行为。共同加害行为必须要求数个行为人在主观上具有"共同"的主观意思，即各行为人主观上存在

① 参见汪渊智：《侵权责任法学》，法律出版社2008年版，第152页。

② 参见史尚宽：《债法总论》，中国政法大学出版社2000年版，第173页。

着共同过错。共同加害行为中，共同过错包含三层含义：一是共同故意实施的行为。共同故意，要求各侵权人对于侵害他人的行为具有主观上共同追求加害结果的意思。①共同故意既包括有意思联络的共同故意，也包括无意思联络但对损害结果有共同追求的共同故意。案例中，梁一思虽然没有与张公平事先通谋或意思联络，但她明知张公平的侵害对象和侵害目的，其自身为泄私愤也想烧了董敏法的房屋，故其对于损害结果有相同的追求，构成共同加害行为。二是共同过失实施的行为。这是指数个行为人由于疏忽大意或者过于自信的过失而造成他人的损害。例如甲乙共同搬运一个大箱子，因箱子过于沉重，甲乙扔下箱子时砸伤路过的丙，那么甲乙就构成共同过失。三是共同故意与过失行为的结合。数个行为相结合而实施的行为造成他人的损害。

第三，共同加害行为与损害结果须具有关联性。在共同加害行为中，各行为人的加害行为共同作用导致了损害结果的发生。但不要求每个行为都和损害结果之间具有直接的因果关系，也不要求每个行为人都实际实施加害行为，而是从行为的整体对结果的原因来判断的。②如果各行为人的加害行为相互之间并没有联系，则不能构成共同加害行为。

第四，须有损害事实的存在。损害是侵权责任成立必备的构成要件。在共同加害行为中，必须造成了受害人的损害，且损害具有不可分割性。受害人具有损害，这是受害人请求共同侵权人承担连带责任的一个基本要件。无损害，则无救济；没有共同的

① 参见满洪杰、陶盈、熊静文：《〈中华人民共和国民法典·侵权责任编〉释义》，人民出版社2020年版，第18页。

② 参见王利明：《侵权行为法研究（上卷）》，中国人民大学出版社2004年版，第687页。

损害结果，则没有共同侵权责任承担的基础。[①]任何受害人只有在他人的行为导致自己受到实际损害时才能请求损害赔偿，而加害人也只有在因为自己的行为导致他人受到损害时，才有可能承担赔偿责任。

二、共同加害行为的法律后果

【案例】 张公平因房屋排水问题与邻居董敏法产生矛盾。某日两人发生口角，董敏法先动手打了张公平，第二天张公平找来其朋友李四和王五，三人与董敏法厮打在一起并将其打伤。董敏法在某医院住院治疗30余天，支付医药费3万余元。

【问题】 张公平等三人如何承担连带责任？

根据《民法典》第1168条的规定，共同加害的各行为人对受害人的损害承担连带责任。对于共同加害行为，其责任承担要区分外部责任和内部责任。

（一）外部责任

《民法典》第1168条明确规定共同加害人应当承担连带责任。这一方面是基于共同加害人具有共同的过错，各加害人的行为被看成一个不可分割的整体，从而导致损害结果的发生。另一方面是为了切实保障受害人的合法权益，使受害人的损害赔偿请求权更容易实现。受害人可以请求一个或者数个连带责任人承担全部或者部分的赔偿责任。此外，共同加害行为与单

① 参见最高人民法院民法典贯彻实施工作领导小组主编：《中华人民共和国民法典侵权责任编理解与适用》，人民法院出版社2020年版，第53页。

独侵权行为相比，其危害性更重。因此《民法典》规定共同加害行为必须承担连带责任。至于如何具体适用连带责任，要依据《民法典》第 178 条关于连带责任的一般规定。受篇幅所限，此处不再赘述。

（二）内部责任

《民法典》第 1168 条并未规定共同加害行为的内部责任，因此对于共同加害行为的内部责任，同样适用《民法典》第 178 条关于连带责任的一般规定。该条第 2 款和第 3 款对连带责任的内部分担进行了明确的规定。首先，共同加害人承担了对外赔偿责任后，对内要根据各自责任大小确定责任份额。这被称为比较分摊法。其次，难以确定共同加害人责任大小的，可以视为各连带责任人的过错程度和原因力大小是相当的，①那么各连带责任人平均承担责任份额。这被称为平均分摊法。再次，共同加害人实际承担责任份额超过自己责任份额的，有权向其他加害人进行追偿。最后，连带责任，只能由法律规定或者当事人约定。

上述案例是一则典型的共同加害行为。正是由于被侵权人董敏法动手打人导致本案的发生，故张公平等三人只需要承担 70%的责任，张公平等三个侵权人对于董敏法的损害后果应当承担连带责任。本案中的张公平等三人作为共同侵权行为人，由于他们共同与被侵权人董敏法发生厮打，最终导致董敏法受伤，因此张公平等三人对于被侵权人董敏法的损害结果的过错和原因力大致是相同的，应当按照平均分摊法的原则确定三人的责任份额。

---

① 参见最高人民法院民法典贯彻实施工作领导小组主编：《中华人民共和国民法典侵权责任编理解与适用》，人民法院出版社 2020 年版，第 59 页。

三、共同危险行为的概念和构成要件

【案例 1】 张公平与董敏法上山打猎，见树丛中有影子晃动，两人误以为野兔出没，同时举枪射击，导致正在砍柴的梁一思右臂受伤。经查梁一思的枪伤与张公平的子弹型号一致，与董敏法的子弹型号不一致。

【案例 2】 张公平与董敏法上山打猎，见树丛中有影子晃动，两人误以为野兔出没，同时举枪射击，导致正在砍柴的梁一思右臂受伤。经查梁一思的枪伤与他们两人的子弹型号一致。

【问题】 张公平与董敏法是否构成共同危险行为？

（一）概念

共同危险行为又称准共同侵权行为，是指数人的危险行为对他人的合法权益造成了某种危险，但对于实际造成的损害又无法查明是危险行为中的何人所为，法律为保护被侵权人的利益，将数个行为人视为侵权行为人。[①]我国《民法典》第 1170 条规定："二人以上实施危及他人人身、财产安全的行为，其中一人或者数人的行为造成他人损害，能够确定具体侵权人的，由侵权人承担责任；不能确定具体侵权人的，行为人承担连带责任。"这是对共同危险行为及其责任的规定。

（二）构成要件

根据第 1170 条的规定，构成共同危险行为应当满足以下几个条件：

---

① 参见最高人民法院民法典贯彻实施工作领导小组主编：《中华人民共和国民法典侵权责任编理解与适用》，人民法院出版社 2020 年版，第 68 页。

1. 行为主体是复数

这是共同危险行为的数量特征，也是共同危险行为成立的最基本条件。行为主体是复数包含两层含义：一是行为主体是二人或二人以上，单一行为主体不能构成共同危险行为。主体可以是自然人，法人或者其他组织。自然人既可以是完全民事行为能力人，也可以是限制民事行为能力人和无民事行为能力人。二是危险行为的人数是确定的。在共同危险行为中，虽然不能确定最终造成损害结果的行为人，但共同实施危险行为的总人数是确定的，否则无法承担连带责任。例如一群人在大街上燃放鞭炮，其中一人的鞭炮炸伤了行人，后来经过查明只有三人燃放该类型的鞭炮，那么其他没有燃放该类型鞭炮的人就不是共同危险行为人。

2. 行为具有危险性

这是共同危险行为的本质特征。危险性指的是侵害他人合法民事权利（人身权和财产权）的可能性。这种危险性表现为"虽无意，有可能，无定向"。①具体来说包含三层含义：一是"虽无意"，这是指从主观方面来看，共同危险行为以行为人不存在意思联络为条件。如果行为人存在意思联络，就构成共同加害行为。虽然共同危险行为人主观上不存在致人损害的共同故意或单独故意，但并非不要求行为人的过错。行为人在实施某共同危险行为时，是具有共同过错的。二是"有可能"，这是指从客观方面来看，数人实施的行为在客观上有危及他人人身或财产的可能性。如果没有致人损害可能性的行为就不是危险行为。例如数人在大街上一起燃放鞭炮，就具有致人损害的危险性的可能性。这种致害他人的可能性可以从行为本身、周围环境以及行为人对致害可能

① 参见李显冬：《侵权责任法》，北京大学出版社 2014 年版，第 109 页。

性的控制条件上加以判断。[①]三是“无定向”，这是指从行为动机来看，共同危险行为人的行为没有特定的指向，其行为不针对任何特定的人，换言之，没有人为的侵害方向，只是因为过失造成了被侵权人的权利损害。

3. 一人或者数人的行为造成他人损害

这包含三层含义：一是须有损害结果的发生。在共同危险行为中，行为人实施了危险行为，并造成了损害结果的发生。二是危险行为与损害事实之间存在着因果关系。即整个共同危险行为与损害结果之间具有关联性。如果共同危险行为与损害结果缺乏这种具有客观可能性的因果关系，就不构成共同危险行为。三是指虽然实施损害行为的是数人，但真正导致损害结果发生的只是其中的一人或几个人的行为，即损害结果不能是全部人的行为造成的。

4. 无法确定具体侵权行为人

在共同危险行为中，损害结果的发生不是全体共同危险行为人的行为所导致的，如果是全体共同危险行为人所为的，即为共同侵权行为人，这是共同侵权行为与共同危险行为的本质区别。在共同危险行为中，不能确定谁是真正的加害人。因此为了保护受害人的合法权益，降低受害人的举证难度，受害人只需证明数人的行为具有共同危险性就可以。总之，只有损害结果的发生不是全体共同危险行为所为，但不能判明具体侵权人的，才构成共同危险行为。案例1中，董敏法因其子弹型号与梁一思的枪伤不一致，故梁一思的受伤与董敏法没有关系，董敏法对此不承担责任，张公平与董敏法不构成共同危险行为，张公平承担全部责任。案例2中，张公平与董敏法的子弹型号一致，因此梁一思的枪伤

① 参见杨立新：《侵权责任法》，复旦大学出版社2016年版，第148页。

是谁所致无法判明，这种情况下应认定为共同危险行为，由张公平与董敏法对梁一思的损害承担连带责任。

四、共同危险行为的责任承担和免责事由

【案例】 张公平因房屋排水问题与邻居董敏法产生矛盾。某日两人发生争吵而厮打在一起，张公平的好友李某赶紧帮忙殴打董敏法。梁一思路过并去劝架，在劝架过程中不知被谁打伤，花去医疗费万余元。梁一思遂起诉要求张公平、董敏法、李某连带赔偿其损失。庭审中李某辩称其也是去劝架的，没有理由要其承担责任。

【问题】 此案如何判定？

依据《民法典》第1170条的规定，共同危险行为人承担连带责任。具体责任如下。

（一）共同危险行为的责任承担

共同危险行为人对外承担连带责任。共同危险行为人承担连带责任是因为无法确定具体侵权行为人，但各危险行为人主观上均为过错，其实施的行为具有不合理性和不合法性，都有可能造成损害结果的发生。法律为切实保障受害人的利益，将各行为人的行为视为一个整体，即共同危险行为，因而依法应当承担连带责任。

共同危险行为责任承担如下：对外，共同危险行为人须承担连带责任；对内，各危险行为人应平均责任数额。这是基于以下两个原因：一是共同危险行为无法确定具体加害人，也无法判断各共同危险行为人的过错轻重。二是由于共同危险行为责任的

不可分割性。因此共同危险行为人的责任一般是平均分担，各行为人以相同的份额对损害结果负责。在等额的基础上对外实行连带责任。

（二）共同危险行为的免责事由

关于共同危险行为的免责事由，《最高人民法院关于审理人身损害赔偿案件适用法律若干问题的解释》第 4 条规定："共同危险行为人能够证明损害后果不是由其行为造成的，不承担赔偿责任。"据此规定，共同危险行为人只要能证明自己的行为与损害结果没有因果关系，就可免责。《民法典》第 1170 条规定："二人以上实施危及他人人身、财产安全的行为，其中一人或者数人的行为造成他人损害，能够确定具体侵权人的，由侵权人承担责任。"《民法典》修改了司法解释的内容。据此规定，"能够确定具体侵权人"是免责事由。

"能够确定具体侵权人"包含两层含义：一是指共同危险行为人不仅要证明自己的行为与损害结果之间没有因果关系，而且要证明谁是真正的行为人。二是指法院经过查证能够确定具体的行为人。[①]在法院审理案件过程中，法院经过调查取证，查明具体的侵权行为人，那么就由侵权行为人承担责任。但在查明侵权行为人之前，共同危险人不得以自己的行为与损害结果没有因果关系而要求免责。

案例中，张公平、董敏法、李某主观上都没有殴打梁一思的共同故意，但正因为他们三人的行为才使梁一思的合法权益受到损害，此种情况应认定为是共同危险行为。李某没有证据证明梁一思的受伤与自己行为之间无因果关系，而且也没有证明谁是真正的行为人。因此李某与张公平、董敏法承担对梁一思的连带责任。

① 参见王利明：《侵权责任法》，中国人民大学出版社 2016 年版，第 144 页。

第三节　视为共同侵权行为——教唆和帮助行为

一、教唆侵权行为及其构成要件

【案例】　张公平是养殖专业户，鱼塘里的鱼大量被偷，其好友梁一思劝他在鱼塘周围布上电网。张公平听了他的劝告在鱼塘四周布上了电网，董敏法在偷鱼时被电击成重伤。

【问题】　梁一思是否构成教唆侵权行为？

《民法典》第1169条规定："教唆、帮助他人实施侵权行为的，应当与行为人承担连带责任。教唆、帮助无民事行为能力人、限制民事行为能力人实施侵权行为的，应当承担侵权责任；该无民事行为能力人、限制民事行为能力人的监护人未尽到监护职责的，应当承担相应的责任。"这是对教唆和帮助侵权行为责任承担的规定。帮助和教唆侵权行为又被称为"视为共同侵权行为"，这是指帮助和教唆侵权行为其自身不具有狭义共同侵权行为的构成要件，但在责任的承担方式上与共同侵权行为相同，因此视为共同侵权行为。

所谓教唆行为，是指利用言语对他人进行开导、说服，或通过刺激、利诱、怂恿等办法，最终促使被教唆人接受教唆人的意图，进而实施某种加害行为。①其中，实施教唆行为者，称为教唆人。教唆人，是指故意使他人产生实施侵权行为决意的人。②如果没有

---

① 参见张铁薇：《共同侵权制度研究》，法律出版社2013年版，第176页。

② 参见郑玉波：《民法债编总论》，中国政法大学出版社2003年版，第144页。

教唆人的唆使,被教唆人就不会实施产生损害结果的侵权行为,因此,教唆人的教唆行为和被教唆人的行为之间存在因果关系。构成教唆侵权行为的要件包括:

第一,教唆行为只能采用积极的方式作出,而不能采用消极的不作为的方式。这从两个方面来理解:一是教唆的手段是多种多样的。教唆的手段包括诱导、说服、刺激、利诱、怂恿、授意、收买、命令、威胁等。有学者将教唆分为煽动型、诱骗型、威胁型、授意型和劝说型五种类型。二是教唆的行为是各种各样的。教唆行为可以通过口头、书面或打手势、使眼神等形式加以表达;教唆行为既可以是公开教唆也可以是秘密教唆;教唆行为既可以当面直接教唆,也可以通过他人间接教唆;教唆行为既可以是单独教唆也可以是多人共同教唆等。

第二,教唆人主观上具有故意。教唆人明知自己的教唆行为会使被教唆人产生加害意图并实施加害行为,但对加害行为的发生持积极或放任的态度。因此这里的故意既包括直接故意也包括间接故意。如果是过失行为导致他人产生加害意图的,则不能构成教唆。如甲无意间向乙描绘了丙家的豪华奢侈,乙盗窃丙家既遂。因甲没有故意诱导乙去盗窃丙家的意图,甲的过失不构成教唆侵权行为。另外,教唆人的故意是针对加害行为的发生,而不必是针对损害结果。①如甲怂恿乙往楼下扔花盆,导致从楼下经过的丙被砸伤。甲虽然不追求丙被砸伤的后果,但对乙往楼下扔花盆的行为存在故意,因此教唆侵权行为成立。

第三,被教唆人实施了侵权行为,并且教唆行为与侵权行为之间客观上具有因果关系。这从两个方面来理解:一是被教唆人

---

① 参见姬新江:《共同侵权责任形态研究》,中国检察出版社 2012 年版,第 144 页。

实施了相应的侵权行为。如果仅有教唆行为，但被教唆人没有实施相应的侵权行为，则教唆人不承担侵权责任。这与刑法中的教唆犯罪不同。在刑法中，教唆人实施了教唆行为，但被教唆人没有实施教唆人的教唆行为，仍有可能构成教唆未遂的犯罪。二是被教唆人实施的侵权行为恰恰是教唆人教唆的行为。如果被教唆人实施的侵权行为不是教唆人教唆的侵权行为，而是行为人自己实施的行为，那么不构成教唆侵权行为。如甲教唆乙盗窃丙家，乙盗窃既遂，那么甲构成教唆侵权行为。但如果乙对丙实施杀害行为，则甲不构成教唆侵权行为。

案例中，梁一思明知自己教他人私拉电网可能会造成他人人身损害，但依旧实施私拉电网的教唆行为，在主观上梁一思存在过错，属于间接故意；张公平实施了梁一思教唆的侵权行为，并造成董敏法重伤，张公平属于直接故意。因此梁一思的行为构成教唆侵权行为。

二、帮助侵权行为及其构成要件

【案例】　新梨视公司起诉称，其为短视频《大爷当街狂跳鬼步舞，杀乌鸡杀乌鸡》的权利人，字节跳动公司经营的“今日头条”网络平台的用户“葡萄没有架”未经其许可多次发布侵权短视频，新梨视公司发现后通过网络举报、书面函件等方式要求字节跳动公司进行处理，但字节跳动公司收到通知后并未在合理的时间内进行处理。新梨视公司认为字节跳动公司未尽到合理的注意义务，构成帮助侵权，侵犯了新梨视公司对涉案短视频享有的录音录像制作者权并给其造成巨大的经济损失，故起诉请求判令字节跳动公司赔偿新梨视公司经济损失42 000元及合理费用 11 000 元。[①]

【问题】 字节跳动公司是否构成帮助侵权行为?

(一) 帮助行为的含义

所谓帮助行为,是指通过提供工具、指示目标或以言语激励等方式,从物质上和精神上帮助实施加害行为的人。[②]其中,帮助人是指为他人实施加害行为提供帮助的人;被帮助人是指接受帮助,实施加害行为的人。

帮助行为与教唆行为不同点在于,被帮助人本来已有加害他人的意图,帮助人的行为致使加害行为得以实现或损害结果的加重。因此与教唆行为相比,帮助行为并不可能对加害行为起决定性作用,而是对加害行为起促进作用的行为。[③]

(二) 帮助侵权行为的构成要件

第一,帮助人实施了帮助行为。首先,帮助行为一般情况下是积极的行为。积极的行为是多种多样的,既包括物质上的帮助,也包括精神上的帮助;既可以是提供作案工具、指示目标、放哨盯梢等事先帮助,也可以是帮助他人销赃、包庇、窝赃等事后帮助;既可以是公开帮助,也可以是秘密帮助;既可以是一人实行帮助,也可以是数人共同帮助;既可以是侵权行为的事前阶段,也可以是侵权行为的事中事后阶段。其次,有时不作为也构成帮助侵权行为。消极的不作为构成帮助侵权行为必须满足两个条件:一

---

① 参见上海知产法院:《新梨视公司与字节跳动公司信息网络传播权侵权纠纷上诉案》,2021-08-04。

② 参见王利明:《侵权责任法研究》(第 2 版)上卷,中国人民大学出版社 2016 年版,第 550 页。

③ 参见张铁薇:《共同侵权制度研究》(修订版),法律出版社 2013 年版,第 179 页。

是帮助人具有特定的义务，但其故意的消极的不作为。二是必须有帮助的故意。因此当不作为的行为人具有作为义务并且和直接实施侵权行为的人存在共同故意的情况下，不作为的行为人才可能构成帮助侵权。

第二，帮助人具有主观故意。这从两个方面来理解：一是帮助人和被帮助人之间都具有共同故意。帮助人能够意识到他人正在实施的行为是侵权行为，也意识到自己对他人正在实施的侵权行为具有帮助作用；而被帮助人也意识到帮助人对其侵权行为的帮助，这种情况才构成帮助侵权行为。二是帮助人故意为被帮助人的侵权行为提供帮助，但被帮助人不知道帮助人提供了帮助，即双方事先没有相互沟通，这种情况也不妨碍帮助侵权行为的成立。

第三，被帮助人实施了侵权行为，并且帮助行为与侵权行为之间客观上具有因果关系。在帮助行为中，帮助人虽然没有直接实施加害行为，也没有教唆被帮助人实施加害行为，但帮助行为对损害结果的发生起到了一定的帮助作用，如导致损害范围的扩大或带来更大的损失。如果没有帮助行为，加害行为不可能实施或不可能造成更大的损害。①当然如果被帮助人实施的侵权行为与帮助行为没有任何关联，而是被帮助人另外实施的，则不构成帮助侵权行为。

上海知识产权法院经审理认为，字节跳动公司在接到三次投诉通知后，根据通知的内容应当知道网络用户"葡萄没有架"利用其网络服务重复侵害同一权利人的信息网络传播权，未及时采取合理的必要措施，导致侵权行为再次发生，主观上具有过错，客观

① 参见唐慧、闫朝东：《侵权责任法案例与学理研究》，中国社会出版社 2017 年版，第 80 页。

上帮助了网络用户“葡萄没有架”实施侵权行为，构成帮助侵权，应当承担相应的侵权责任。①

三、教唆、帮助完全民事行为能力人的责任

【案例】 张公平是养殖专业户，鱼塘的鱼大量被偷，其好友梁一思劝他在鱼塘周围拉上电网。张公平听其劝告在鱼塘周围拉上了电网。路人董敏法在经过鱼塘时不小心被电击伤，花去医药费万余元。

【问题】 董敏法的医药费应由谁承担？

《民法典》第1169条第1款规定：“教唆、帮助他人实施侵权行为的，应当与行为人承担连带责任。”按照该条第2款的规定，这里的“他人”是指完全民事行为能力人。对于完全民事行为能力人的认定，要依照《民法典》第18条的规定进行。教唆、帮助完全民事行为能力人侵权的，教唆人、帮助人应当与行为人承担连带责任。即教唆人、帮助人与被教唆人、被帮助人都是共同侵权人，被教唆人、被帮助人、教唆人、帮助人都要承担连带民事责任。因此受害人可以向教唆人、帮助人或实施侵权行为人的一人或数人主张侵权全部损害赔偿。在内部，教唆人、帮助人与被教唆人、被帮助人按照其过错程度进行分担。

之所以规定教唆、帮助他人实施侵权行为的，应当与行为人承担连带责任，一是因为教唆人、帮助人与被教唆人、被帮助人在

① 参见“新梨视公司与字节跳动公司信息网络传播权侵权纠纷上诉案”，上海知识产权法院(2019)沪73民终124号。

主观上具有过错。主观上的过错成为两者对损害结果承担连带责任的基础。二是教唆人、帮助人的行为与损害结果之间具有因果关系，且损害结果不可分。教唆、帮助者的行为虽然不是损害发生的充分条件，但在共同侵权行为中，可以构成损害发生的必要条件。[①]案例中，梁一思为了防止他人偷鱼，明知拉上电网会有可能导致他人的人身伤亡，但仍为其好友出谋划策，教唆好友私拉电网造成路人人身伤害，因此与张公平视为共同侵权行为人，构成教唆侵权行为，承担连带赔偿责任。董敏法可以向张公平或梁一思主张全部医药费的赔偿。

四、教唆、帮助无民事行为能力人、限制民事行为能力人的责任

【案例】 张公平用言语刺激10岁的董敏法用石头砸人，正好砸伤了路过的梁一思，致其头部、脸部受伤，花去医药费15 000元。梁一思要求张公平和董敏法的父母进行赔偿，遭到拒绝。梁一思诉至法院。

【问题】 该案如何处理？

（一）教唆、帮助无民事行为能力人、限制民事行为能力人的责任

《民法典》第1169条第2款第1句规定："教唆、帮助无民事行为能力人、限制民事行为能力人实施侵权行为的，应当承担侵权责任。"这是针对教唆、帮助行为中的特殊情形，即被教唆人、被帮

① 参见王利明：《侵权责任法研究（上卷）》，中国人民出版社2010年版，第534页。

助人是无民事行为能力人、限制民事行为能力人的情形规定。

由于无民事行为能力人、限制民事行为能力人受智力或精神状况的影响，往往不具有或欠缺独立实施民事行为的能力，他们不能认识到或不能充分认识到自己所实施的行为会带来什么样的后果。当教唆、帮助的对象是民事能力欠缺的无民事行为能力人、限制民事行为能力人时，教唆人、帮助人实际上是利用被教唆、被帮助人的身体动作作为侵害他人权利的方式，来实现其非法目的，被教唆、被帮助人在这里类似于他们实施侵权行为的工具。①因此应当由教唆人、帮助人对加害行为承担单独的侵权责任。

还有一种情况是教唆人、帮助人主观上不知道被教唆、被帮助人是无民事行为能力人或限制民事行为能力人时，为了体现法律及社会对教唆、帮助行为的否定，也应同样适用第 1169 条第 2 款规定，由教唆人、帮助人承担单独的侵权责任。

(二) 无民事行为能力人、限制民事行为能力人的监护责任

《民法典》第 1169 条第 2 款第 2 句规定："该无民事行为能力人、限制民事行为能力人的监护人未尽到监护职责的，应当承担相应的责任。"这是对监护人承担责任的规定。《民法典》第 1188 条第 1 款第 1 句规定："无民事行为能力人、限制民事行为能力人造成他人损害的，由监护人承担侵权责任。"这是因为监护人对无民事行为能力人、限制民事行为能力人有监护责任，如教育、监督和管理等职责。如果监护人没有尽到该责任，说明监护人是存在过错的，因此应当承担相应的责任。

无民事行为能力人、限制民事行为能力人的监护人未尽到监

---

① 参见最高人民法院民法典贯彻实施工作领导小组主编：《中华人民共和国民法典侵权责任编理解与适用》，人民法院出版社 2020 年版，第 62 页。

护责任的，应当承担相应的责任。首先，这里的“相应责任”是指根据监护人的过错程度确定责任大小。而过错的范围应结合监护人未尽到监护职责的程度，加害人的行为能力，教唆人、帮助人在加害行为中所起的作用等因素综合认定。①其次，“相应责任”是指监护人与教唆人、帮助人之间不存在连带责任。《民法典》第1169条第1款明文规定连带责任，而第2款没有规定连带责任，因此推断相应责任不是指连带责任。在教唆、帮助侵权行为中，监护人未尽到监护职责的，只承担与其过错相对应的责任，不需要对全部责任负责。而教唆人、帮助人之间存在着连带责任，需要承担全部损害赔偿。再次，赔偿费用问题。有财产的无民事行为能力人、限制民事行为能力人造成他人损害的，从其本人财产中支付赔偿费用；其本人财产不足以支付赔偿费用的，由监护人进行赔偿。

在该案例中，董敏法是限制民事行为能力人，在张公平的言语刺激下，董敏法用石头砸伤了梁一思，应当由张公平承担主要赔偿责任。但董敏法的父母是其监护人，未尽到监护职责，具有一定的过错，也要承担与其过错相应的赔偿责任。因此，法院判决张公平承担主要责任，董敏法的父母承担一定的职责。张公平赔偿医药费10 000元，董敏法的父母赔偿医药费5 000元。

第四节　没有意思联络，但其行为相互结合造成他人权益损害——无意思联络数人侵权责任

无意思联络的数人侵权，是指二人以上没有意思联络，但其

① 参见姬新江：《论教唆、帮助行为——以〈侵权责任法〉为视角》，载《河北法学》2013年第6期。

行为相互结合造成他人人身或者财产损害，且每个人的侵权行为都足以造成全部损害的侵权行为类型。[①]《民法典》第 1171 条和第 1172 条正是对无意思联络的数人侵权的规定。据此规定，无意思联络的数人侵权根据损害结果的原因力结合方式的不同，分为叠加的分别侵权行为和典型的分别侵权行为两种类型。

一、叠加的分别侵权行为的概念和构成要件

【案例】 张公平与梁一思素不相识，但都和董敏法因生活琐事产生矛盾。有一天，张公平与梁一思在没有联络的情况下，潜入董敏法家，分别持枪对董敏法进行射击，张公平与梁一思的子弹同时击中董敏法的心脏，导致董敏法死亡。

【问题】 张公平与梁一思是否构成叠加的分别侵权行为？

（一）概念

《民法典》第 1171 条规定："二人以上分别实施侵权行为造成同一损害，每个人的侵权行为都足以造成全部损害的，行为人承担连带责任。"这是对叠加的分别侵权行为以及责任的规定。叠加的分别侵权行为，又称聚合因果关系、累积因果关系，是指两个以上的行为都是损害发生的原因，且每一个行为均足以造成全部损害的情况。[②]在这种侵权行为中，就单个损害原因而言，每个行为都足以造成损害结果的发生；就全部损害原因而言，每个行为

---

① 参见最高人民法院民法典贯彻实施工作领导小组主编：《中华人民共和国民法典侵权责任编理解与适用》，人民法院出版社 2020 年版，第 83 页。

② 参见满洪杰、陶盈、熊静文：《〈中华人民共和国民法典·侵权责任编〉释义》，人民出版社 2020 年版，第 23 页。

是相互独立的，彼此没有关联，换言之是多个原因导致了损害结果的发生，因此称为“叠加的分别侵权行为”。如甲工厂和乙工厂向丙村农田排放污水，甲工厂和乙工厂的排污量都足以导致农田植物死亡，那么甲工厂和乙工厂构成叠加的分别侵权行为。

（二）构成要件

根据《民法典》第 1171 条的规定，叠加的分别侵权行为的构成要件如下：

1. 二人以上分别实施侵权行为

首先，行为主体具有复数性，即二人或二人以上，这是无意思联络数人侵权的最基本特征。其次，行为的分别性，即各行为主体之间不存在主观上的关联性，在实施侵权行为时不存在共同的故意或过失。在一般情况下，各行为人在实施侵权行为之前及侵权行为过程中，在主观上没有与其他行为人进行意思联络，对其他行为人的损害行为并不知晓，对其他行为人的损害行为与自己的损害行为互相结合不存在希望、放任的心理，甚至相互之间素不相识。各行为人更是无法预见到自己的行为会与他人行为的结合并造成对受害人的同一损害。如果数个行为人之间对损害的发生有意思联络，则应当适用《民法典》第 1168 条的规定，构成狭义的共同侵权行为，即共同加害行为。这是叠加的分别侵权行为与狭义的共同侵权行为的最本质的区别。

2. 造成同一损害后果

“同一损害”指数个侵权行为所造成的损害的性质是相同的，都是身体伤害或者财产损失，并且损害内容具有关联性。①“同一损害”从三个方面来理解：一是指数个侵权行为仅仅造成同一个

① 参见黄薇：《中华人民共和国民法典侵权责任编释义》，法律出版社 2020 年版，第 26 页。

损害后果,数个侵权行为都是指向同一损害后果,而不是造成若干独立的损害后果。如果造成若干独立的损害后果,就是数个单独的侵权行为,各行为人只须对自己的侵权行为负责。如侵权人甲和乙不约而同来到丙家,甲砍伤了丙左腿,乙砸坏了丙家电视机,甲和乙分别造成了丙的人身和财产损害,那么甲和乙造成的就不是同一损害。二是同一损害后果不可分割。损害后果的不可分割是指损害不能进行合理或实际的分割,即各加害行为所造成的损害范围无法确定,从而无法在各加害人的行为与损害之间建立一一对应的关系。①如上述受害人丙不能确定是谁造成其人身伤害或财产损害,而甲和乙均否认时,丙受到的损害就是同一损害。三是各行为人的侵权行为可以同时进行,也可以分先后进行,但各行为人的侵权行为与损害后果之间必须存在因果关系。如甲和乙分别在丙的米饭中下毒,每一份毒药剂量均能够导致丙的死亡。甲和乙事先并无意思联络,虽各自成立侵权行为,但损害结果不可分割,因此构成共同侵权。

3. 各侵权行为都足以造成全部损害

"足以造成全部损害"是叠加的分别侵权行为的重要特征,即每个行为都构成损害结果发生的充足原因。所谓充足原因,是指按照社会一般经验或者科学理论认为,可以单独造成全部损害后果发生的侵权行为。②这从以下三个方面来理解:一是各侵权行为人的行为都是损害后果发生的直接原因。二是指即使在没有其他侵权行为的共同作用下,独立的单个侵权行为也能造成全部损害结果的发生。换言之,每一个行为人的行为原因力都为 100%,

① 参见张铁薇:《共同侵权行为的要件分析》,载《苏州大学学报(哲学社会科学报)》2006 年第 12 期。

② 参见王利明:《侵权责任法研究(上卷)》,中国人民大学出版社 2016 年版,第 586 页。

每一个行为都是造成损害的全部原因。①三是各原因力能相互替代。即排除其中任何一个侵权行为，其他行为也能造成全部损害结果的发生，损害结果的同一性并不因此而发生改变。

案例中，张公平与梁一思不存在共同故意或共同过失，两人分别实施了射击侵权行为，造成同一损害后果即董敏法的死亡，并且两人射击的行为都足以发生损害后果，这符合叠加的分别侵权行为规定的构成要件，张公平与梁一思构成叠加的分别侵权行为。

二、叠加的分别侵权行为的法律后果

【案例】 张公平驾驶摩托车闯红灯，就在这时，反向车道的董敏法也驾车闯红灯，结果张公平、董敏法两人的车同时撞上正在通过斑马线的行人梁一思，致使梁一思身受重伤。梁一思入院治疗，共计花费医疗费数万余元。张公平愿意赔偿一半，董敏法表示无赔偿能力，拒绝赔偿。梁一思诉至法院。

【问题】 该案如何处理？

根据《民法典》第 1171 条规定，一旦符合该条规定的构成要件，行为人必须对造成的损害后果承担连带责任。叠加的分别侵权行为的责任规则如下：

（一）对外的连带责任

由于每个侵权行为均足以造成全部损害后果的发生，为了给被侵权人充分的救济，法律规定各行为人承担连带责任，各行为

① 参见杨立新：《中华人民共和国民法典〈条文精释与实案全析〉》，中国人民大学出版社 2020 年版，第 269 页。

人都应当就全部损害承担赔偿责任。被侵权人既可以要求全部侵权人承担损害赔偿,也可以向数个行为人中的任何一个行为人主张承担全部赔偿责任。

(二) 对内的最终责任

在对内关系中,由于每一个侵权行为与损害结果之间都具有全部的因果关系,无法确定其内部份额。依照《民法典》第 178 条的规定,各侵权行为人平均承担赔偿,即根据人数平均确定赔偿份额。如侵权人为两个,各自承担 50%。如果行为人实际承担的责任超过自己应该责任份额的,有权向其他连带责任人进行追偿,以实现最终责任。

案例中,张公平、董敏法分别实施了加害行为导致梁一思身受重伤,并且其中任何一人的行为均足以导致梁一思身受重伤,因此两被告构成叠加的分别侵权行为,承担连带责任。梁一思有权向任何一人提出全部赔偿。

(三) 例外规定

我国《民法典》对叠加的分别侵权行为有例外的规定。《民法典》第 1231 条规定:“两个以上侵权人污染环境、破坏生态的,承担责任的大小,根据污染物的种类、浓度、排放量,破坏生态的方式、范围、程度,以及行为对损害后果所起的作用等因素确定。”虽然两个以上的侵权人造成了同一损害后果,并且每个侵权人的行为都足以造成环境污染或生态的破坏,但依照《民法典》的规定,不适用连带侵权责任,仍然适用按份责任。

三、典型的分别侵权行为的概念和构成要件

【案例】 驾驶电动自行车的张公平与骑自行车的梁一思发

生触碰，梁一思倒地后被迎面而来的机动车轧伤。该机动车司机董敏法并未停车反而驶离现场。梁一思多处粉碎性骨折，花去医药费数万余元。三方未就赔偿事宜达成一致意见。张公平坚持梁一思的受伤系董敏法造成的，与自己无关，拒绝赔偿。梁一思诉至法院。

【问题】 该案如何处理？

(一) 概念

《民法典》第1172条规定："二人以上分别实施侵权行为造成同一损害，能够确定责任大小的，各自承担相应的责任；难以确定责任大小的，平均承担责任。"这是对典型的分别侵权行为的规定。典型的分别侵权行为，又称共同因果关系，也称为无意思联络的数人侵权，是指数个行为人事先没有共同故意，也没有共同过失，只是由于他们各自的行为与损害后果之间客观上的联系，造成了同一个损害结果的侵权行为类型。①

(二) 构成要件

根据第1172条规定，典型的分别侵权行为的构成要件如下：

1. 二人以上分别实施侵权行为

首先，典型的分别侵权行为的主体是二人以上，这与叠加的分别侵权行为的主体要求是一样的。其次，数个侵权行为相互之间是独立的，不存在《民法典》第1168条规定的狭义的共同侵权制度的情形。数个侵权行为人之间没有意思联络，既无共同故意又无共同过失，不构成狭义的共同侵权行为，因而与叠加的分别侵权行为一样，被称为无意思联络的数人侵权。

---

① 参见最高人民法院民法典贯彻实施工作领导小组主编：《中华人民共和国民法典侵权责任编理解与适用》，人民法院出版社2020年版，第89页。

2. 造成同一损害后果

这一要件与叠加的分别侵权行为所要求的“同一损害”是一样的。首先表现在数个侵权行为造成了同一损害后果，而不是数个后果。如果数个侵权行为造成的损害后果不同，可以明显区分，应当适用《民法典》第1165条或者第1166条的规定。[①]其次表现在各个行为人的侵权行为与损害之间具有因果关系。即数个行为作为一个整体的偶然结合导致了同一损害后果的发生。如甲和乙分别在丙的米饭中下毒，每一份毒药的剂量都不足以导致丙死亡，但两份毒药的剂量结合在一起直接导致丙的死亡。换言之，甲和乙的共同行为导致了同一个损害后果的发生。

3. 每个侵权行为都不足以造成全部损害后果

与叠加的分别侵权行为要求每个行为都足以造成全部损害的不同的是，典型的分别侵权行为的每个侵权行为都不足以造成全部损害后果。只有各侵权行为累加、结合或者加强才造成全部损害。[②]侵权行为的累加是指单个侵权行为只能造成部分损害，部分损害累加构成全部损害。侵权行为的结合是指单个侵权行为不足以造成全部损害，只有各侵权行为结合在一起才构成全部损害。侵权行为的加强是指各侵权行为只能造成较轻的损害，只有各侵权行为结合在一起才构成较重的损害。

案例中，梁一思的受伤是多种行为相互结合共同作用的结果。如果张公平没有将梁一思撞倒在地，梁一思也不会被机动车轧伤。张公平的碰撞行为与董敏法的碾压行为互相结合最终导致梁一思多处粉碎性骨折的事实。张公平的碰撞行为虽然不足

---

① 参见黄薇:《中华人民共和国民法典侵权责任编释义》,法律出版社2020年版,第27页。

② 参见满洪杰、陶盈、熊静文:《〈中华人民共和国民法典·侵权责任编〉释义》,人民出版社2020年版,第25页。

以导致梁一思多处粉碎性骨折的发生，但其碰撞行为与梁一思多处粉碎性骨折之间具有部分因果关系，其行为与董敏法的侵权行为相结合导致损害的发生，所以张公平应当承担相应的赔偿责任。

四、典型的分别侵权行为的法律后果

【案例】 某公司与无安装资质的个体工商户张公平签订了一份合同，该公司将其承包的安装吊顶项目分包给张公平承包施工，张公平在施工过程中雇佣董敏法从事安装工作。董敏法在施工时不慎跌落在地，造成多处骨折，花去医疗费数万余元。各方因赔偿事宜协商无果，董敏法诉至法院。

【问题】 该案如何处理?

根据《民法典》第1172条规定，典型的分别侵权行为的侵权责任形态为按份责任。这是由于数个行为人不存在共同的过错，仅仅是偶然的原因而结合在一起导致同一损害的发生，符合部分因果联系，是单独侵权，因此应该由行为人对其行为负责。按份责任应当依照以下规则处理：

能够确定责任大小的，各自承担相应的责任。在这一侵权行为中，虽然是多个行为共同结合造成损害后果，但很多侵权行为是可以通过分析各侵权行为来确定其责任大小的。各自按责任大小分担，是指按照各行为人的行为对损害后果的原因力和各自的过错程度分担。原因力是指每一个原因对于损害后果的发生所起的作用力。即作用力越大，承担的责任也越大。同理，过错越大，承担的责任也越大。

难以确定责任大小的，平均承担责任。在很多情况下，侵权行为发生后，各侵权人的行为对损害后果的原因力和过错程度有时是很难判断的。这种情况下，我国《民法典》规定难以确定责任大小的，平均承担责任。

不实行连带责任。各个行为人只对自己的份额承担责任，不对他人的行为后果负责赔偿。

案例是一起典型的分别侵权责任案件。某公司明知张公平没有安装资质仍将其吊顶安装项目承包给张公平施工，主观上有过错。雇员董敏法在工作中受伤，雇主张公平应当承担赔偿损失责任。由于某公司和张公平对董敏法人身损害的后果，既无共同故意也无共同过失，但其分别实施的数个行为相互结合导致同一损害后果的发生，双方应根据各自过错程度或原因力大小承担相应的赔偿责任。最后，法院判决由张公平赔偿损失的 60%；某公司赔偿损失的 40%。

第五章　责任主体的特殊规定

第一节　无民事行为能力人或限制民事行为能力人造成他人损害——监护人责任

一、监护人责任的概念和构成要件

【案例】 张公平带着6岁的儿子张小平在公园游玩时，偶然遇到了梁一思带着6岁的女儿梁小思也在公园游玩。趁双方大人低头玩手机时，两个孩子玩起了滑滑梯。张小平在玩耍过程中推倒了梁小思，造成梁小思骨折，花去医疗费数万元。梁一思要求张公平承担损害赔偿责任，遭到拒绝。梁一思诉至法院。

【问题】 该案如何处理？

（一）概念

监护人的侵权责任，是指在无民事行为能力人或限制民事行为能力人造成他人损害时，其监护人承担的侵权责任，因此又称为监护人责任。《民法典》第1188条第1款第1句规定："无民事行为能力人、限制民事行为能力人造成他人损害的，由监护人承担侵权责任。"这从立法的角度明确了监护人责任制度。

在监护人责任中,监护人是指履行监督、保护义务的人;被监护人是指被监督、被保护的人。我国设立监护人责任的目的在于保护被监护人的人身、财产和其他合法权益不受损害,同时督促监护人承担对被监护人的责任以避免被监护人侵害他人权益。

(二)构成要件

依据《民法典》第1188条的规定,监护人责任的成立应当具备如下条件:

1. 无民事行为能力人或者限制民事行为能力人的违法行为

(1)监护人侵权责任的首要条件是违法行为人必须是无民事行为能力人或者限制民事行为能力人。无民事行为能力人包括不满八周岁的未成年人和不能辨认自己行为的成年人。限制民事行为能力人包括八周岁以上的未成年人和不能完全辨认自己行为的成年人。十六周岁以上的未成年人,以自己的劳动收入为主要生活来源的,不属于限制民事行为能力人。(2)监护关系的存在。监护关系的存在是监护人责任产生的基础。只要监护关系存在,监护人就应当承担责任。监护关系的确定应采取"有事实监护关系的依事实关系,无事实监护关系或监护关系不明确的依法律上应有监护关系"的原则。①(3)构成监护人责任的必须是被监护人自己实施的违法行为,而不是其他人利用无民事行为能力人或者限制民事行为能力人实施的侵权行为。教唆、帮助无民事行为能力人或限制民事行为能力人实施侵权行为的,构成教唆和帮助行为,适用《民法典》第1169条的规定。还有一种情况是被监护人的行为致他人损害但不具有违法性,比如被监护人因正当防卫造成他人损害的,监护人不需要承担监护人责任。(4)监

① 参见汪渊智:《侵权责任法学》,法律出版社2008年版,第378页。

护人不作为的违法行为。《民法典》明确规定，监护人对无民事行为能力人或者限制民事行为能力人有监护职责。如果监护人没有履行监护职责，被监护人造成损害他人的，监护人构成不作为的违法行为。

2. 监护人有过错

监护人责任的过错是监护人存在着监护过失的过错，而不是要求被监护人有过错，被监护人因年龄或精神状况导致其识别能力不足，因此不能要求他们是否具有过错。监护人的过失，具体表现为在教养、监护或者管理等方面存在着疏忽。如果监护人认为自己在教养、监护或者管理等方面没有过错，采用举证责任倒置原则，须由监护人举证证明自己已经尽到监督责任。

3. 须有他人损害的事实

损害是赔偿责任的前提条件。如果没有损害，监护人就无须承担赔偿责任。无民事行为能力人或者限制民事行为能力人对他人的损害包括人身损害，也包括财产损害。

4. 监护人与被监护人的行为与损害事实之间具有因果关系

这种因果关系包括以下两个方面：一是被监护人的侵权行为与损害事实之间具有因果关系，即损害事实是被监护人的侵权行为引起的；二是监护人的不行为的违法行为与损害事实之间具有因果关系，即损害事实是由于监护人疏于对被监护人的监督导致被监护人实施侵权行为，从而造成他人损害事实的存在。

这一案例属于监护人责任纠纷。在案例中，张小平只有6岁，是无民事行为能力人，其造成他人损害的，应当由其监护人即张公平承担侵权责任。并且张公平在带孩子玩耍时忙于玩手机，没有尽到照管义务，导致梁小思骨折，应当承担侵权责任。

二、监护人责任的承担

【案例】 张公平和患有精神病的儿子张小平共同生活。某日张小平精神病复发，张公平进行安抚和劝说使其情绪稍稍平稳。张小平趁父亲外出买菜时离开了家，将其邻居梁一思打伤。梁一思入院后花去医疗费数万元。张公平辩称其认真履行了监护责任，拒绝赔偿。梁一思诉至法院。

【问题】 该案如何处理？

依据《民法典》第1188条的规定，监护人履行赔偿责任的规则是：

1. 监护人承担责任

依据《民法典》第1188条第1款第1句规定，我国监护人责任制度实行的是无过错责任。即无民事行为能力人或限制民事行为能力人造成他人人身、财产损害的，推定其监护人存在监护过失，无论监护人是否尽到监护责任，均由监护人承担侵权责任。

2. 监护人责任的减轻

《民法典》第1188条第1款第2句规定：“监护人尽到监护职责的，可以减轻其侵权责任。”可见，我国《民法典》虽然实行的是无过错责任，但是，对于实施加害行为的无民事行为能力人或者限制民事行为能力人，可以减轻其民事责任，这是公平原则的适用，是考虑平衡双方当事人的经济利益而采取的措施。①即监护人能够证明自己没有监护过失的，可以减轻其赔偿责任，根据双方

---

① 参见最高人民法院民法典贯彻实施工作领导小组主编：《中华人民共和国民法典侵权责任编理解与适用》，人民法院出版社2020年版，第220页。

的经济状况、造成损害的程度等，对监护人的赔偿责任适当减轻。

监护人减轻其侵权责任，首先，即使监护人尽到了监护职责，也不能免除其责任，只能减轻其侵权责任。其次，监护人减轻其侵权责任，必须证明其尽到了监护职责。在我国，监护责任是严格责任。认定监护是否尽到监护的职责，应根据具体情况来认定，如监护人已经积极履行了监督责任，但不能阻止被监护人造成损害等。

3. 被监护人自己有财产的，自己承担责任

《民法典》第1188条第2款前半句规定："有财产的无民事行为能力人、限制民事行为能力人造成他人损害的，从本人财产中支付赔偿费用。"可见，被监护人是否承担责任，仅仅跟其财产有关，而不是依据其是否具有相应的责任能力。

未成年的被监护人可以通过继承、赠与等方式获得财产，成年的被监护人自己有积蓄、收入等财产，那么在其造成他人损害时，如果被监护人的财产足够支付赔偿费用的，就用他们自己的财产支付全部赔偿金，这时监护人的责任事实上已经不存在。当然这里的财产是指价值比较大的财产如存款、房产等，而不是指零花钱、日常生活用品等细小财产。同时，从被监护人的财产支付赔偿费用的，应当保留其基本的生活费用。

4. 监护人的补充责任

《民法典》第1188条第2款后半句规定："不足部分，由监护人赔偿。"被监护人财产不足以支付全部赔偿金的，不足部分由监护人承担。可见，监护人承担的是一种补充责任。

案例中，张公平应该知道张小平在发病时如果脱离监督，就会对他人造成损害。但由于一时疏忽，使儿子离开了家将梁一思打伤。因此认定张公平没有完全尽到监护责任，不能减轻其监护人责任。张公平作为监护人，应对儿子侵害行为所造成的损害后

果承担民事赔偿责任。

三、委托监护责任

【案例】 张公平未办理工商登记私自在家中开托管班，负责小学生放学后的托管。梁一思将7岁的女儿梁小思交给张公平托管，并缴纳了相应的费用。梁小思在无人看护的情况下在楼下玩耍时将同在张公平家接受托管的6岁的孙某眼睛弄伤，花去医疗费二十多万元。三方未能就赔偿事宜达成一致，孙某诉至法院。

【问题】 该案如何处理？

（一）委托监护责任的概念和构成要件

1. 概念

委托监护责任，是指无民事行为能力人或者限制民事行为能力人造成他人损害，监护人将监护职责委托他人的，监护权人与受托人分担责任的特殊侵权责任。①《民法典》第1189条规定："无民事行为能力人、限制民事行为能力人造成他人损害，监护人将监护职责委托给他人的，监护人应当承担侵权责任；受托人有过错的，承担相应的责任。"这是对委托监护责任的规定。

2. 构成要件

委托监护责任的成立应当具备如下条件：

（1）委托监护，是监护人将自己负有的对无民事行为能力人

---

① 参见杨立新：《〈中华人民共和国民典法〉条文精释与实案全析》，中国人民大学出版社2020年版，第296页。

或者限制民事行为能力人的监护职责，委托给受托人承担。委托监护的成立要以监护人和受托人的代为履行监护职责的意思表示一致为基础。这种意思表示一致可以采取书面或口头的明示的方式设立委托监护关系，也可以采用默示的方式设立委托监护关系；委托监护可以是全权委托，如在外打工的父母将未成年孩子委托给祖父母照料；也可以是部分委托，如将子女委托给寄宿制学校、托管班等。

(2) 无民事行为能力人或者限制民事行为能力人造成他人损害时，是在受托人的监护下，而不是在监护人的监护下。委托监护成立后，受托人为监护人处理监护事务，获得一定程度上对被监护人的控制能力，受托人要亲自履行对无民事行为能力人或者限制民事行为能力人的监护。

(3) 无民事行为能力人或者限制民事行为能力人实施了损害他人的行为。与一般侵权行为相同的是，在委托监护责任构成的要件中，同样离不开损害事实这一要件。

(4) 对监护人推定其存在未尽监护职责的过失，对委托监护人的过失，应当由被侵权人举证证明，或者由主张分担责任的监护人承担举证证明。①

(二) 委托监护责任的承担

在委托监护关系中，有两个责任主体，一是监护人，二是受托人。其责任如下：

1. 监护人的责任

监护权是一种身份权，基于身份权的专属性，监护权不得转让。当监护人因种种原因无法履行监护时，可以委托他人进行监护，但监护权并没有发生转移，只是监护方式的变更。因此对于

① 参见杨立新：《侵权责任法》，法律出版社 2021 年版，第 288 页。

被监护人造成他人损害的侵权行为，监护人仍然应当承担侵权责任，而不是因委托监护成立免除自己的责任。监护人承担的侵权责任的规定适用《民法典》第1188条。

2. 受托人的责任

当监护人将无民事行为能力人或者限制民事行为能力人的监护责任委托给受托人时，受托人要承担起对被监护人的监护责任。受托人在履行监护职责过程存在过错，如疏于监督、消极监督等，导致被监护人的行为造成他人损害，受托人有过错的，承担相应的责任。有过错的受托人责任不是连带责任，被侵权人不能要求受托人承担全部赔偿责任。这种责任是按份责任，承担责任的范围应根据受托监护人的过错程度、过错与损害结果之间的原因力大小来认定赔偿份额。

案例中，作为加害行为人的梁小思为未成年人，虽由张公平在托管班进行委托监护，但其监护人仍应对孙某的损害结果承担侵权责任。而张公平作为委托监护的受托人，对梁小思负有教育、管理和保护的义务，由于存在未尽监护职责的过失，应当就其过失造成损失的范围内，承担相应的责任。综上所述，梁小思的监护人承担的是对全部损害的连带责任，只要被侵权人主张其承担全部责任，就须承担全部赔偿责任；委托监护的受托人张公平仅承担按份责任，而不对全部损害承担赔偿责任。

四、暂时丧失心智损害责任

【案例】 张公平醉酒后滋事，在某商场将保安董敏法打伤，董敏法住院8天，花去医疗费数万元。案件发生后，公安机关对张公平处以行政拘留十天的处罚。但双方对医疗费、误工费未达成协议。董敏法诉至法院。

【问题】 该案如何处理？

（一）暂时丧失心智损害责任的概念和构成要件

1. 概念

暂时丧失心智损害责任，亦称暂时丧失意思能力的致害责任，是指完全民事行为能力人对于因过错引起暂时心智丧失，或者因醉酒或者滥用麻醉、精神药品暂时丧失心智，造成他人损害，所应当承担的特殊侵权责任。①《民法典》第1190条规定："完全民事行为能力人对自己的行为暂时没有意识或者失去控制造成他人损害有过错的，应当承担侵权责任；没有过错的，根据行为人的经济状况对受害人适当补偿。完全民事行为能力人因醉酒、滥用麻醉药品或者精神药品对自己的行为暂时没有意识或者失去控制造成他人损害的，应当承担侵权责任。"这是对暂时丧失心智损害责任的规定。

2. 构成要件

暂时丧失心智损害责任的构成，须具备以下要件：

(1) 侵权人是完全民事行为能力人，而不是无民事行为能力人或者限制民事行为能力人。如果无民事行为能力人或者限制民事行为能力人造成他人损害的，则适用监护人责任的规定。

(2) 被侵权人受到实际损害。这种损害包括人身损害和财产损害。构成精神损害的，如果不满足行为人恶意为之的条件，可以免除行为人的侵权责任。②如借口丧失心智而恶意诽谤他人、侮辱他人的，不能免除其责任。

---

① 参见杨立新：《侵权责任法》，法律出版社2021年版，第290页。

② 参见满洪杰、陶盈、熊静文：《〈中华人民共和国民法典·侵权责任编〉释义》，人民出版社2020年版，第65页。

(3) 侵权人造成他人损害时暂时丧失心智。侵权人在造成他人损害时,必须是在暂时丧失心智,不能控制自己的行为这一特殊阶段。且侵权人暂时丧失心智的侵权行为与造成损害后果之间存在着因果关系。

(4) 侵权人有过错,即侵权人暂时丧失心智是由于自己的过错所导致的。丧失心智的过错,是指侵权人对于其自身丧失意思能力具有可谴责性。如侵权人因为醉酒、滥用麻醉、精神药品等丧失心智。

(二) 暂时丧失心智损害的责任承担

根据《民法典》第 1190 条的规定,暂时丧失心智损害的责任承担如下:

完全民事行为能力人对自己的行为暂时没有意识或者失去控制造成他人损害时有过错的,应当承担侵权责任。这是对暂时丧失心智意思能力人的过错责任原则。有过错,就应当承担侵权责任。

完全民事行为能力人对自己的行为暂时没有意识或者失去控制造成他人损害没有过错的,根据行为人的经济状况对受害人进行适当补偿。需要注意的是:(1)对受害人是“补偿”,不是“赔偿”,即依据行为人的经济状况对受害人适当补偿,补偿的结果是为了体现公平原则。(2)即使行为人能证明自己没有过错,也不能免除其责任。

完全民事行为能力人因醉酒、滥用麻醉药品或者精神药品对自己的行为暂时没有意识或者失去控制造成他人损害的,应当承担侵权责任。这种情况是侵权人的过错所为,因此应当由自己承担侵权责任。这一情况属于《民法典》第 1190 条第 1 款“有过错”的一种情形,之所以对“因醉酒、滥用麻醉药品或者精神药品”特别规定,是为了强调因醉酒、滥用麻醉药品或者精神药品的行为跟一般侵权行为相比，危害性更大，所以作专门规定。案例中，张公平是完全民事行为能力人，其醉酒后滋事，暂时没有意识或无法控制自己的行为，将董敏法打伤。对于因醉酒暂时心智丧失造成他人损害的，根据法律规定，推定张公平存在过错。因此，张公平对于打伤董敏法的行为应当承担赔偿责任。

第二节　因执行工作任务或者劳务造成他人损害——用人者责任和定作人的责任

《民法典》第 1191、1192、1193 条规定了用人者责任。用人者责任亦称用工责任，是指用人单位的工作人员或者劳务派遣人员以及个人劳务关系中的提供劳务一方在因执行工作任务或者劳务造成他人损害，用人单位或者劳务派遣单位以及接受劳务一方应当承担赔偿责任的特殊侵权责任。[①]用人者责任包括用人单位责任、劳务派遣责任和个人劳务责任这三种类型。

一、用人单位责任

【案例】　张公平到某超市购物。张公平在走出大门时，报警器突然响起，超市保安董敏法将其带到保安室，强行对其搜身、扣押和殴打。后经查实，张公平身上并未发现未付款的物品，超市亦并未丢失物品，而是警报器发生故障。张公平请求保安董敏法赔礼道歉，并赔偿精神损害，遭到拒绝。张公平诉至法院。

① 参见满洪杰、陶盈、熊静文：《〈中华人民共和国民法典·侵权责任编〉释义》，人民出版社 2020 年版，第 66 页。

【问题】 该案如何处理?

(一)用人单位责任的概念和构成要件

1. 概念

《民法典》第1191条第1款第1句规定:"用人单位的工作人员因执行工作任务造成他人损害的,由用人单位承担侵权责任。"此据规定,用人单位责任,是指用人单位的工作人员因执行工作任务造成他人损害,用人单位作为赔偿责任主体,为其工作人员的致害行为承担损害赔偿责任的特殊侵权责任。①

这里的"用人单位",是指《民法典》第三章所规定的营利法人;事业单位、社会团体、基金会、社会服务机构等非营利法人;机关法人、农村集体经济组织法人、城镇农村的合作经济组织法人、基层群众性自治组织法人等;个人独资企业、合伙企业、不具有法人资格的专业服务机构等非法人组织。只要用人单位和工作人员之间存在着劳动关系,都是用人单位。这里的"工作人员"包括但不限于劳动者,包括公务员、参照公务员管理的其他工作人员、事业单位实行聘任制的人员等;该工作人员不仅包括一般工作人员,还包括用人单位的法定代表人、负责人、公司董事、监事、经理、清算人等;不仅包括用人单位正式在编员工,也包括临时在单位工作的人员。

《国家赔偿法》第2条第1款规定:"国家机关和国家机关工作人员违法行使职权侵犯公民、法人和其他组织的合法权益造成损害的,受害人有依照本法取得国家赔偿的权利。"即国家机关和国家机关工作人员因履行公职权造成他人损害的,依照国家赔偿法的规定由国家机关承担国家赔偿责任。但如果国家机关和国家机关工作人员不是履行公职权的行为,而是为了维持正常运转

---

① 参见杨立新:《侵权责任法》,法律出版社2021年版,第296页。

进行的民事行为造成他人损害的，就适用《民法典》第1191条的规定，由用人单位承担责任。

2. 构成要件

用人单位责任的构成，必须具备以下几个要件：

(1) 工作人员实施侵权行为。只有工作人员存在侵权行为，即符合侵权责任的成立要件时，用人单位才承担侵权责任。如工作人员违反法定义务、不按照工作流程开展工作、违反保护他人的法律等造成他人损害的。

(2) 因执行工作任务造成他人损害。用人单位承担侵权责任的前提是工作人员因执行公务从而造成他人损害。所谓执行公务，是指从事用人单位授权或者指示范围内的生产经营活动或者其他劳务活动。①如果造成损害的行为虽然是发生在执行工作任务过程中，但超出授权或指示，用人单位无须承担侵权责任，由工作人员本人承担。

(3) 须有损害事实的存在。损害事实是用人单位承担侵权责任的必要条件。这里的损害是指用人单位和工作人员之外的第三人损害。损害事实包括人身损害、财产损害和精神损害。

(4) 工作人员的侵权行为与损害事实之间具有因果关系。他人受到的损害事实是由用人单位工作人员的侵权行为造成的，即这种因果关系是客观存在的。

(二) 用人单位责任的承担

1. 用人单位责任是无过错责任

无过错责任是指用人单位的工作人员因执行工作任务造成他人损害的，由用人单位承担损害赔偿，而不是由实施侵权行为

---

① 参见唐慧、闫朝东：《侵权责任法案例与学理研究》，中国社会出版社2017年版，第116页。

的工作人员承担责任。即受害人只能向用人单位请求损害赔偿。同时用人单位不能通过证明自己在选任或者监督方面尽到了相应的义务来免除自己的责任，[①]之所以这样规定，是为了让受害人的权利能及时得到救济。

2. 用人单位责任是替代责任

实施侵权行为的主体是工作人员，但承担侵权责任的主体是用人单位，而非工作人员，行为主体和责任主体相脱离。这是因为工作人员在执行工作任务时，是代表用人单位实施的行为，不是工作人员的个人行为，因此责任主体只能是用人单位。

3. 用人单位责任享有追偿权

《民法典》第1191条第1款后半句规定："用人单位承担侵权责任后，可以向有故意或者重大过失的工作人员追偿。"这就明确了用人单位在承担侵权责任后，享有追偿权。需要注意的是，用人单位只能向有故意或者重大过失的工作人员追偿。如果工作人员的侵权行为是一般过失或者没有过错，即使工作人员存在侵权行为，用人单位也不能向工作人员进行追偿。

案例中，保安董敏法因执行工作任务强行对张公平搜身、扣押和殴打，侵害了张公平的身体权，并造成张公平精神损害，该案属于用人者责任纠纷。按照《民法典》第1191条的规定，应当由用人单位即超市对张公平承担侵权责任。

二、劳务派遣责任

【案例】 某金属加工厂要求某劳务派遣单位派来的员工具

① 参见最高人民法院民法典贯彻实施工作领导小组主编：《中华人民共和国民法典侵权责任编理解与适用》，人民法院出版社2020年版，第236页。

有焊工操作证，但劳务派遣单位派来的员工张公平既没有焊工操作证，也没有任何的工作经验。第二天张公平在进行焊接工作时发生了火灾，造成隔壁服装厂受损。

【问题】 服装厂的损失由谁来承担？

（一）劳务派遣责任的概念和构成要件

1. 概念

劳务派遣是指劳务派遣机构与被派遣劳动者签订劳动合同，由劳动者向接受劳务派遣的实际用工单位给付劳动的特殊劳动关系。[①]根据《民法典》第1191条第2款的规定，劳务派遣责任是指在劳务派遣期间，被派遣的工作人员因执行工作任务造成他人损害的，由接受劳务派遣的用工单位承担侵权责任，有过错的劳务派遣单位也承担相应责任的特殊侵权责任。劳务派遣与传统人工相比，具有用工形式更加灵活、节省人工成本和减少人员储备等优势，因而这种新的用人方式受到市场的欢迎。

2. 构成要件

劳务派遣责任的构成，必须具备以下几个要件：

（1）在三方当事人之间存在着劳务派遣关系。与传统用工方式不同的是，劳务派遣中存在三方当事人，即劳务派遣单位、被派遣的工作人员和接受劳务派遣的单位。劳务派遣关系中有两个合同关系：一是劳务派遣单位与被派遣的工作人员之间的劳动合同关系；二是劳务派遣单位与接受劳务派遣单位之间的劳动派遣合同关系。依据这两个合同，被派遣的工作人员在接受劳务派遣的单位提供劳务。如果不存在劳务派遣的合同关系，就不存在劳务派遣责任。

---

① 参见张新宝：《侵权责任法》，中国人民大学出版社2016年版，第155页。

(2) 被派遣的工作人员在执行工作任务中造成他人损害。劳务派遣责任同样离不开损害事实的存在。损害事实包括人身损害、财产损害和精神损害。需要注意的是,损害事实必须在被派遣的工作人员在执行工作任务过程中发生的。如果不是在执行派遣任务过程中,而是在完成派遣劳务后,返回派遣单位途中造成他人损害的,则不构成劳务派遣责任,而是用人单位责任。

(3) 损害事实与被派遣的工作人员执行工作任务之间具有因果关系。造成他人损害的结果是被派遣的工作人员执行工作任务造成的,行为和结果之间具有因果关系,则构成劳务派遣责任。

(4) 接受劳务派遣的单位存在过失。劳务派遣责任的构成,必须要求接受劳务派遣的单位存在过失。过失的表现,是接受劳务派遣单位在指挥、监督工作人员执行职务行为中,应当注意而未尽注意义务。①如果接受劳务派遣的单位能够证明自己在选任、指挥、监督等方面不存在过失的,不承担赔偿责任。

(二) 劳务派遣责任的承担

根据《民法典》第 1191 条第 2 款的规定,劳务派遣责任包括接受劳务派遣单位的责任和劳务派遣单位的责任。

1. 接受劳务派遣单位的责任

接受劳务派遣单位承担的责任是无过错责任。这是因为在劳务派遣期间,被派遣的工作人员在接受劳务派遣的单位管理下进行工作,听从接受劳务派遣单位的指示、管理和监督。即接受劳务派遣的单位对被派遣工作人员进行实际指挥控制。而劳务派遣单位虽然与被派遣的工作人员签订了劳动合同,但不对被派遣的工作人员进行具体管理,因此被派遣的工作人员因执行工作任务造成他人损害的,由接受劳务派遣的单位承担责任。

---

① 参见杨立新:《侵权责任法》,法律出版社 2021 年版,第 303 页。

但是如果被派遣的工作人员存在着故意或重大过失致人损害的，接受劳务派遣的单位承担责任后，有权向被派遣的工作人员进行追偿。

2. 劳务派遣单位的责任

劳务派遣单位有过错的，承担相应的责任。劳务派遣单位的过错是指劳务派遣单位在选任、培训等方面存在过错，比如对被派遣的工作人员的资质等方面没有进行详尽的考察。相应的责任，是指劳务派遣单位要根据其过错程度和原因力大小承担相应的责任。这是由于劳务派遣单位和被派遣的工作人员之间有劳动合同关系。案例中，某金属加工厂是接受劳务派遣的单位，是用工单位，张公平是直接接受其指挥和控制的，因此金属加工厂必须承担服装厂的损害赔偿。但是劳务派遣单位派出没有焊工操作证的张公平，其本身存在一定的过错，同样应当承担相应的责任。

三、个人劳务责任

【案例】 张公平让保姆梁一思把阳台上的窗户擦干净，并且提醒梁一思在擦窗户时要把花盆从窗台上移走。梁一思认为移走花盆太麻烦，没有将花盆挪开。不巧的是梁一思在擦窗户时一不留神将花盆摔落至楼下，将楼下路过的行人砸伤。

【问题】 行人受伤的损失由谁来承担？

（一）个人劳务责任的概念与构成要件

1. 概念

《民法典》第1192条规定：“个人之间形成劳务关系，提供劳务一方因劳务造成他人损害的，由接受劳务一方承担侵权责任。接受劳务一方承担侵权责任后，可以向有故意或者重大过失的提供劳务一方追偿。提供劳务一方因劳务受到损害的，根据双方各自的过错承担相应的责任。提供劳务期间，因第三人的行为造成提供劳务一方损害的，提供劳务一方有权请求第三人承担侵权责任，也有权请求接受劳务一方给予补偿。接受劳务一方补偿后，可以向第三人追偿。”这一条款规定的是对提供劳务一方因提供劳务造成他人损害、自己损害和提供劳务一方在劳务期间遭受第三人侵害三种情形的责任承担。

个人劳务责任，是指在个人之间形成的劳务关系中，提供劳务一方因劳务活动造成他人损害，接受劳务一方应当承担替代赔偿责任的特殊侵权责任。①劳务关系，是指提供劳务一方为接受劳务一方提供劳务服务，由接受劳务一方按照约定支付报酬而建立的一种民事权利义务关系。②如个人聘请保姆、钟点工、月嫂、家庭教师等。《民法典》第 1192 条的“因劳务”是指“从事雇佣活动”，即指从事雇主授权或者指示范围内的生产经营活动或者其他劳务活动。雇员的行为超出授权范围，但其表现形式是履行职务或者与履行职务有内在联系的，应当认定为从事雇佣活动。《民法典》第 1192 条的“提供劳务一方”不包括因承揽关系产生的侵权责任纠纷，因承揽关系产生的侵权责任问题，由《民法典》第 1193 条加以调整。

2. 构成要件

个人劳务责任的成立，需要满足以下几个要件：

(1) 个人之间存在劳务关系。劳务关系的存在是个人承担劳

---

① 参见杨立新：《侵权责任法》，法律出版社 2021 年版，第 303 页。

② 参见黄薇：《中华人民共和国侵权责任编释义》，法律出版社 2020 年版，第 87 页。

务责任的前提。确定个人劳务责任,最主要的是取决于提供劳务一方和接受劳务一方是否有事实上的劳务关系。劳务关系是否存在,可以通过双方有无劳务合同(合同可以是书面的,也可以是口头的)、提供劳务的一方有无报酬、提供劳务的一方有无提供劳务、提供劳务的一方是否受接受劳务一方的监督等方面进行综合判断。

(2) 提供劳务一方实施了侵权行为。提供劳务一方实施的损害他人人身、财产的侵权行为,是在执行劳务过程中造成的。这是个人劳务责任成立的关键因素。接受劳务一方只有在提供劳务一方从事劳务过程中造成损害时,才承担责任。

(3) 接受劳务一方与提供劳务一方所造成的损害之间存在因果关系。个人劳务责任的构成以接受劳务一方与提供劳务一方所造成的损害之间存在因果关系为必要。

(二) 个人劳务责任的承担

根据《民法典》第 1192 条的规定,个人劳务责任的承担分为以下三种情况:

1. 因提供劳务造成他人损害的侵权责任

根据第 1192 条规定,提供劳务一方因劳务造成他人损害的,由接受劳务一方承担侵权责任。这种责任是无过错责任。无论接受劳务一方是否有过错,只要提供劳务一方造成他人损害的,接受劳务一方都要承担个人劳务责任。换言之,受害人只能要求接受劳务一方承担损害赔偿,不能要求提供劳务一方承担责任。

但是如果提供劳务一方在提供劳务关系时存在故意或者重大过失造成他人损害的,如野蛮施工、违章操作等,接受劳务一方在承担侵权责任后,可以向有故意或者重大过失的提供劳务一方进行追偿。

案例中,张公平和梁一思形成个人劳务关系。按照《民法典》

的规定，梁一思因提供个人劳务致人损害的，雇主张公平应当承担侵权责任。因梁一思在提供劳务过程中有重大过失，张公平在承担责任后可以向梁一思进行追偿。

2. 提供劳务一方因劳务致使自己受到损害的侵权责任

提供劳务一方因劳务受到损害的，《民法典》明确规定，实行过错责任原则，即根据双方各自的过错承担相应的责任。具体有以下几种情况：一是提供劳务一方有过错，接受劳务一方没有过错，则提供劳务一方应当对自己的过错承担责任，接受劳务一方不承担责任。二是接受劳务一方有过错，提供劳务一方没有过错，则由接受劳务一方承担全部赔偿责任。三是提供劳务一方和接受劳务一方均有过错的，则由双方按照过错程度和原因力大小，确定相应责任。

3. 提供劳务一方在劳务期间遭受第三人侵害的责任承担

提供劳务一方提供劳务期间，因第三人行为造成提供劳务一方损害的，提供劳务一方有权请求第三人承担侵权责任。当赔偿请求权实现后，对接受劳务一方的补偿请求权随之消灭。《民法典》也明确规定，因第三人的行为造成提供劳务一方损害的，提供劳务一方也有权请求接受劳务一方给予补偿。接受劳务一方对提供劳务一方补偿后，可以向第三人追偿。

四、定作人指示过失责任

【案例】 虽无相关执业资格证，但张公平自备车辆和空调安装工具，接受某家电公司指派，一直从事空调入户安装工作，其安装一台柜机的报酬为 150 元，安装一台挂机的报酬为 100 元，结算方式是凭安装空调结算单进行结算。张公平接到某家电公司电话后，持单据提货后到顾客家中安装空调。安装空调时张公平没有佩戴安全绳，不慎跌落在地，住院治疗花去医疗费数万元。张公平诉至当地法院，请求判令某家电公司赔偿其经济损失。

【问题】 该案如何处理？

（一）定作人指示过失责任的概念和构成要件

1. 概念

定作人指示过失责任，是指承揽人在执行承揽合同过程中，因执行定作人的有过失内容的定作或指示而不法侵害他人权利造成损害，应由定作人承担损害赔偿责任的特殊侵权责任形式。[①]《民法典》第1193条规定：“承揽人在完成工作过程中造成第三人损害或者自己损害的，定作人不承担侵权责任。但是，定作人对定作、指示或者选任有过错的，应当承担相应的责任。”这是对定作人指示过失责任的规定。

依据《民法典》第770条的规定，承揽合同是承揽人按照定作人的要求完成工作，交付工作成果，定作人给付报酬的合同。承揽包括加工、定作、修理、复制、测试、检验等工作。在承揽合同中完成工作并将工作成果交付给对方的一方当事人为承揽人，接受工作成果并向对方给付报酬的一方当事人为定作人。[②]

2. 构成要件

定作人指示过失责任的成立，须具备以下要件：

(1) 定作人有过失。定作人的过失，包括定作过失、指示过失或者选任过失。定作过失是指定作加工的本身存在过失，如对危险物品的加工等。指示过失是指定作人完成定作事项的指示具

---

① 参见杨立新：《侵权责任法》，法律出版社2021年版，第312页。

② 参见汪渊智：《侵权责任法学》，法律出版社2008年版，第349页。

有过失，如强迫承揽人野蛮施工等。选任过失是指定作人在选任承揽人时存在过失，如选任没有从业资格的承揽人。

(2) 侵权行为发生在执行承揽合同过程中。构成定作人指示过失责任，首要条件是当事人之间的合同必须为承揽性质的合同。承揽人对第三人造成损害或者造成自身损害的行为，必须是在执行承揽合同过程中发生的，即在执行定作人有定作、指示、选任过失的承揽事项过程中发生的。如果承揽人是在完成承揽合同任务后，因其他行为造成的侵权损害赔偿责任，与定作人无关，定作人不需要承担侵权责任。

(3) 须有第三人或承揽人自身的损害。损害事实，包括两个方面：一是承揽合同以外的第三人的损害。二是承揽人自身的损害。承揽人在执行承揽合同过程中，造成自己的损害。损害事实包括人身损害和财产损害。

(4) 损害事实的发生与定作人的过失有因果关系。虽然定作人在定作或指示有过失，但承揽人并未根据定作人的定作或指示执行承揽事务，即使发生了第三人或承揽人自身的损害事实，定作人也不承担定作人指示过失责任。

(二) 定作人指示过失责任的承担

根据《民法典》第1193条的规定，结合定作人和承揽人在承揽过程中是否有过错，将定作人指示过失责任分为以下三种：

1. 定作人承担完全的替代赔偿责任

定作人在定作、指示、选任方面存在过错，承揽人依照定作人的过错指示执行承揽事项，造成第三人或自身损害的，承揽人无论是否有过失，均由定作人承担完全的替代赔偿责任，并且无权向承揽人进行追偿。

2. 承揽人单独承担责任

如果定作人在定作、指示、选任方面并无过错，而是承揽人在执行承揽事项时自身的过错，造成第三人或自身损害的，由承揽人独自承担责任，定作人无须承担责任。

案例中，张公平一直接受某家电公司的指派，为其销售的空调提供入户安装服务，属于承揽合同。而某家电公司在了解张公平并无执业资格证的情况下，仍将空调安装工作交给其完成，在选任方面存在过错。因此某家电公司应当对张公平摔伤的后果承担相应的赔偿责任。同时，张公平本人无作业资质且不佩戴安全绳进行高空作业，直接导致事故的发生，其本身存在重大过失，对此事故负有主要责任。

3. 定作人与承揽人共同承担连带赔偿责任

虽然定作人在定作、指示、选任方面有过错，但承揽人在执行承揽事项过程中，存在故意或过失，定作人与承揽人构成共同侵权，不属于第1193条的适用范围，应当依照《民法典》关于共同侵权的规定，承担连带赔偿责任。

第三节　网络用户、网络服务提供者在网络上侵害他人权益——网络侵权责任

一、网络侵权责任的一般规定

【案例】 陈某和沙某均是某网络平台的认证用户，在转基因食品问题上立场不同。自2019年3月26日起，沙某多次在某网络平台上通过发布微头条、文章等方式评论陈某，发布的《你，才是最逻辑堪忧的》《厚颜无耻的重庆律师》等文章含有大量对陈某的侮辱性描述。2019年3月29日，陈某向重庆市潼南公证处申请了保全证据（网页）公证，保全内容为沙某于2019年3月26日

至2019年3月28日在某网络平台上针对陈某所发布的微头条、文章。2019年9月4日,陈某向重庆市潼南公证处申请了保全证据(网页)公证,保全内容为沙某于2019年6月19日至2019年7月24日针对陈某所发布的微头条、文章。陈某诉至法院。①

【问题】 该案如何处理?

(一) 网络侵权责任的概念和构成要件

1. 概念

网络侵权责任是指网络用户、网络服务提供者因过错在网络上侵害他人权益所应承担的责任。②《民法典》第1194条规定:"网络用户、网络服务提供者利用网络侵害他人民事权益的,应当承担侵权责任。法律另有规定的,依照其规定。"这是对网络侵权责任的一般规则的规定。

网络侵权责任的主体包括网络用户和网络服务提供者。网络用户是指在计算机终端通过网络获取信息或者向网络提供信息的用户。网络用户包括自然人用户,自然人用户通常指"网民";还包括法人用户,任何法人组织只要同时具备网上交易的能力和网上支付工具,能以法人的名义为自己的交易承担相应的法律责任,就可以参与网络活动。③

网络服务提供者并不是IT业中的一个专业术语,法律意义上的网络服务提供者既包括提供接入、缓存、信息存储空间、搜索

① 参见刘洋、周致余:《重庆宣判一起网络侵权责任纠纷案》,载《人民法院报》2020年6月4日。(有删减)

② 参见王利明:《侵权责任法研究(下卷)》,中国人民大学出版社2016年版,第113页。

③ 参见最高人民法院民法典贯彻实施工作领导小组主编:《中华人民共和国民法典侵权责任编理解与适用》,人民法院出版社2020年版,第261页。

以及链接等服务类型的技术服务提供者，也包括主动向网络用户提供内容的内容服务提供者。

2. 构成要件

根据侵权责任构成的一般原理，网络用户、网络服务提供者承担侵权责任，须满足以下要件：

(1) 网络用户和网络服务提供者利用网络实施了侵权行为。根据《民法典》第1194条的规定，网络用户和网络服务提供者实施了侵害他人民事权益的行为才承担侵权责任。网络用户和网络服务提供者利用网络实施侵权行为主要有以下几种情形：一是侵害人格权，包括侵害他人姓名权、名称权、名誉权、荣誉权、肖像权、隐私权等。二是侵害财产利益，如盗取他人电子银行的资金。三是侵害知识产权，包括侵害他人著作权、商标权和专利权等知识产权。

(2) 网络用户和网络服务提供者具有过错。即网络用户和网络服务提供者在利用网络侵害他人权益行为时，主观上具有故意或过失的心理态度。如网络用户和网络服务提供者采取诬蔑、捏造、诋毁等手段，损害某一品牌的形象。

(3) 他人民事权益受到损害。损害既可以表现为财产损害，也可以表现为非财产损害。如他人的隐私被泄露、名誉受损等。

(4) 网络用户和网络服务提供者的侵权行为与他人民事权益损害之间存在因果关系。侵权行为与损害之间的因果关系是侵权责任成立的必要条件，网络侵权责任也不能例外。

(二) 网络侵权责任的承担

1. 网络用户和网络服务提供者自己实施侵权行为的责任

《民法典》第1194条第1句规定的是网络用户和网络服务提供者自己责任的承担，即网络用户、网络服务提供者利用网络侵害他人民事权益的，是一般侵权行为，构成单独侵权责任，适用过错责任原则，应当自己承担侵权责任，而不是适用替代责任，也不适用《民法典》第1195条、第1196条、第1197条规定的避风港原则和红旗原则。因此，网络用户、网络服务提供者利用网络侵害他人民事权益的，应当承担完全赔偿责任。

2. 其他法律对网络用户和网络服务提供者利用网络侵害他人民事权益的规定

《民法典》第1194条第2句规定："法律另有规定的，依照其规定。"这里"法律另有规定"，是指其他法律对网络用户和网络服务提供者利用网络侵害他人民事权益承担民事责任的规定。如《消费者权益保护法》《电子商务法》对此类侵权行为的规定，就依照其规定确定侵权责任。

案例中，沙某在某网络平台上发布诋毁、贬损陈某人格的言论，主观上具有明显损害陈某人格的故意，客观上也造成了陈某在一定范围内名誉受损，根据《民法典》第1194条的规定，沙某应当就其相关的行为承担相应的法律后果，包括删除相关侵权言论、赔礼道歉、赔偿精神损害抚慰金以及证据保全的公证费用等。①

二、通知规则的规定

【案例】 腾讯诉称，2016年4月20日，腾讯新闻发布涉案作品《篮球产业陷入利益博弈泥潭　姚明与篮协撕破脸》一文，其公司经合法授权，已依法享有该作品独占性的著作权，但今日

① 参见刘洋、周致余：《重庆宣判一起网络侵权责任纠纷案》，载《人民法院报》2020年6月4日。（有删减）

头条未经其许可，便向公众提供了该涉案作品，其行为是对腾讯公司信息网络传播权的侵害。据此，腾讯请求法院判令今日头条立即停止该案作品的在线传播，此外，还要求今日头条赔偿经济损失 8 000 元及合理开支 2 000 元（合理开支包括律师费及公证费）。①

【问题】 该案如何处理？

通知规则也称为提示规则或者“通知—删除”规则，它是指在网络用户利用网络服务者提供的网络实施侵权行为时，在网络服务提供者知道侵权发生之前，只有在受害人通知网络服务提供者要求采取必要措施以后，网络服务提供者才有义务采取必要措施以避免损害的扩大。②通知规则来源于美国 1998 年制定的《数字千年版权法案》（简称 DMCA 法案）第 512 条确立的避风港原则，该原则规定在发生网络侵权行为时，如果网络服务提供商被告知侵权后及时删除侵权内容的，不构成侵权损害后果的连带责任。

《民法典》第 1195 条规定，“网络用户利用网络服务实施侵权行为的，权利人有权通知网络服务提供者采取删除、屏蔽、断开链接等必要措施。通知应当包括构成侵权的初步证据及权利人的真实身份信息”，“网络服务提供者接到通知后，应当及时将该通知转送相关网络用户，并根据构成侵权的初步证据和服务类型采取必要措施；未及时采取必要措施的，对损害的扩大部分与该网络用户承担连带责任”，“权利人因错误通知造成网络用户或者网

① 参见杨国华：《腾讯诉今日头条侵权案　法院一审驳回腾讯诉求》法制晚报·看法新闻，2017-08-08。

② 参见王利明：《侵权责任法研究（下卷）》，中国人民大学出版社 2016 年版，第 127 页。

络服务提供者损害的，应当承担侵权责任。法律另有规定的，依照其规定”。这是对网络侵权责任避风港原则中通知规则的规定。

网络侵权责任避风港原则中的通知规则比较复杂，主要包含以下几个方面：

(一) 权利人的通知权

第 1195 条第 1 款规定，网络用户在他人的网站发布信息后，权利人认为自己权益受到损害的，有权通知网络服务提供者，要求网络服务提供者对网络用户在其网站上发布的信息采取删除、屏蔽、断开链接等必要措施，从而消除侵权内容及影响，这就是权利人的通知权。因为依照避风港原则，网络服务提供者不负有对网络用户发布在其网站上的信息进行审查的义务。当权利人的权益受到损害时，采取的是通知规则。

权利人的通知应当包括构成侵权的初步证据及权利人的真实身份信息。即通知的内容包括两个方面：一是构成侵权的初步证据。没有证据不可以行使通知权，证据是通知的重要依据，如权利人的专利证书、商标权证书、诽谤、攻击性言辞等。二是权利人的真实身份信息。包括不限于权利人的姓名、年龄、性别、住址、电话邮箱等。没有这些必要内容的，通知无效。

(二) 网络服务提供者的义务

第 1195 条第 2 款前半句规定，网络服务提供者在接到权利人的通知后，要采取以下行动：一是应当及时将该通知转送相关网络用户；二是根据构成侵权的初步证据和服务类型采取必要措施。如果网络服务提供者采取上述两项行动的，就进入“避风港”，不承担侵权责任。

判断网络服务提供者是否“及时将该通知转送相关网络用户”，依照《最高人民法院关于审理利用信息网络侵害人身权益民事纠纷案件适用法律若干问题的规定》第6条的规定，认定网络服务提供者采取的删除、屏蔽、断开链接等必要措施是否及时，应当根据网络服务的类型和性质、有效通知的形式和准确程度、网络信息侵害权益的类型和程度等因素综合判断。这里的"必要措施"根据第1195条第1款的规定，包括删除、屏蔽、断开链接和其他停止侵害的必要措施。

（三）网络服务提供者的责任

第1195条第2款后半句规定，网络服务提供者接到通知后，未及时采取必要措施的，对损害的扩大部分与该网络用户承担连带责任。首先，在网络服务提供者未及时采取必要措施情况下，其仅仅对损害的扩大部分承担责任。所谓"扩大部分的损失"，是指网络服务提供者在接到被侵权人的通知后未采取必要措施而导致侵权后果进一步扩大的部分。①至于通知之前的损害，由实施侵权行为的网络用户单独承担责任，网络服务提供者无须承担任何责任。其次，对损害的扩大部分与该网络用户承担连带责任。网络服务提供者在接到通知后，没有及时采取必要措施导致侵权行为的扩大，那么就损害的扩大部分而言，网络服务提供者要与该网络用户承担连带责任。网络服务提供者在承担责任后可以向网络用户进行追偿。

案例中，法院查明涉案作品均系第三方上传，今日头条仅提供信息存储空间服务。并且腾讯公司在该案中没有证据证明今日头条知道或有合理理由知道涉案作品侵权，也没有证据证明其改变了涉案作品并从中获利，在今日头条及时删除涉案作品的情况下，其不应对涉案作品的传播行为承担赔偿责任。②

---

① 参见张新宝：《侵权责任法》，中国人民大学出版社2016年版，第166页。

② 参见杨国华：《腾讯诉今日头条侵权案　法院一审驳回腾讯诉求》，载《法制晚报·看法新闻》2017年8月8日。

(四) 权利人错误通知的法律后果

第1195条第3款规定,权利人因错误通知造成网络用户或者网络服务提供者损害的,应当承担侵权责任。法律另有规定的,依照其规定。即如果权利人错误通知后,网络服务提供者依照该通知采取了删除、屏蔽、断开链接等必要措施造成了网络用户或者网络服务提供者损害的,权利人要承担对网络用户或者网络服务提供者的侵权赔偿责任。同时,如果其他法律对这类法律责任有规定的,依照该规定进行。如《电子商务法》第42条第3款规定:"因通知错误造成平台内经营者损害的,依法承担民事责任。恶意发出错误通知,造成平台内经营者损失的,加倍承担赔偿责任。"

三、反通知规则的规定

【案例】 2019年3月15日,某淘宝网店被供货商投诉出售假冒商品。淘宝公司收到投诉后,通知网店,要求网店三个工作日内提供材料申诉。3月21日,淘宝公司认为网店超时未申诉,对网店作出立即删除商品等处罚。3月25日,网店向淘宝公司申诉,并提交进货发票。淘宝公司以发票购买方非网店经营者为由,认定申诉不成立。4月30日,供货商再次以售假为由向淘宝公司投诉网店。淘宝公司通知网店限期申诉。5月5日,网店申诉并提交网店购销合同书、发货单、发票。淘宝公司以购销合同不完整、发货单未盖章为由,要求网店补充提交材料。5月6日,淘宝公司对网店再次作出处罚。两次处罚后,淘宝公司于5月8日对网店实施在线商品不超过5件的措施,并于7月31日以售假为由罚没网店淘宝消保保证金2 500元。网店认为,淘宝公司的不当处罚导致网店排名大幅下降、网店浏览量大幅减少，销售额也因此大幅减少，故起诉要求供货商撤销对网店的投诉，淘宝公司撤销对网店的处罚，恢复网店商品销售链接，并与供货商连带赔偿网店经济损失120万元等。①

【问题】 该案如何处理?

为了保护网络用户的合法权益，《民法典》增加了反通知的规定。《民法典》第1196条规定，"网络用户接到转送的通知后，可以向网络服务提供者提交不存在侵权行为的声明。声明应当包括不存在侵权行为的初步证据及网络用户的真实身份信息"，"网络服务提供者接到声明后，应当将该声明转送发出通知的权利人，并告知其可以向有关部门投诉或者向人民法院提起诉讼。网络服务提供者在转送声明到达权利人后的合理期限内，未收到权利人已经投诉或者提起诉讼通知的，应当及时终止所采取的措施"。这是对避风港原则中的反通知规则的规定。反通知规则包括以下内容：

（一）网络用户具有反通知权

第1196条第1款规定，当网络服务提供者收到权利人的通知后，应及时将该通知转送给相关网络用户，网络用户在收到转送的通知后，可以行使反通知权。即向网络服务提供者提交不存在侵权行为的声明。

提交的反通知声明应当包括不存在侵权行为的初步证据和网络用户的真实身份信息。即反通知的内容包括两个方面：一是不存在侵权行为的初步证据，比如网络用户可以提供专利证书证

① 参见王长鹏、宋宁华：《全国首例电商平台涉反通知义务案二审宣判》，载《新民晚报》2021年1月19日。

明其享有相应的权利。二是网络用户的真实身份信息。包括不限于网络用户的姓名、年龄、性别、住址、电话邮箱等。不符合上述要求的反通知声明,不发生反通知的效果。

(二)网络服务提供者的义务

根据第1196条第2款的规定,网络服务提供者接到网络用户的反通知声明后,负有以下义务:一是应当将该声明转送发出通知的权利人,让权利人及时知道网络用户提出了抗辩;二是告知其可以向有关部门投诉或者向人民法院提起诉讼。三是及时终止所采取的措施。如果权利人在收到网络服务提供者的转送声明后,在合理期限内向有关部门投诉或者向人民法院提起诉讼的,网络服务提供者应当继续维持前面采取的必要措施,等待有关部门或者人民法院的指令。如果权利人在收到网络服务提供者的转送声明后,在合理期限内没有采取向有关部门投诉或者向人民法院提起诉讼,网络服务提供者应当及时终止所采取的删除、屏蔽或者断开链接等措施,恢复相关信息。

本案例中,供货商因工作疏忽发出错误通知,导致网店财产损害,理应承担主要责任。网店在两次投诉所涉经营中均有不当行为。如以低于合同允许价格销售等。淘宝公司在接到被投诉人适格的"不侵权声明"后,本应将其转发权利人,但淘宝公司仍以其不适格为由,不履行转送义务,更未及时终止相关措施,故其行为(不作为)具备违法性,应承担次要责任。法院依法判决供货商、淘宝公司和网店分别承担50%、30%和20%的责任,并判令淘宝公司限时恢复网店积分和保证金。①

---

① 参见王长鹏、宋宁华:《全国首例电商平台涉反通知义务案二审宣判》,载《新民晚报》2021年1月19日。

四、红旗原则的规定

【案例】 优酷信息技术(北京)有限公司(以下简称优酷公司)称,其享有影片《我不是药神》的独占性信息网络传播权。网站用户在上海宽娱数码科技有限公司(以下简称宽娱公司)的平台上将电影《我不是药神》的纯音频上传至"影视>影视剪辑"栏目中,并将标题编辑为"【1080P】 我不是药神 影视原声"。优酷公司认为宽娱公司未经许可,擅自提供涉案电影的全部影视原音的播放和下载服务,以侵害其享有的信息网络传播权为由诉至法院。①

【问题】 该案如何处理?

(一) 红旗原则的概念和构成条件

1. 概念

红旗原则,是指网络用户在网络服务提供者提供的网络上实施侵权行为,侵害他人的民事权益,非常明确(比喻为网络上的侵权行为"红旗飘飘"),网络服务提供者知道或者应当知道而不采取必要措施,即应承担侵权责任的规则。②

《民法典》第1197条规定:"网络服务提供者知道或者应当知道网络用户利用其网络服务侵害他人民事权益,未采取必要措施的,与该网络用户承担连带责任。"这是对红旗原则的规定。

2. 构成要件

(1) 网络用户在网络服务提供者的网站上实施侵害他人民事

---

① 参见郑蕊、王晨婷:《用户上传〈我不是药神〉纯音频B站被判帮助侵权》,中国经济网2020年6月30日。

② 参见杨立新:《侵权责任法》,法律出版社2021年版,第320页。

权益的行为。侵害他人民事权益的行为是网络用户实施的，而不是网络服务提供者单独或与他人实施的。

(2) 网络服务提供者知道或者应当知道网络用户利用其网络服务实施了侵害他人民事权益的行为。关于“知道或者应当知道”的认定，依据 2021 年施行的《最高人民法院关于审理利用信息网络侵害人身权益民事纠纷案件适用法律若干问题的规定》第 6 条的规定“人民法院依据民法典第一千一百九十七条认定网络服务提供者是否‘知道或者应当知道’，应当综合考虑下列因素：(一)网络服务提供者是否以人工或者自动方式对侵权网络信息以推荐、排名、选择、编辑、整理、修改等方式作出处理；(二)网络服务提供者应当具备的管理信息的能力，以及所提供服务的性质、方式及其引发侵权的可能性大小；(三)该网络信息侵害人身权益的类型及明显程度；(四)该网络信息的社会影响程度或者一定时间内的浏览量；(五)网络服务提供者采取预防侵权措施的技术可能性及其是否采取了相应的合理措施；(六)网络服务提供者是否针对同一网络用户的重复侵权行为或者同一侵权信息采取了相应的合理措施；(七)与本案相关的其他因素”。

(3) 网络用户实施的侵权行为的侵权性质明显，不必证明即可确认。红旗原则，又称为已知规则，即侵权事实是众所皆知、一目了然、不言而喻的，就像是红旗一样飘扬，非常明显。

(4) 网络服务提供者未采取必要措施。“必要措施”包括删除、屏蔽或者断开链接等。“未采取必要措施”一是指网络服务提供者采取的措施不及时，导致受害人损害事实的发生或扩大；二是指网络服务提供者没有采取合理的措施或者采取的措施不当导致了损害的扩大。并且网络服务提供者未采取必要措施与损害事实之间具有因果关系。

(二) 红旗原则的法律后果

《民法典》第 1197 条规定，网络服务提供者知道或者应当知道网络用户在自己的网站上实施侵害他人民事权益行为的，对该信息没有采取必要措施的，对被侵权人造成的损害，与该网络用户承担连带责任。《最高人民法院关于审理利用信息网络侵害人身权益民事纠纷案件适用法律若干问题的规定》第 11、12 条规定了网络侵权赔偿责任的规则，具体规定如下：

网络用户或者网络服务提供者侵害他人人身权益，造成财产损失或者严重精神损害，被侵权人依据民法典第一千一百八十二条和第一千一百八十三条的规定，请求其承担赔偿责任的，人民法院应予支持。

被侵权人为制止侵权行为所支付的合理开支，可以认定为民法典第一千一百八十二条规定的财产损失。合理开支包括被侵权人或者委托代理人对侵权行为进行调查、取证的合理费用。人民法院根据当事人的请求和具体案情，可以将符合国家有关部门规定的律师费用计算在赔偿范围内。被侵权人因人身权益受侵害造成的财产损失以及侵权人因此获得的利益难以确定的，人民法院可以根据具体案情在 50 万元以下的范围内确定赔偿数额。

本案中，涉案音频系具有极高知名度的涉案电影的完整原声，且上传时间在涉案电影经院线上映后还未正式登录优酷网之前，正值涉案电影的热播期。因此，被告应当知晓涉案音频为未经许可提供。涉案音频时长近两小时，不仅标题中包含涉案电影的完整名称，而且位于涉案电影名称搜索结果的第一位。被告应当能知晓涉案音频在其网站传播，未尽到相应注意义务。法院一审判决宽娱公司和网络用户构成帮助侵权，赔偿优酷公司经济损失 60 000 元和合理开支 5 000 元。[1]

第四节　经营场所、公共场所的经营者、管理者或者群众性活动的组织者——违反安全保障义务的责任

一、违反安全保障义务责任的概念和特征

【案例】 张公平在某休闲浴场洗浴后，准备到更衣区进行更衣时，因洗浴区域与更衣区域的地面存在高低落差，而张公平没有看清不小心跌倒。双方因赔偿问题产生分歧，张公平诉至法院。

【问题】 该案如何处理？

(一) 概念

违反安全保障义务的侵权责任，是指依照法律规定或者约定对他人负有安全保障义务的人违反该义务，因而直接或者间接地造成他人人身或者财产权益损害，应当承担损害赔偿责任的特殊侵权责任。[2]我国《民法典》第 1198 条规定，"宾馆、商场、银行、车站、机场、体育场馆、娱乐场所等经营场所、公共场所的经营者、管理者或者群众性活动的组织者，未尽到安全保障义务，造成他人损害的，应当承担侵权责任"，"因第三人的行为造成他人损害的，由第三人承担侵权责任；经营者、管理者或者组织者未尽到安全保障义务的，承担相应的补充责任。经营者、管理者或者组织者

---

① 参见郑蕊、王晨婷：《用户上传〈我不是药神〉纯音频 B 站被判帮助侵权》，中国经济网 2020 年 6 月 30 日。

② 参见杨立新：《侵权责任法》，法律出版社 2021 年版，第 322 页。

承担补充责任后，可以向第三人追偿”。这是对违反安全保障义务责任的规定。

（二）特征

违反安全保障义务责任具有以下特征：

1. 是不作为侵权责任

所谓不作为侵权，是指因违反作为义务造成他人损害，应承担的过错责任。在此种不作为的侵权中，加害作为就体现在责任人员有作为的义务而没有作为。[①]负有安全保障义务的人违反积极的作为义务，采取消极不作为的方式，造成他人损害，是典型的不作为侵权责任。

案例中，某休闲浴场作为经营场所，其经营场地和服务设施等必须保证消费者的人身和财产安全，理应为张公平提供一个安全的洗浴环境。但该休闲浴场在洗浴区域与更衣区域的地面不平的情况下，没有任何警告提示导致张公平跌倒，因此法院判定该休闲浴场未尽到安全保障义务，必须承担对张公平的侵权责任。

2. 责任主体具有特定性

根据第1198条的规定，安全保障义务只适用于特定主体。安全保障义务责任采用不完全列举的方法，定义了安全保障义务的义务主体，除了条文列举的宾馆、商场、银行、车站、机场、体育场馆、娱乐场所外，网吧、酒吧等一切经营活动的经营者、管理者和群众性活动的组织者都负有安全保障义务，因此，安全保障义务具有责任主体特定性的特征。

3. 是特殊的侵权责任

安全保障义务责任之所以是特殊侵权，是因为责任范围的特

---

① 参见张新宝：《侵权责任法原理》，中国人民大学出版社2005年版，第286页。

殊性。在有直接侵权的第三人的情况下，安全保障义务责任人只承担补充责任。

4. 责任人只对自己的行为负责

在安全保障义务责任中，无论是否存在直接侵权的第三人，安全保障义务责任人只对自己的不作为行为负责，而不是为直接侵权的第三人的行为负责。

二、违反安全保障义务侵权责任的主体及安全保障义务的来源

【案例】 张公平携带大量现金在银行办理存款。当张公平站在柜台前准备存款时，一陌生男子越过"一米线"站在张公平的身后，银行值班保安人员并未注意和制止，当张公平从口袋里掏出现金时，被身后的男子持刀抢走现金，张公平左臂受伤，歹徒逃离现场。张公平要求银行赔偿但遭到拒绝。张公平诉至法院。

【问题】 该案如何处理？

（一）安全保障义务责任的主体

1. 义务主体

第1198条明确规定负有保障他人安全的义务人包括以下两类：一是宾馆、商场、银行、车站、机场、体育场馆、娱乐场所等经营场所、公共场所的经营者、管理者。经营场所是指以公众为对象进行商业性经营的场所，如餐馆、茶馆、旅店等都属于经营场所。公共场所是指面向公众提供服务的场所，如公园、体育馆、码头等都属于公共场所。二是群众性活动的组织者。群众性活动是

指法人或者其他组织面向社会公众举办的参加人数较多的活动，[①]如大型体育比赛活动、文艺汇演、美术展览、招聘会、灯会等活动。

2. 权利主体

权利主体是受法律特殊保护的主体。第1198条没有明确规定安全保障义务保护对象的范围，没有将具体的范围以列举的方式给出，仅规定为"他人"，在具体实践中要根据具体情况来判断。在司法实务中，可以根据实际情况，把"他人"分为受邀请者、公共人、访问者和未成年人。[②]

（二）义务的来源

安全保障义务的来源主要分为三种：

1. 法律的直接规定

这是安全保障义务最直接的来源。法律既包括法律法规，也包括部门规章和地方规章。例如，《消费者权益保护法》第18条规定："经营者应当保证其提供的商品或者服务符合保障人身、财产安全的要求。对可能危及人身、财产安全的商品和服务，应当向消费者作出真实的说明和明确的警示，并说明和标明正确使用商品或者接受服务的方法以及防止危害发生的方法。"此外，一些行政法规对相关经营场所、公共场所的安全保障义务也有相关规定。如《娱乐场所管理条例》第20条规定："娱乐场所的法定代表人或者主要负责人应当对娱乐场所的消防安全和其他安全负责。"《物业管理条例》第35条规定："物业服务企业未能履行物业服务合同的约定，导致业主人身、财产安全受到损害的，应当依法承担相应的法律责任。"

---

① 参见江必新：《民法典重点修改及新条文解读（下册）》，中国法制出版社2020年版，第1016页。

② 参见杨立新：《侵权责任法》，法律出版社2021年版，第324页。

2. 行业标准

在法律法规没有明确规定的情况下，安全保障义务应当达到同类经营者或者其他社会活动组织者所应当达到的通常注意义务。①行业标准能够弥补法律规定的不足。如银行一米线已经成为行业标准。如果银行没有采用这一措施，就被认定是未尽必要的安全保障义务。银行的营业厅是经营场所，银行必须依照法律法规以及相关规章的规定，在营业厅内采取必要的安全防范措施，如设置“一米线”、有保安人员等，为客户的人身及财产安全提供保障。但案例中歹徒越过“一米线”时，保安人员并没有注意和制止，因此银行对于张公平的损失具有一定的过错，违反了安全保障义务，应该承担民事责任。

3. 合同约定

合同约定的义务来源于当事人之间基于双方的合意而产生的义务，而不是来源于法律的直接规定。如果双方当事人在合同中约定，一方当事人对另一方当事人有安全保障义务，那么该方就应该保障另一方的安全。比如旅客运输合同，运输单位就基于运输合同的约定承担起保障旅客的人身安全的义务。

三、违反安全保障义务侵权责任的构成要件

【案例】 原告张公平与朋友在被告某酒店用餐时，结账时因付款方式与酒店工作人员发生纠纷。正当张公平在酒店门口准备驾车离开时，遭到一群不明身份人的追打。张公平赶紧返回酒

① 参见眭鸿明等:《经营者的安全保障义务之探析》，载李飞坤、李力主编:《参考案例研究(民事类第一辑)》，中国法制出版社 2009 年版，第 24 页。

店大厅，其朋友劝架时，同样遭到一顿暴打，但酒店工作人员及保安无动于衷。张公平受伤入院治疗，共花去医疗费万余元。不明身份人下落不明，张公平与酒店协商未果，张公平遂提起诉讼。

【问题】 该案如何处理？

根据《民法典》第1198条规定，安全保障义务主体责任类型有两种：一是义务主体因违反安全保障义务造成他人损害应承担的直接责任；二是义务主体未尽安全保障义务造成他人损害应承担的补充责任。据此，违反安全保障义务侵权责任的构成要件也分为两种类型：

（一）义务主体因违反安全保障义务造成他人损害应承担直接责任的构成要件

1. 负有安全保障义务的主体实施了违反安全保障义务的行为

义务主体的行为之所以要承担侵权责任，是因为义务主体没有尽到安全保障义务，这是一个客观要件。违反安全保障义务的行为往往表现为消极行为，即不作为。不作为主要是以下几种行为：一是怠于防止侵害行为。二是怠于消除人为危险行为。三是怠于消除经营场所或者活动场所具有伤害性的自然情况。四是怠于实施告知行为。①

2. 安全保障义务的权利人受到损害

违反安全保障义务侵权责任的构成，必须具备损害事实。义务主体违反法律规定或者约定的安全保障义务，造成他人损害，损害既可以是人身损害，也可以是财产损害。权利人必须受到人身或财产损害，才能主张安全保障义务主体给予损害赔偿。

① 参见杨立新：《侵权责任法案例教程》，知识产权出版社2021年版，第180页。

3. 损害事实与违反安全保障义务行为之间具有因果关系

构成直接责任的因果关系是要求违反安全保障义务的行为就是引起权利人损害事实的直接原因。

4. 违反安全保障义务行为的义务主体具有过错

构成安全保障义务侵权责任的主观条件是要求义务主体应当具有过错。如果义务主体已经尽到了合理范围内的安全保障义务，主观上不具有过错，则不需要承担侵权责任。

(二) 安全义务主体未尽安全保障义务造成他人损害应承担补充责任的构成要件

1. 第三人实施了侵权行为

与直接责任不同的是，补充责任的加害行为是第三人实施的，这是损害结果发生的直接原因。安全保障义务主体未尽到安全保障义务，是损害结果发生的间接原因。

2. 安全保障义务主体未尽防范或者制止行为

虽然第三人的侵权行为致使在经营场所、公共场所或群众性活动中的消费者、参与者受到损害，但在侵权行为中安全保障义务主体是不作为的，如没有采取防范措施、没有制止第三人的加害行为以及没有采取必要措施以防止损害后果的进一步扩大，所以认定安全保障义务主体未尽到安全保障义务。

3. 安全保障义务主体的未尽到安全保障义务与损害结果的发生具有因果关系

第三人的侵权行为是损害结果发生的直接原因，安全保障义务主体的未尽到安全保障义务是损害结果发生的间接原因。因此安全保障义务主体的未尽到安全保障义务与损害结果的发生之间建立起了间接的因果关系。

案例中，张公平在酒店就餐时，双方就形成了消费合同关系，酒店作为经营者有义务保障其经营场所内的消费者人身、财产安全。而张公平在酒店公共经营场所被人追打时，酒店工作人员和保安均没有采取有效措施制止不明身份人的侵权行为，导致张公平受伤这一损害结果的发生。因此酒店违反了安全保障义务，并应对其不作为造成的后果承担相应的法律责任。

四、违反安全保障义务侵权责任的承担

【案例】 梁一思为一大型商城某酒店服务员，该酒店举办婚宴会后没有及时处理婚礼现场的氢气球。梁一思下班时与酒店厨师张公平乘坐同一部电梯下楼。张公平将大量氢气球带入电梯，为了抽烟其在电梯内点燃香烟，致使氢气球发生爆炸，将梁一思炸伤。梁一思将张公平、酒店和酒店所在的某大型商城诉至法院。

【问题】 该案如何处理？

违反安全保障义务侵权责任的承担，可以分为以下两种情形：

（一）直接责任

《民法典》第1198条第1款规定的责任就是违反安全保障义务主体的直接责任，又称自己责任。即安全保障义务主体对自己实施的行为造成他人人身损害和财产损害的后果由自己直接承担的侵权责任形态。这种情况损害结果的发生是在没有第三人介入的情况下，直接加害人就是安全保障义务人，那么就由安全保障义务主体自己承担全部侵权责任。这是因为对发生损害的潜在危险，在没有第三人介入的情况下，经营者、管理者或组织者本应能够合理避免的，但是没有采取合理的防范措施导致损害结果的发生。如某商场地面施工时没有挂警示牌，导致顾客受伤。

(二)补充责任

《民法典》第1198条第2款规定的责任就是违反安全保障义务主体的补充责任。补充责任的基本规则如下:

(1)因第三人的行为造成他人损害的,由第三人单独承担侵权责任。被侵权人的损害是由第三人的加害所导致的,而安全保障义务主体不存在安全保障方面过错的,则构成第三人单独侵权,安全保障义务主体不承担责任。因此,被侵权人应当向第三人即侵权行为人请求赔偿,第三人应当承担侵权责任。

(2)经营者、管理者或者组织者未尽到安全保障义务的,承担相应的补充责任。即被侵权人的损害虽然是由于第三人的加害所导致的,但安全保障义务主体也存在着过错,如没有采取防范或制止行为等安全保障措施的,按照其过错程度和原因力大小,承担相应的补充赔偿责任。

(3)经营者、管理者或者组织者承担补充责任后,可以向第三人追偿。即经营者、管理者或者组织者承担补充责任后,有权要求第三人承担自己承担补充责任后的损失。

(4)第三人的侵权责任和安全保障义务主体的补充责任是有先后顺序的。第三人的侵权责任是第一顺序侵权责任,安全保障义务主体侵权是第二顺序侵权责任。换言之,被侵权人只有在无法查找到第三人或者第三人无法赔偿的情况下,才可以向安全保障义务主体请求损害赔偿。如果第三人已经承担了全部赔偿责任,安全保障义务主体无须再承担责任。

(5)补充责任的赔偿是有上限的。安全保障义务主体只承担相应的责任,不能超出其相应责任的范围。

案例中,张公平在电梯内点燃香烟是导致氢气球爆炸的直接原因,张公平的行为是直接的侵权行为,对梁一思的损害后果应当承担侵权责任。酒店在婚宴后没有及时处理易燃易爆的氢气球，导致事故的发生，因此酒店也具有过错。大型商场作为经营者，在张公平将氢气球带入电梯时，理应加以制止，但该商场并没有采取任何安全措施。因此法院认定该商场未尽安全保障义务，承担补充赔偿责任。

第五节　教育机构未尽到相应的教育管理职责——教育机构的责任

一、教育机构责任的概念和特征

【案例】　放学后，4 岁的张公平在某幼儿园滑滑梯上玩耍，因闭园时间已到，老师催促其离开。张公平从滑滑梯跑向幼儿园大门时，被堆放在大门口的施工垃圾（当时大门口正进行施工，现场未设置警戒线和告示牌）绊倒，导致其右腿摔伤骨折。张公平父母数次与幼儿园协商未果，无奈代为诉至法院。

【问题】　该案如何处理？

（一）概念

《民法典》第 1199、1200、1201 条规定的是教育机构的责任。所谓教育机构的责任，是指无民事行为能力人和限制民事行为能力人在幼儿园、学校等教育机构学习、生活期间，因教育机构未尽到相应的教育管理职责，导致其遭受人身损害或者致他人损害时，教育机构所应当承担的赔偿责任。①

① 参见王利明：《侵权责任法研究（下卷）》，中国人民大学出版社 2016 年版，第 181 页。

根据《幼儿园工作规程》第2条规定，幼儿园是对3周岁以上学龄前幼儿实施保育和教育的机构。该条规定的幼儿园包括政府、企事业单位、公办高校及特殊行业所办的幼儿园，也包括个人依法开办的私立幼儿园。学校是有计划、有组织地进行系统的教育的组织机构。学校包括国家或者社会力量举办的各类中小学、各类中等职业学校、特殊教育学校、高等学校。但该条规定的学校原则上不包括高等学校。在高等学校发生的校园伤害事故，依照《民法典》第1165条等一般性规定处理。其他教育机构，是指幼儿园、学校以外的传授文化知识和技能的教育单位。比如，技能培训班、课外补习班、兴趣班等。①一般不包括家庭教师、私人教练等。

教育机构的教育职责可解释为，加强对学生的安全教育与自我保护意识的教育。②如对诸如运动会等具有风险的活动向学生做好提示和说明。教育机构的管理职责，是指教育机构对与无民事行为能力人或者限制民事行为能力人的人身安全有关的事务依法应尽到的妥善管理的职责。③如学校的安保制度、场所设施等。

（二）特征

教育机构责任具有如下特征：

1. 责任主体具有特殊性

教育机构责任的主体是幼儿园、学校或者其他教育机构。主

---

① 参见最高人民法院民法典贯彻实施工作领导小组主编：《中华人民共和国民法典侵权责任编理解与适用》，人民法院出版社2020年版，第297页。

② 参见任海涛、刘扬：《民法典颁布一周年：校园安全管理再认识》，中国教育报2021年6月16日。

③ 参见最高人民法院民法典贯彻实施工作领导小组主编：《中华人民共和国民法典侵权责任编理解与适用》，人民法院出版社2020年版，第299页。

体在性质上具有公益性，教育机构主要是承担社会教育职责，尽管民办教育机构有盈利性质，但从其对未成年人的教育而言，仍具有公益性。公益性的特点决定了不宜让教育机构就学生损害承担过重的责任。①

2. 保护对象具有特殊性

教育机构责任的保护对象是在幼儿园、学校或者其他教育机构学习、生活的无民事行为能力人和限制民事行为能力人。具体来说，第一，保护对象必须是无民事行为能力人和限制民事行为能力人的未成年人。不包括完全民事行为能力人，即成年人和成年的精神病人均不包括在内。第二，保护对象必须是在幼儿园、学校或者其他教育机构学习、生活的无民事行为能力人和限制民事行为能力人。如果已经毕业或辍学、开除等离开幼儿园、学校或者其他教育机构的学生，不属于保护对象。

3. 赔偿责任是对人身损害的赔偿

《民法典》第1199、2100、2101条明确规定，教育机构的责任只限于人身损害赔偿，不包括财产损害赔偿。这是由于近年来校园事故频发，学生的人身安全成为全社会关注的重点。

4. 教育机构责任对无民事行为能力人和限制民事行为能力人遭受人身损害承担责任

不包括无民事行为能力人和限制民事行为能力人致人损害的赔偿责任。在教育机构责任中，无民事行为能力人和限制民事行为能力人是保护主体而不是加害主体，即使是在无民事行为能力人和限制民事行为能力人之间的伤害，教育机构也不对无民事行为能力人和限制民事行为能力人的加害行为负责。

---

① 参见张新宝：《侵权责任法原理》，中国人民大学出版社2005年版，第314页。

案例中,4岁的张公平是无民事行为能力人,其受伤是在其尚未离开幼儿园时受到的伤害。根据《民法典》规定,只要幼儿园不能证明自身无过错的,就必须对张公平的人身损害承担侵权责任。

二、无民事行为能力人受到人身损害的教育机构的责任

【案例】 7岁的张公平与董敏法同为某小学一年级学生。体育课上,因老师在指导其他学生训练。张公平与董敏法在操场边自由活动时(该区域没有老师管理),张公平推倒了董敏法,使其牙齿受伤,董敏法父母支付了数万元医疗费。双方因医疗费等协商未果,董敏法父母代其诉至法院,要求某小学、张公平及其监护人赔偿。

【问题】 该案如何处理?

《民法典》第1199条规定:"无民事行为能力人在幼儿园、学校或者其他教育机构学习、生活期间受到人身损害的,幼儿园、学校或者其他教育机构应当承担侵权责任;但是,能够证明尽到教育、管理职责的,不承担侵权责任。"这是对无民事行为能力人受到人身损害时,幼儿园、学校或者其他教育机构适用过错推定责任的规定。该条中的无民事行为能力人为不满8周岁的未成年人,不包括不能辨认自己行为的精神病人。

(一) 过错推定责任规则

第1199条规定了无民事行为能力人在幼儿园、学校或者其他教育机构学习、生活时发生的损害,采取过错推定责任。只要无民事行为能力人受到损害,即推定教育机构未尽到教育、管理

职责。之所以适用过错推定责任是因为无民事行为能力人心智发育不成熟，对周边事物的认知不具备相应的识别能力，更不能预见自身行为所带来的后果，并且要举证教育机构的过错几乎是不可能的，因此适用过错推定责任有利于保护无民事行为能力人的身心健康。

如果教育机构能够证明自己已经尽到教育、管理职责的，不承担侵权责任。例如某一学生行为具有危险性，学校和教师已经多次对其进行劝告、制止，但该学生不听劝告、屡教不改的；再如学生患有某种特定疾病，但对学校进行隐瞒等。

（二）教育机构承担侵权责任的构成要件

1. 无民事行为能力人在教育机构受到人身损害

无民事行为能力人在幼儿园、学校或者其他教育机构学习、生活期间遭受人身伤害的损害事实，是构成教育机构承担侵权责任的必要条件。损害事实主要是指无民事行为能力人的人身伤害和死亡以及由此产生的财产性损失，包括医疗费、伙食费、护理费、交通费、住宿费、营养费、残疾用具费、丧葬费等费用。

2. 教育机构有违法行为

根据第 1199 条规定，教育机构未尽到教育、管理职责的，应当承担责任。确定教育机构是否尽到教育、管理职责，一是应当以法律、法规和规章等对教育机构的教育、管理职责的规定为依据。如《未成年人保护法》《义务教育法》《幼儿园管理条例》《学生伤害事故处理办法》等。《学生伤害事故处理办法》第 9 条规定："因下列情形之一造成的学生伤害事故，学校应当依法承担相应的责任：（一）学校的校舍、场地、其他公共设施，以及学校提供给学生使用的学具、教育教学和生活设施、设备不符合国家规定的标准，或者有明显不安全因素的；（二）学校的安全保卫、消防、设施设备管理等安全管理制度有明显疏漏，或者管理混乱，存在重大安全隐患，而未及时采取措施的；(三)学校向学生提供的药品、食品、饮用水等不符合国家或者行业的有关标准、要求的；(四)学校组织学生参加教育教学活动或者校外活动，未对学生进行相应的安全教育，并未在可预见的范围内采取必要的安全措施的；(五)学校知道教师或者其他工作人员患有不适宜担任教育教学工作的疾病，但未采取必要措施的；(六)学校违反有关规定，组织或者安排未成年学生从事不宜未成年人参加的劳动、体育运动或者其他活动的；(七)学生有特异体质或者特定疾病，不宜参加某种教育教学活动，学校知道或者应当知道，但未予以必要的注意的；(八)学生在校期间突发疾病或者受到伤害，学校发现，但未根据实际情况及时采取相应措施，导致不良后果加重的；(九)学校教师或者其他工作人员体罚或者变相体罚学生，或者在履行职责过程中违反工作要求、操作规程、职业道德或者其他有关规定的；(十)学校教师或者其他工作人员在负有组织、管理未成年学生的职责期间，发现学生行为具有危险性，但未进行必要的管理、告诫或者制止的；(十一)对未成年学生擅自离校等与学生人身安全直接相关的信息，学校发现或者知道，但未及时告知未成年学生的监护人，导致未成年学生因脱离监护人的保护而发生伤害的；(十二)学校有未依法履行职责的其他情形的。”该条规定了学校责任事故的主要情形包括以上 12 种，在实践中可以参照这些规定。二是在没有法律、法规和规章的情况下，应当以善良管理人的标准来确定其教育、管理职责(即注意义务)。[①]出现学生发生意外时，学校有没有及时救助。如果没有及时救助导致学生发生人身

---

① 参见王利明：《侵权责任法研究(下卷)》，中国人民大学出版社 2016 年版，第 197 页。

伤害的，学校要承担相应的侵权责任。

3. 教育机构的违法行为与损害事实之间具有因果关系

受害人必须是在教育机构学习、生活期间因教育机构未尽到教育、管理职责而遭受人身损害。受害人的损害与教育机构没有尽到教育、管理职责具有因果关系。学习、生活期间不仅指教育机构正常教学期间，也包括组织校外活动期间。《学生伤害事故处理办法》第13条规定："下列情形下发生的造成学生人身损害后果的事故，学校行为并无不当的，不承担事故责任；事故责任应当按有关法律法规或者其他有关规定认定：(一)在学生自行上学、放学、返校、离校途中发生的；(二)在学生自行外出或者擅自离校期间发生的；(三)在放学后、节假日或者假期等学校工作时间以外，学生自行滞留学校或者自行到校发生的；(四)其他在学校管理职责范围外发生的。"

4. 教育机构存在过错

教育机构主观上的过错是其承担侵权责任的必要条件之一。确认教育机构是否有过错，一是看教育机构对无民事行为能力人是否具有教育、管理的义务。二是看教育机构对无民事行为能力人是否履行了教育、管理的义务。三是看教育机构对无民事行为能力人是否尽到教育、管理的义务。

案例中，张公平与董敏法均为无民事行为能力人，张公平与董敏法活动的区域没有老师直接管理，推定某小学存在过错。但体育课上教师无任何离岗行为，只是在指导其他学生进行训练。法院根据案发时的录像光盘，认为某小学尽到了部分教育、管理职责，应在一定限度内免除责任。因此，法院判决某小学对董敏法的损害承担80%的责任，张公平及其监护人承担20%的责任。

三、限制民事行为能力人受到人身损害的教育机构的责任

【案例】 汪某为江苏省南京市某学校在读五年级学生，周某之子事发时亦系该校三年级学生。该学校提供的2013年3月14日10时59分至12时16分的操场视频显示：汪某在操场上活动；11时35分34秒，包括周某之子在内的4个学生做老鹰抓小鸡游戏时摔倒自行爬起；11时41分，几个学生玩游戏时再次摔倒，有五六个学生围观并有互相推搡行为；11时42分28秒，汪某亦走近前去看热闹，后步行至视频可见范围外；约11时42分37秒时，汪某用左手捂着右胳膊肘从上述学生群里往外走，重新回到视频可见范围内；此后，汪某一直捂着右胳膊肘继续在操场上来回走动；11时45分，汪某先是捂着右胳膊后垂耷着右臂向其教室方向走去；12时15分，汪某的父母在接到该学校的电话后来到学校。汪某之父要求该学校派员陪同就医，校方未予同意，让其自行就医。汪某父母遂自行送汪某前往医院就诊治疗，经诊断为右尺桡骨骨折，共计花去医疗费21 678.41元。汪某诉至法院，请求判令被告周某支付其医疗费等各项损失合计31 498.41元；被告某学校对上述损失承担补充赔偿责任。①

【问题】 该案如何处理？

《民法典》第1200条规定："限制民事行为能力人在学校或者其他教育机构学习、生活期间受到人身损害，学校或者其他教育机构未尽到教育、管理职责的，应当承担侵权责任。"这是对限制

① 参见《学生利益保护与维护教育管理的平衡——江苏南京中院判决汪某诉周某人身损害赔偿纠纷案》，载《人民法院报》2014年9月4日。

民事行为能力人受到人身损害时，幼儿园、学校或者其他教育机构适用过错责任的规定。

确定限制民事行为能力人受到人身损害的教育机构责任的具体规则如下：

(1) 受害人必须是限制民事行为能力人。限制民事行为能力人为 8 周岁以上、不满 18 周岁的未成年人以及不能完全辨认自己行为的成年人。但年满 16 周岁以上的未成年人，以自己的劳动收入为主要生活来源的，视为完全民事行为能力人。第 1200 条中的限制民事行为能力人主要是 8 周岁以上、不满 18 周岁的在校学生。

(2) 教育机构损害责任适用过错责任。即对于限制民事行为能力人在学校或教育机构学习、生活期间受到人身损害的，确定教育机构的责任，实行过错责任原则。如果教育机构有过错，承担赔偿责任；没有过错，不承担赔偿责任。但是对于教育机构存在过错的举证责任由受害人即限制民事行为能力人承担。之所以这样规定，是由于限制民事行为人的心智渐渐成熟，对事物的认知具有一定的识别能力，一定程度上能够理解行为的性质和后果，有证明教育机构主体过错的能力。如果采用过错推定原则，教育机构为避免限制民事行为人的人身损害，会减少体育课、活动会、课外活动等，这不利于学生的素质发展。

(3) 限制民事行为能力人受到人身损害的教育机构的责任同样必须具备以下构成要件：一是限制民事行为能力人在学校或教育机构学习、生活期间受到人身损害。二是教育机构存在违法行为，即未尽到教育、管理职责。三是教育机构存在着主观上的过错。四是限制民事行为能力人所受人身损害与教育机构的未尽到教育、管理职责具有因果关系。

在本案中，现有证据只能证实汪某在校期间受伤，而无法证明其受伤系包括周某之子在内的4个学生所致,故对原告汪某主张的周某作为直接侵权人之一的监护人承担全部连带赔偿责任的诉讼请求,不予支持。限制民事行为能力人在学校学习、生活期间受到人身损害,学校未尽到教育、管理职责的,应当承担责任。汪某作为限制民事行为能力人,故意前往已经发生肢体碰擦的人群密集区,对于发生意外伤害的风险性应有一定的认知和预见,故汪某对损害的发生亦有一定过错。遂判决某学校赔偿汪某共计18 968.90元,驳回汪某对周某的诉讼请求。①

四、第三人在教育机构造成人身损害的教育机构侵权的责任

【案例】 张公平是某中学初三学生,午餐后像往常一样去操场散步。在操场拐弯时,被一辆在校园内快速行驶的渣土车撞伤。老师随即把张公平送往医院,并通知其家长。事故原因是学校在维修操场,因赶工期,渣土车司机开车速度快。张公平家长认为孩子的受伤是由于学校缺乏必要的安全防范措施,要求学校赔偿。学校认为是施工单位造成的,学校不应该赔偿。

【问题】 谁应该承担责任呢?

《民法典》第1201条规定:"无民事行为能力人或者限制民事行为能力人在幼儿园、学校或者其他教育机构学习、生活期间,受到幼儿园、学校或者其他教育机构以外的第三人人身损害的,由第三人承担侵权责任;幼儿园、学校或者其他教育机构未尽到管

---

① 参见《学生利益保护与维护教育管理的平衡——江苏南京中院判决汪某诉周某人身损害赔偿纠纷案》,载《人民法院报》2014年9月4日。

理职责的，承担相应的补充责任。幼儿园、学校或者其他教育机构承担补充责任后，可以向第三人追偿。”这是对第三人侵权情况下教育机构承担的补充责任及追偿权的规定。

（一）教育机构承担补充责任的构成要件

教育机构的侵权责任除了具备学生伤害事故责任的构成要件之外，还必须具备以下几个要件：

（1）教育机构以外的第三人实施的侵权行为。教育机构以外的第三人，一是不包括教育机构的工作人员，如教职工、后勤人员。二是不包括在教育机构学习、生活的无民事行为能力人或限制民事行为能力人。

（2）无民事行为能力人或限制民事行为能力人受到的人身损害是发生在教育机构学习、生活期间。

（3）教育机构未尽到管理职责。教育机构有采取措施保障第三人无法伤害无民事行为能力人或限制民事行为能力人的义务，如配备学校保安、安装监控、及时报警等。

（4）教育机构的过错与无民事行为能力人或限制民事行为能力人受到的损害具有因果关系。表现为教育机构的过错导致了第三人对无民事行为能力人或限制民事行为能力人的加害行为。

（二）补充责任的具体规则

第三人在幼儿园、学校或者其他教育机构实施的侵权行为，使无民事行为能力人或限制民事行为能力人受到损害的，根据自己责任原则，由第三人承担侵权责任，承担损害赔偿责任。

在第三人实施侵权行为时，教育机构有过错的，教育机构应当承担相应的补充责任。即当第三人没有赔偿能力或下落不明时，由教育机构承担补充责任，这里的补充责任是第二顺位的替代责任。如果第三人已经承担侵权责任，则教育机构无须承担补充责任。教育机构的补充责任不是无限补充赔偿责任，其责任要根据其过错程度确定。

教育机构承担补充责任后，可以向第三人追偿。这是因为第三人才是直接的侵权人，因此教育机构承担补充责任后，可以向第三人追偿。

本案中，渣土车司机作为施工单位的员工，在执行职务中因为过错，造成学生伤害事故，应该由其用人单位承担主要的侵权责任。根据《民法典》第1201条的规定，当渣土车司机在校园内快速行驶时，学校管理人员没有加以制止，可见学校没有尽到应尽的管理职责，从而造成学生的伤害。学校存在过错，应当承担相应的补充责任。

第六章　典型侵权责任(一)

第一节　产品的缺陷导致他人损害——产品责任

一、产品责任概述

【案例】 张公平定于2021年2月7日举办婚礼,2021年2月5日,张公平的大姐、二姐在李曼玉烟花专卖店合伙购买了东凤富贵好运烟花(东凤花炮厂生产)。2021年2月11日上午十一点半左右,张公平在自家大门前燃放东凤富贵好运烟花,张公平用打火机点燃引线,点火后还来不及后退,烟花就冲出爆炸,导致张公平右眼被炸伤、后脑头皮裂伤、右手拇指骨折等多处受伤。经法医鉴定:张公平右眼球破裂右眼球摘除术后,被评为七级伤残;重型颅脑损伤术后,为十级伤残。另查明李曼玉烟花专卖店系涉案烟花产品的零售商,涉案烟花系安仁宝树烟花有限公司从东凤花炮厂购买。涉案烟花系升空类烟花,但在燃放时点燃引线后就发生爆炸导致张公平全身多处受伤,根据烟花爆竹安全与质量国家标准(GB10631-2013)、烟花爆竹抽样检查规则国家标准(GB10632-2014)、烟花爆竹组合烟花国家标准(GB19593-2015)的相关规定，属于烟花燃放中的低炸、急炸现象，因此，涉案烟花产品存在缺陷。①

【问题】 本案中，张公平受到伤害需要追究谁的责任？该责任是一种什么性质的侵权责任？

（一）产品责任的概念

现代社会经济繁荣、人们在进入消费社会的同时，各种产品致害案件也层出不穷。“产品责任”即产品的缺陷导致他人损害，生产者、销售者等应依法承担的侵权责任，而并非产品质量不合格导致的合同责任。“缺陷”不是指质量瑕疵，而是指产品质量已经达到对人民生命和财产安全的危险程度。例如，汽车空调不制冷是瑕疵，汽车的刹车失灵就是质量缺陷。产品责任是在废除“无合同即无责任”这一传统的民法观念的艰难历程中逐渐发展起来的，其宗旨和目的是保护广大消费者的人身权和财产权，而不是个别人的债权，产品责任并非针对违反特定给付义务的违约行为，而是针对因违反一般法定义务生产、销售缺陷产品而危害消费者利益的侵权行为。因而，产品责任从实质上说是一种侵权责任。②

产品是指经过加工、制作，用于销售的物品。③产品主要是指动产，包括电力、热力和利用管道输送的油品、天然气等。这里的销售是从广义上来理解，指投入流通，即生产者基于自己的意思将产品交付他人使用，有偿无偿在所不问。④也将试用买卖、赠送

---

① 参见湖南省郴州市中级人民法院(2022)湘10民终726号民事判决书。(有改编)

② 参见马俊驹、余延满：《民法原论》，法律出版社2010年版，第1060页。

③ 参见《产品质量法》第2条第2款。

④ 参见杨代雄主编：《袖珍民法典评注》，中国民主与法制出版社2022年版，第1061页。

等行为视为销售行为。

某些物并不适用产品责任:(1)武器装备属于限制流通物,非为产品;(2)核设施,适用《民法典》第1237条相关规定;(3)废品;(4)信息产品不论其表现形式如何,都不属于统一产品责任的范围。①

(二)产品责任的特点

产品责任的特点主要体现在:第一,产品缺陷是产品责任的致损原因。如果是受害人不当使用产品造成损害,如易碎的玻璃制品被摔坏,扎伤了人,则不适用产品责任。第二,归责原则是无过错责任。不论生产者还是销售者是否存在过错,只要产品的缺陷造成损害,受害人都有产品责任的请求权。即使是因为物流仓储第三人的原因引发损害,仍然是生产者、销售者负责。第三,产品责任承担主体的多元化。责任主体是生产者和销售者,消费者既可以请求生产者承担责任,也可以请求销售者承担责任,但不能直接请求产品的仓储者、运输者等承担责任。第四,免责事由存在特殊性。产品责任与其他无过错责任相比,存在特殊的免责事由,如产品未投入流通、产品投入流通时缺陷尚不存在等。②案例中东风花炮厂生产的烟花燃放中的低炸、急炸现象,说明烟花产品存在缺陷。因产品存在缺陷造成他人人身损害的,受害人可以向产品的生产者要求赔偿,也可以向产品的销售者要求赔偿。该责任是产品责任,东风花炮厂作为缺陷产品的生产者应对张公平所受损害承担产品责任。

---

① 参见杨代雄主编:《袖珍民法典评注》,中国民主与法制出版社2022年版,第1062页。

② 参见王利明:《侵权责任法研究(下卷)》,中国人民大学出版社2016年版,第214—215页。

二、产品责任的构成要件和减免事由

【案例】 7月29日，云胜公司以3 865元的价格向千惠公司购买100加仑直饮水机一台及安装服务，后千惠公司为云胜公司在佛山市南海区桂城街道简平路12号天安南海数码新城6期1座三层的办公地方安装了上述直饮水机。10月22日，因上述直饮水机的滤芯外壳发生破裂，涌出大量的自来水，导致上述办公地址的67间房间处于泡水状态，办公地方墙面装修、木门及电脑、电梯损坏，导致经济损失156 909.79元。[①]

【问题】 云胜公司可以追究千惠公司的产品责任吗？

在我国，产品责任实行的是无过错责任，一般要求具备产品缺陷、损害法益和因果关系三项构成要件。

(一) 产品具有缺陷

产品缺陷是承担产品责任的基础和前提。产品缺陷是指产品存在危及人身、他人财产安全的不合理的危险或产品不符合产品本身之保障人体健康和人身、财产安全的国家标准、行业标准。[②]学界通说认为，只要产品存在危及人身、他人财产安全的不合理的危险，即使该产品符合相应的“国家标准、行业标准”也要承担产品责任。[③]据此，产品缺陷的具体含义是：

产品缺陷是一种不合理的危险，如炸药和刀具产品本身具有的合理危险，则不构成缺陷。产品缺陷和产品瑕疵两者区分标准

---

① 参见广东省佛山市中级人民法院(2021)粤06民终5551号民事判决书。

② 参见《产品质量法》第46条。

③ 参见杨立新主编：《中华人民共和国侵权责任法草案建议稿及说明》，法律出版社2007年版，第226页。

并不相同,产品缺陷重点关注产品的安全性,而产品瑕疵更关注产品的适用性。[①]产品缺陷所导致的责任是特殊侵权责任中的产品责任;产品瑕疵所产生的法律责任是违约责任。产品缺陷责任的主体为生产者和销售者,权利主体既包括产品的买受者,也包括其他因为使用产品而受到损害的人;产品瑕疵的责任主体是产品买卖合同的买受者。

产品缺陷的判断标准是依据《产品质量法》的规定,判断缺陷的标准分为"不合理危险"标准和"国家标准、行业标准"。对于有保障人体健康,人身、财产安全的国家标准、行业标准的产品类型,只要产品不符合上述标准就构成产品缺陷。

产品缺陷通常分为以下四种:(1)设计缺陷,即指因为设计环节的原因使得产品在结构设计、配方成分等方面存在不合理的危险。如小型锅炉设计存在缺陷,导致锅炉爆炸,致人受伤,生产者应担责。(2)制造缺陷,即指产品在制造环节中产生的不合理危险。如商品房屋的采用的钢材不达标导致房屋倒塌。(3)警示缺陷,指因生产者没有对产品的危险性和使用方法作出充分的说明与警告,所造成的不合理的危险。如节日礼花爆竹产品的生产者就应该对存放、燃放的方法进行提醒和警示。(4)跟踪观察缺陷,即指产品投放市场后,未能及时跟踪观察,产生的不合理危险。生产者对于投放市场,应当发现的新产品存在的缺陷,或者已经发现的缺陷而没能及时进行召回,导致侵权损害的,就构成跟踪观察缺陷。[②]

---

① 参见邹海林、朱广新:《民法典评注:侵权责任编1》,中国法制出版社2020年版,第394页。

② 参见最高人民法院民法典贯彻实施工作领导小组主编:《中华人民共和国民法典侵权责任编理解与适用》,人民法院出版社2020年版,第317—318页。

（二）产品缺陷造成受害人的损害

损害既包括产品缺陷导致产品本身的损害，也包括缺陷导致产品以外的人身和财产的损害。①产品本身的损害是指因缺陷导致产品丧失使用功能或毁损。如果产品缺陷造成人身伤亡，也会导致受害人严重的精神痛苦。产品以外的财产损害是指产品存在缺陷引起爆炸、燃烧等事故，导致其他财产的毁损，或者因其具有缺陷，导致与其他产品安装组合后毁损灭失。如电热毯不合格，起火导致房屋被烧毁。

侵权法上的损害从最广义上来理解，不仅包括现实的损害，还包括妨害和潜在的危险。例如，某品牌的汽车，因安全气囊存在缺陷导致潜在危险，消费者有权请求其进行修理或更换。

（三）因果关系

因果关系是指产品缺陷与受害人的损害之间引起与被引起的关系。在举证责任上，产品责任考虑到消费者与生产者之间信息上的不对称，加上高科技产品致害原因很难证明，通常要求生产者就缺陷不存在，或缺陷与损害之间不存在因果关系举证。如果生产者无法举证证明，则认定产品存在缺陷，以及产品缺陷与损害事实之间有因果关系。

产品责任的构成要件包括产品具有缺陷、缺陷产品造成受害人的损害、缺陷产品与造成的损害事实之间具有因果关系。其中，产品缺陷是否存在采取举证责任倒置，产品缺陷是否存在的证明，由生产者、销售者承担举证责任。本案中，千惠公司提供的涉案直饮水机滤芯破裂，产品的缺陷导致自来水大量漏出，造成云胜公司的场所被浸泡，两者之间存在因果关系，由此产生的损

① 参见王利明：《侵权责任法研究（下卷）》，中国人民大学出版社 2016 年版，第 240 页。

失,应由千惠公司承担赔偿责任。

(四) 产品责任的减免事由

产品责任作为一种典型的特殊侵权,在责任减免事由上也有其特殊性。产品责任的免责事由包括:[①](1)产品尚未投入流通。在生产者——批发商——零售商的销售链条中,产品是否投入流通应以生产者是否将产品投入流通为准。(2)产品在投入流通领域时引起损害的缺陷尚不存在。如果产品投入流通时不存在缺陷,属于合格产品,但由于消费者自己擅自改装、不当使用而导致产品缺陷致其损害,则可以适用过失相抵减轻或免除责任。(3)将产品投入流通时的科学技术水平尚不能发现缺陷存在。经营者对商品流通进入市场时,依当时科学技术水准,不能发现的商品欠缺安全性的危险,不必负责,以免阻碍新技术研究开发。[②]

三、产品责任的承担和责任承担方式

【案例】 张公平从A电器商城买回一台由B公司生产的热水器,使用5天后,热水器突然爆炸致张公平受伤。经检查,损害发生的原因是C运输公司在运输过程中损坏了热水器。

【问题】 张公平可以向谁要求赔偿?

(一) 产品责任的承担者

只要产品使用人使用的产品确实存在缺陷,不管产品缺陷的造成之人是谁,受害人可以向生产者主张权利,也可以向销售者

---

① 参见《产品质量法》第41条。

② 参见王泽鉴:《侵权行为》,北京大学出版社2009年版,第569页。

主张权利。《民法典》第1203条的规定:"因产品存在缺陷造成他人损害的,被侵权人可以向产品的生产者请求赔偿,也可以向产品的销售者请求赔偿。产品缺陷由生产者造成的,销售者赔偿后,有权向生产者追偿。因销售者的过错使产品存在缺陷的,生产者赔偿后,有权向销售者追偿。"被受害者主张权利的生产者或销售者,应该承担侵权民事责任。但责任的最终承担者,应当是产品缺陷的造成者,这与受害者无关。

1. 生产者

生产者是指制造、加工产品的自然人和法人,以及在他人产品上注明自己标识的人。生产者包括了最终产品的生产者、原材料的生产者和零配件的生产者,①还包括在产品上标示名称(或姓名)、商标或其他标识的人。②应注意,即使只是一个部件存在缺陷,整个产品的生产者和特定部件的生产者都要承担连带责任。将商标许可他人使用时商标所有人为生产者。而产品的进口商、销售者不能指明生产者或者供货者时,视为生产者。③

2. 销售者

销售者是指任何以经营为目的,通过出售、出租、融资租赁等方式经营产品的人。销售者既包括批发商,也包括零售商,以及以其他方式向消费者销售产品的人。但销售者必须是以销售作为经营活动的主体,而经营活动的营利性和持续性的特点决定了私人之间偶尔从事买卖的人不是产品责任中的销售者。④

---

① 参见刘静:《产品责任论》,中国政法大学出版社2000年版,第173页。

② 参见韩世远:《中国产品责任法上的当事人》,载江平主编:《侵权行为法研究》,中国民主法制出版社2004年版,第502页。

③ 参见杨代雄主编:《袖珍民法典评注》,中国民主与法制出版社2022年版,第1061页。

④ 参见高圣平主编:《中华人民共和国侵权责任法立法争点、立法例及经典案例》,北京大学出版社2010年版,第527页。

至于销售者的范围,主要包括批发商和零售商。对于出租人,为充分保护消费者利益,通过法律解释的方法,产品的出租者也成为产品责任的承担主体。产品进入经销环节后,如果需要销售者承担合理检测责任,若没有检测,或者检测方式上有不足,导致产品缺陷的发生,那么销售者就应该承担侵权责任。"由于销售者的过错使产品存在缺陷,造成人身、他人财产损害的,销售者应当承担赔偿责任。销售者不能指明缺陷产品的生产者也不能指明缺陷产品的供货者的,销售者应当承担赔偿责任。"①

为了充分救济被侵权人利益,使其获得足额赔偿,又防止其获得重复赔偿,应该认定生产者与销售者在外部关系上承担连带责任。被侵权人有权以销售者与生产者为共同被告起诉,也可以只起诉销售者或生产者其中一个主体,如果仅生产者或销售者承担赔偿责任,被侵权人的损害即已经获得填平,其就丧失对另一主体主张损害赔偿的权利,依照民事诉讼的当事人处分权原则,法院不应依职权追加另一主体为共同被告。②

(二) 追偿权

某个责任人承担产品责任之后,依据法定的追偿权,可以向其他责任主体追偿。

1. 销售者向生产者的追偿

销售者与生产者之间的追偿权法律关系,须满足的条件是:(1)销售者已经向被侵权人承担赔偿责任;(2)该产品缺陷之形成原因在于生产者,而非因销售者自己过错行为所致。在举证责任分配上,生产者可以通过举证证明该缺陷是由销售者过错造成来免除自己的责任,对于其生产流程、产品设计方案等内容承担举

---

① 参见《产品质量法》第 42 条。

② 参见最高人民法院民法典贯彻实施工作领导小组主编:《中华人民共和国民法典侵权责任编理解与适用》,人民法院出版社 2020 年版,第 329 页。

证责任；销售者也要对该缺陷之形成是由于生产者的原因造成承担一定的举证责任。

2. 生产者向销售者的追偿

生产者向销售者追偿权行使满足的条件有：(1)生产者已经向被侵权人承担赔偿责任；(2)该产品缺陷之形成是由于销售者的过错行为所致。基于生产者会处于更优势地位，由生产者对销售者的过错以及因果关系的成立承担举证责任。对于销售者之间，比如批发商与零售商之间的追偿关系，也要遵循上述规则。

3. 生产者和销售者向其他主体的追偿

产品的缺陷致人损害如果是其他主体造成的，例如，因运输者的原因而导致食品在运输过程中腐烂变质，致消费者损害。《民法典》第 1204 条规定："因运输者、仓储者等第三人的过错使产品存在缺陷，造成他人损害的，产品的生产者、销售者赔偿后，有权向第三人追偿。"该第三人的过错通常为过失，但也不排除有故意的形态。比如产品在仓储环节，保管人(仓储者)应当履行妥善保管仓储物的义务。保管人(仓储者)因故意或者过失行为，保管不善造成仓储物毁损、灭失的，保管人(仓储者)应当承担损害赔偿责任。因运输者、仓储者等第三人承担的是过错责任，由主张追偿权的生产者或销售者承担举证责任。案例中，张公平可以向生产者 B 公司，也可以向销售者 A 电器商城请求赔偿，因运输者 C 运输公司过错使产品存在缺陷，造成他人损害的，产品的生产者、销售者赔偿后，有权向 C 运输公司追偿。

(三) 产品责任承担方式

1. 停止侵害、排除妨碍、消除危险等责任

危及他人人身、财产安全的责任承担方式，《民法典》第 1205 条规定："因产品缺陷危及他人人身、财产安全的，被侵权人有权请求生产者、销售者承担停止侵害、排除妨碍、消除危险等侵权责

任。”停止侵害,实际上是要求侵害人不实施某种侵害行为,通过及时制止侵害行为,防止扩大侵害后果。例如,食品生产者发现其生产的食品不符合食品安全标准或者有证据证明可能危害人体健康的,应当立即停止生产。①排除妨碍,则是指权利人行使其权利受到不法阻碍或妨害时,加害人负有排除该阻碍以保障权利正常行使的责任形式。消除危险,是指消除缺陷产品可能给他人的人身或财产造成损害的危险。例如,产品在投入流通以后发现存在缺陷,生产者、销售者应当采取警示、召回等补救措施。②

2. 赔偿损害是产品责任的最主要形式

所谓赔偿损害,是指因为产品缺陷造成他人损害,受害人可以要求生产者或销售者承担赔偿责任。损害赔偿是对受害人进行救济的最有效的方法,主要包括以下几种类型:(1)人身损害赔偿。即对身体、健康乃至生命所致损害的赔偿。在具体案件中,对损害赔偿具体数额,主要依据《民法典》和《人身损害赔偿司法解释》。(2)财产损失赔偿。通常而言,产品缺陷所导致的财产损失是指产品之外固有财产的直接损失和可得利益的丧失。(3)精神损害赔偿。此可依据侵权责任编和《精神损害赔偿司法解释》确定。

四、投入流通以后的召回等义务

【案例】 金马公司系某品牌汽车制造商,发现已投入流通的某款车型刹车系统存在技术缺陷,为了不影响该款车型的销量,并没有通过媒体和销售商发布召回该款车进行技术处理的通知。张公平购买该车 2 年后,某天出差途中,汽车因刹车系统失灵冲

① 参见《食品安全法》第 63 条。

② 参见王利明:《侵权责任法研究(下卷)》,中国人民大学出版社 2016 年版,第 265 页。

入山崖，造成张公平受伤。

【问题】 金马公司没有完成召回义务导致张公平受伤的法律责任是什么？

(一) 跟踪观察义务的概念

现代侵权制度的发展，不仅注重权利侵害后的救济，更重视对可能发生损害的预防，售后警示、跟踪监视、产品召回是生产者、销售者的重要安全保障义务。《民法典》第 1206 条规定：“产品投入流通后发现存在缺陷的，生产者、销售者应当及时采取停止销售、警示、召回等补救措施；未及时采取补救措施或者补救措施不力造成损害扩大的，对扩大的损害也应当承担侵权责任。依据前款规定采取召回措施的，生产者、销售者应当负担被侵权人因此支出的必要费用。”这就在法律上确立了跟踪观察等义务。

2013 年修正的《消费者权益保护法》第 19 条和第 33 条第 2 款明确规定经营者对存在缺陷的产品和服务或者有危及人身、财产安全危险的，应当立即向有关行政部门报告和告知消费者并采取停止销售、警示、召回、无害化处理、销毁、停止生产或者服务等措施。采取召回措施的，经营者应当承担消费者因商品被召回支出的必要费用。

产品投入流通后发现存在的“缺陷”，既包括科技水平进步导致缺陷现在被发现的情形，也包括当时科学水平就能认定为缺陷而由于过错没有发现的缺陷。产品跟踪观察义务就是生产者对缺陷产品采取停止销售、警示和召回等补救措施的义务。跟踪观察义务的内容包括停止销售、售后警示、产品召回及其他补救措施(如跟踪监视)等。①

---

① 参见最高人民法院民法典贯彻实施工作领导小组主编:《中华人民共和国民法典侵权责任编理解与适用》，人民法院出版社 2020 年版，第 342 页。

(二)未履行跟踪观察义务的责任构成要件

违反产品跟踪观察义务,既包括不履行跟踪观察义务的侵权行为,又包括不当履行跟踪观察义务的侵权行为。以产品召回义务为例,产品存在致人重大损害的危险或该损害已实际发生时,应当召回,没有召回的,即构成行为不法。不当召回,是指生产者实施召回,但行为违反该行业在相关情形下的通常标准,具体表现为召回不及时、召回措施不当、召回方式不当等。

1. 损害

违反跟踪观察义务所致损害主要是对生命、健康权的损害,以及由此而生的财产损失和精神痛苦。产品因为制造、设计或警示方面的缺陷,造成了实际损害,而且生产者并未依法对上述产品实施跟踪观察,这时违反跟踪观察义务造成的损害实则是上述损害的扩大损害,即为本应可以通过跟踪观察避免的扩大损害。

2. 因果关系

关于违反产品跟踪观察义务的不法行为与损害之间因果关系的判断,即受害人只要证明生产者违反了产品跟踪观察义务、自身因使用产品受到损害即可,无须承担举证证明因果关系要件的责任。而被告需要证明自己的行为与损害发生之间没有因果关系,否则即告因果关系成立。

3. 主观过错

生产者、销售者违反产品跟踪观察义务的过错包括故意和过失,通常为过失。以理性人的标准要求企业在履行产品跟踪观察义务时,未善尽交易上的注意,背离一般消费者的通常安全期待,即可认定为有过失。①

---

①　参见杨立新:《侵权责任法》,法律出版社 2021 年版,第 380 页。

（三）违反跟踪观察义务的责任

在违反跟踪观察义务的情况下，生产者或销售者所应承担责任的方式包括产品责任的各种形式：一是如果造成了损害，受害人有权请求行为人赔偿损害。这里所说的损害包括财产损失和精神损害。二是缺陷产品已经形成了危险，受害人有权请求消除危险，而且受害人请求行为人消除危险时，只需要证明产品存在危险即可，而不需要证明其遭受了实际损害。召回义务人将缺陷产品召回主要是为了防范产品缺陷形成的潜在危险，其实现这一目的的主要方式表现为对召回的同类缺陷产品予以检测、修理或者更换，消除可能存在的安全隐患。违反警示、召回义务时，受害人既可以请求生产者，也可以请求销售者承担责任，或者以他们为共同被告，请求其承担连带责任。案例中金马公司没有完成召回义务，张公平有权请求金马公司承担赔偿责任。

因警示和召回而产生的费用不应由消费者承担，而只能由生产者和销售者负担。

五、产品责任中的惩罚性赔偿

【案例】 2021 年 8 月 29 日，张公平在超市购买了一盒“百乐芬抹茶味软华夫饼”。该店向张公平出具了购物小票，小票载明：“光辉超市金源时代购物中心店”，“商品名称：百乐芬抹茶味软华夫饼 300 g”，“单价：17.80”等内容。张公平的儿子张小强吃了该饼干后发生腹痛的症状，花去医疗费 200 元。之后张公平才发现该食品外包装标示生产日期为 2021 年 5 月 25 日，保质期为 90 天，该食品已过保质期。

【问题】 张公平对于食品超过保质期的商家可否行使惩罚

性赔偿请求权?

通常赔偿是为了弥补受害者的损害,不具有惩罚性,其数额不能超出受害者的实际损失。惩罚性赔偿的主要目的不在于弥补被侵权人的损害,而在于惩罚有主观故意的侵权行为,并遏制这种侵权行为的发生。当然,惩罚性赔偿请求权的发生须以填补性损害赔偿的存在为要件。①

在我国,《消费者权益保护法》第 49 条(修订后的《消费者权益保护法》第 55 条)最早确认了惩罚性赔偿制度。《食品安全法》第 148 条第 2 款规定:"生产不符合食品安全标准的食品或者经营明知是不符合食品安全标准的食品,消费者除要求赔偿损失外,还可以向生产者或者经营者要求支付价款十倍或者损失三倍的赔偿金。"但是该法只适用于食品的缺陷,而不适用于所有的产品。案例中,张公平除了可以要求商家赔偿损失外,还可以要求商家惩罚性赔偿。依照《食品安全法》第 34 条第 10 项、第 54 条、第 148 条规定,超市作为食品的销售者,对自己销售的食品的生产日期及保质期应系明知,将超过保质期的食品销售给原告,属于经营明知不符合食品安全标准的食品,张公平有权向其要求支付价款十倍或者损失三倍的赔偿金;增加赔偿的金额不足一千元的,为一千元。

(一) 惩罚性赔偿责任的构成要件

《民法典》第 1207 条规定:"明知产品存在缺陷仍然生产、销售,或者没有依据前条规定采取有效补救措施,造成他人死亡或者健康严重损害的,被侵权人有权请求相应的惩罚性赔偿。"据此,惩罚性赔偿责任的构成要件包括如下几项:

---

① 参见王泽鉴:《损害赔偿》,北京大学出版社 2017 年版,第 359 页。

1. 明知产品存在缺陷仍然生产、销售

惩罚性赔偿制度的目的，在于制裁恶意的侵权人，主观要件要求行为人具有故意或恶意。此处的“明知”并不是指行为人明知一定会造成损害，而是指明知产品存在缺陷。具体来说，“明知”包括两种形态：一是生产者在设计、制造产品的过程中，已经发现产品的缺陷，仍然制造并投入流通。例如，食品生产者明知其产品中，有超标的添加剂，这种缺陷将导致消费者损害，依然生产该产品。二是销售者在销售产品之前或销售过程中，已经发现该产品存在缺陷，有时是因为销售者的原因导致缺陷，明知缺陷而仍然销售。如果其在销售过程中，因为接到投诉、举报等，发现产品存在缺陷，也可以构成明知。此要件的举证责任由受害人承担，受害人要获得惩罚性赔偿，就必须证明生产者和销售者明知产品存在缺陷。①

2. 后果上须造成受害人死亡、健康严重损害

根据第1207条规定，损害应该是实际发生的，而非具有危险性。惩罚性赔偿的适用排除了被侵权人仅遭受财产损害后果的情况。死亡的结果容易判断，但是如何认定健康严重损害，民事法律规范对此未进行界定，可以参考相关刑事规范。健康受到严重损害并不仅指重伤或者残疾，也可能是轻伤以及器官功能障碍。②

3. 因果关系

因果关系是指缺陷产品与损害之间的因果关系。因果关系是损害赔偿的归责要件之一。如果生产者、销售者虽然明知产品

---

① 参见王利明：《侵权责任法研究(下卷)》，中国人民大学出版社2016年版，第281—282页。

② 参见《最高人民法院、最高人民检察院关于办理生产、销售假药、劣药刑事案件具体应用法律若干问题的解释》第2条第1款。

存在缺陷,但是产品缺陷并非受害人遭受损害的原因,被侵权人亦不能主张惩罚性赔偿。

(二)惩罚性赔偿的数额确定

《民法典》第1207条虽然没有明确规定惩罚性赔偿超出实际损害赔偿的特定倍数,但确定了"被侵权人有权请求相应的惩罚性赔偿"的规则,这一规则实际上是数额确定的具体标准。惩罚性赔偿需要参考补偿性赔偿数额,具体可以参照《消费者权益保护法》第55条规定的价款或者接受服务的费用的3倍、《食品安全法》第148条规定的价款10倍或者损失3倍。医疗产品的生产者、销售者、药品上市许可持有人明知医疗产品存在缺陷仍然生产、销售,造成患者死亡或者健康严重损害,被侵权人请求生产者、销售者、药品上市许可持有人赔偿损失及二倍以下惩罚性赔偿。[①]具体判断赔偿是否为"相应的",可以在个案中考虑侵权人的主观过错程度、损害后果严重程度、侵权行为的具体细节、侵权人的经济能力、原告的数量、侵权人已经承担的或者将要承担的其他财产性责任等因素。[②]

第二节　在道路上驾驶机动车造成损害——机动车交通事故责任

一、机动车交通事故责任概述

【案例】 张公平驾驶汽车由南向北横过东风路时,与沿东

① 参见《医疗损害责任纠纷司法解释》第23条。

② 参见张晓梅、韩长印:《中国惩罚性赔偿制度的反思与重构》,上海交通大学出版社2015年版,第128页。

风路由东向西驾驶电三轮的赵六相撞，造成车辆部分损坏，赵六受伤。经交通警察大队认定，张公平承担此次事故的全部责任。事故发生后，赵六被送至市创伤急救医院进行治疗，诊断为左髌骨骨折，住院治疗 89 天，二级护理 89 天。赵六共支付医疗费 54 786.58 元。张公平在某保险阜新支公司投保了交强险和商业三者险，保险金额 50 万元。

【问题】 赵六可以追究张公平什么侵权责任？

机动车交通事故责任，指因在道路上驾驶机动车，过失或意外造成人身伤亡、财产损失而应当承担的损害赔偿责任。[①]《民法典》第 1208 条规定："机动车发生交通事故造成损害的，依照道路交通安全法律和本法的有关规定承担赔偿责任。"交通事故是指车辆在道路上因过错或者意外造成的人身伤亡或者财产损失的事件。[②]而"车辆"是指机动车和非机动车。非机动车交通事故的损害赔偿责任作为一般侵权责任，仍适用侵权责任编第一至第三章的有关规定。案例中，赵六可以追究张公平交通事故责任，可通过诉讼要求保险公司和张公平赔偿医疗费、伙食补助费、营养费、护理费、误工费、交通费等损失。

机动车交通事故的责任主体为机动车一方。所谓机动车，是指以动力装置驱动或者牵引，上道路行驶的轮式车辆。既包括通常的小轿车、客车等日常车辆，也包括如挖掘机、铲车等工程车辆。非机动车，是指以人力或者畜力驱动，上道路行驶的交通工具，以及虽有动力装置驱动但设计最高时速、空车质量、外形尺寸符合有关国家标准的残疾人机动轮椅车、电动自行车等交通工

① 参见马俊驹、余延满：《民法原论》，法律出版社 2010 年版，第 1065 页。

② 参见《道路交通安全法》第 119 条。

具。结合《电动自行车通用技术条件》对于电动自行车以及摩托车的规定,时速 20 km/h 以下且车重不大于 40 kg 的判定为非机动车,而最高设计时速在 20 km/h—50 km/h 且车重大于 40 kg 的判定为轻便摩托车,最高设计时速大于 50 km/h 的判定为摩托车。

二、交通事故责任的归责原则

【案例】 2021 年 6 月 17 日,李四雨天驾驶重型自卸货车沿泰肥一级路由东向西行驶至潮汶路路口东,因操作不当碰撞路中间隔离护栏,李四所驾车辆失控又与顺行的王武驾驶的重型半挂货车碰撞肇事,该事故造成护栏及车辆损坏。2021 年 7 月 2 日,交通警察大队作出道路交通事故认定书,认为李四在事故发生之前驾驶与准驾车型不符的机动车,雨天未确保安全车速行驶,未确保行车安全,认定李四承担事故的全部责任,王武无责任。李四持“C1”证驾驶重型自卸货车,与准驾车型不符,应认定为未取得相应驾驶资格。交通事故导致王武车辆损失、停运损失,评估费共计 86 688 元。

【问题】 机动车之间发生交通事故适用什么归责原则?

依据《民法典》第 1213 条规定,机动车事故责任的归责原则应当依据《道路交通安全法》和《民法典》来确定。修改后的《道路交通安全法》第 76 条所确立的归责原则,应当从以下几个方面理解:

(一) 机动车之间发生交通事故,实行过错归责原则

机动车之间发生交通事故,实行过错归责原则。这里的过错

主要是机动车一方因故意或过失违反有关道路交通安全的法律法规和规章，或者因驾驶不当导致交通事故的发生。在机动车之间发生损害的情况下，只要双方证明自己没有过错，就可以减轻或免除责任。双方都有过错的按照各自的过错比例分担责任，也就是指根据过错程度的大小确定责任，过错越大则责任越重。[①]案例适用过错归责原则。李四事故发生之前驾驶与准驾车型不符的机动车，雨天未确保安全车速行驶具有过错，承担全部责任。

(二) 机动车与非机动车驾驶人、行人之间发生交通事故，采用过错推定和无过错责任相结合的模式

(1) 对于机动车造成非机动车和行人损害的情况，主要采取过错推定责任的模式。只要机动车与非机动车驾驶人、行人之间发生交通事故，就推定机动车一方有过错，这是为了减轻非机动车一方的举证责任。机动车一方可以通过反证来推翻此种推定。有证据证明非机动车驾驶人、行人有过错的，可以减轻机动车一方的责任。如果交通事故确实是由于非机动车一方的过错造成的，如行人违反交通规则闯红灯，机动车一方采取了必要的措施仍然未能避免损害的发生，则机动车一方可以对此进行反证，表明自己并无过错，从而可以减轻其责任。此处所说的“有证据证明”，主要是指交通管理部门出具的责任认定书予以证明。但也可以通过过往行人证言、交通事故现场勘验材料等证据材料予以证明。[②]根据《道路交通安全法》第 76 条，有证据证明非机动车驾驶人、行人有过错的，机动车一方可以在 90% 的范围内减轻责任。

---

① 参见郎胜主编:《中华人民共和国道路交通安全法释义》，法律出版社 2004 年版，第 171 页。

② 参见郎胜主编:《中华人民共和国道路交通安全法释义》，法律出版社 2004 年版，第 172 页。

(2)“机动车一方没有过错的，承担不超过百分之十的赔偿责任。”“交通事故的损失是由非机动车驾驶人、行人故意碰撞机动车造成的，机动车一方不承担赔偿责任。”该条规定包括两个规则：第一，机动车一方没有过错的，承担不超过10%的赔偿责任。此处的“10%的责任”只是确立了责任的上限，并不是说受害人在此情况下一定能请求机动车一方承担10%的足额责任。也就是说，法官可以综合考虑受害人过错程度、受害人的损害情况等具体案情，在10%的损害范围内酌定具体赔偿责任。第二，如果交通事故因非机动车驾驶人、行人故意碰撞引发，则机动车一方可以完全免责。受害人突然横穿马路，寻求自杀造成车祸，受害人的损害是因自身故意造成的，机动车一方可完全免责。

三、机动车交通事故责任承担的特殊情形

【案例】 2021年11月23日，梁一思将她的轿车借给了朋友曾某。曾某又在王某的担保下，将车租给了需要用车的张某。而张某在开了一段时间后，将车停在王某的楼下，并将车钥匙放在王某那里。至此，梁一思的车被转借了三次。

2021年12月15日，王某的朋友陈某找上门来，称自己要去万州熊家镇办点事，想借车用一下。没有检查陈某有无驾照，王某就把车钥匙给了他。事实上，陈某虽然会开车，但他一直没有考取驾照。而这辆轿车，接下来转到了陈某的朋友李四手中。年仅20出头的李四，未取得驾照。李四开车起步后，车子失控冲上了人行道，当场撞倒4人，造成一死三伤的重大事故。后经交警部门认定，李四承担本次事故的全部责任。在车祸中遇难的死者

家属将借车的6人和车主梁一思，连同为该车投保的保险公司一起告上了法院，要求其承担赔偿责任。

【问题】 本案谁应该承担责任呢？

（一）擅自驾驶和租赁、借用、试乘机动车的责任认定

1. 擅自驾驶后发生事故责任承担

未经允许驾驶的行为，即擅自驾驶后发生事故责任如何分担？《民法典》第1212条规定："未经允许驾驶他人机动车，发生交通事故造成损害，属于该机动车一方责任的，由机动车使用人承担赔偿责任；机动车所有人、管理人对损害的发生有过错的，承担相应的赔偿责任，但是本章另有规定的除外。"擅自驾驶不同于盗抢后擅自驾驶。主观上，擅自驾驶并不以占有机动车为目的，而盗窃则在于非法占有。客观上，盗窃不会归还，而擅自驾驶在驾驶完毕后一般会归还。

擅自驾驶情形下，机动车所有人、管理人仅在原因力的程度上承担一定的按份责任。如若机动车处于日常使用过程中，本身就因维护不当而存在缺陷，而事故发生又系机动车缺陷造成时，机动车所有人、管理人仍应对此承担相应责任。再如擅自驾驶人是机动车所有人、管理人的家庭成员、朋友、同事等特定关系人时，所有人、管理人随意弃置车辆和车钥匙的，应当认为其在保管车辆上存在过错，发生事故时，应当比陌生人擅自驾驶承担更多的责任。例如，机动车所有人将车停在路边，为图方便没有熄火即下车买东西，车上同行人在等待时闲极无聊，坐在驾驶位上操作，导致发生交通事故。这种情形下，机动车所有人是有过错的，应当在过错范围内承担相应的责任。机动车所有人将车辆送维修厂修理，修好后还没有取回时，维修厂工人擅自驾驶车辆，应该由维修厂承担替代责任。

2. 租赁、借用、试乘发生事故责任承担

《民法典》第1209条规定：因租赁、借用等情形机动车所有人、管理人与使用人不是同一人时，发生交通事故造成损害，属于该机动车一方责任的，由机动车使用人承担赔偿责任；机动车所有人、管理人对损害的发生有过错的，承担相应的赔偿责任。“使用人”不仅包括承租人、管理人、借用人，还包括机动车出质期间的质权人、维修期间的维修人、由他人保管期间的保管人等。确定责任主体以机动车运行支配为基本原则或主要原则；在运行支配与运行利益相分离的情况下，以运行利益的归属为补充原则。①机动车登记所有权人并非真正的所有权人，对机动车的维护脱离控制，不承担责任，但作为所有人或管理人，对承租人和借用人的选任有注意义务。机动车所有人在将机动车出租、出借时应当对承租人、借用人进行必要的驾驶资格审查。同时，还应当保障机动车性能符合安全的要求，所有人或管理人知道或者应当知道机动车存在缺陷，比如，汽车刹车已经出现问题，未及时维修，且该缺陷是交通事故发生原因之一，其应根据原因力承担相应的责任。机动车所有人、管理人对损害的发生有过错的，承担相应的赔偿责任。如知道或者应当知道驾驶人因饮酒、服用国家管制的精神药品或者麻醉药品，或者患有妨碍安全驾驶机动车的疾病等依法不能驾驶机动车的，仍同意驾驶人使用车辆。②机动车试乘过程中发生交通事故造成试乘人损害，当事人请求提供试乘服务者承担赔偿责任的，人民法院应予支持。试乘人有过错的，应当减轻提供试乘服务者的赔偿责任。③案例中，梁一思将自己的车借给朋友后，不到一个月的时间，辗转多次，最后转到没有驾照的李四

① 参见杨立新：《侵权责任法》，法律出版社2021年版，第442页。

② 参见《道路交通事故损害赔偿司法解释》第1条。

③ 参见《道路交通事故损害赔偿司法解释》第6条。

手中发生车祸，造成一死三伤的严重损害事故。梁一思将自己的车借给曾某后，曾某又租给了张某，因为他们都有驾驶资质，且事故车辆经检测合格，因而梁一思与曾某不承担赔偿责任。但是张某将车钥匙交给王某，致王某将车借给没有驾驶资质的陈某。张某和王某有一定过错，应当承担相应赔偿责任。陈某没有驾驶资质，在李四无证驾车时又没能及时阻止，存在过错。法院判决李四构成交通肇事罪，判处有期徒刑一年零四个月，李四应当承担70%的赔偿责任；陈某承担15%的赔偿责任；王某承担10%的赔偿责任；张某应承担5%的赔偿责任。

（二）转让而未过户情况下的责任认定

机动车的登记并非权属要件，机动车的所有权移转采取的不是登记生效主义而是登记对抗主义，机动车交付即所有权转移。这里的“交付”主要是指“实际交付”。当事人之间已经以买卖、赠与等方式转让并交付机动车但未办理登记的，原机动车所有人已经不是真正的所有人，更不是机动车的占有人，他不具有机动车的实质所有权，丧失了对机动车运行支配的能力，不具有防范事故发生的控制力。

对于多次买卖机动车的问题，《最高人民法院关于审理道路交通事故损害赔偿案件适用法律若干问题的解释》（以下简称《道路交通事故损害赔偿司法解释》）第2条规定，被多次转让但未办理转移登记的机动车发生交通事故造成损害，属于该机动车一方责任，当事人请求由最后一次转让并交付的受让人承担赔偿责任的，人民法院应予支持。实践中多次转让时，登记所有权人可能并非最后的转让人，其与最后一次的受让人可能并无联系。为充分保护被侵权人利益，应当允许被侵权人对机动车所有权人提起诉讼。通过诉讼和举证责任分配准确查明多次转让的事实。《民法典》第1210条规定：当事人之间已经以买卖或者其他方式转让并交付机动车但是未办理登记,发生交通事故造成损害,属于该机动车一方责任的,由受让人承担赔偿责任。

在附所有权保留特约的分期付款买卖车辆的情形,如果车辆已交付买受人,在发生道路交通事故时,应由买受人承担赔偿责任,出卖方不承担民事责任。①虚假买卖的问题,现实中存在机动车交通事故造成损害后,为规避赔偿责任,签订虚假机动车买卖合同,转移责任给无赔偿能力的虚假受让人的情形,以至于被侵权人的合法权益遭受损害。此种情况,属于恶意串通损害第三人利益的情形,人民法院应当在查明案件基本事实的基础上,依法适用《民法典》第 154 条规定,确认无效,及时救济被侵权人利益。

(三) 机动车被盗窃、抢劫或抢夺,盗开他人机动车情况下的责任认定

机动车被盗抢也导致机动车发生所有、管理与使用分离的情形。但该分离,并非基于机动车所有人、管理人的过错或意愿而发生。根据风险控制理论,机动车被盗抢,机动车所有人、管理人非因自己意愿、也非自己过错脱离了对机动车的控制,对此后的交通事故既无法预见也无法预防,对交通事故的发生不存在过错,所有人不承担责任。《民法典》第 1215 条第 1 款规定:盗窃、抢劫或者抢夺的机动车发生交通事故造成损害的,由盗窃人、抢劫人或者抢夺人承担赔偿责任。盗窃人、抢劫人或者抢夺人与机动车使用人不是同一人,发生交通事故造成损害,属于该机动车一方责任的,由盗窃人、抢劫人或者抢夺人与机动车使用人承担连带责任。

---

① 参见《最高人民法院关于购买人使用分期付款购买的车辆从事运输因交通事故造成他人财产损失保留车辆所有权的出卖方不应承担民事责任的批复》(法释〔2000〕38 号)。

一般而言，机动车发生交通事故后，应当依照《民法典》第1213条规定的顺序，首先由保险人在强制保险限额范围内承担赔偿责任。但是，驾驶人无驾驶资格、醉酒、被盗期间肇事、故意制造交通事故等行为，严重漠视他人生命财产安全，属于明显且严重的过错，对道路交通安全构成严重威胁。为了预防和惩罚这类行为，加强对生命健康的保护，营造良好的社会氛围，及时救济受害人，驾驶人无驾驶资格、醉酒、被盗期间肇事、故意制造交通事故等情形下，应当允许强制保险的保险人在承担赔偿责任后向驾驶人追偿。在借鉴相关行政法规的基础上，《民法典》第1215条明确规定有上述情形的，保险人可行使追偿权。

（四）挂靠营运情况下的责任认定

机动车挂靠从事运输经营活动，是指车主作为挂靠人，为了交通营运过程中的方便，将车辆登记为某个具有运输经营权资质的运输企业名下，以该被挂靠人的名义进行运营，并向被挂靠人支付费用的经营形式。为规范挂靠运营，防范交通事故，保障人民群众合法权益，《民法典》第1211条规定："以挂靠形式从事道路运输经营活动的机动车，发生交通事故造成损害，属于该机动车一方责任的，由挂靠人和被挂靠人承担连带责任。"挂靠的机动车发生交通事故，造成挂靠人和被挂靠人之外的他人人身伤亡或者财产损失，由挂靠人和被挂靠人对此等损害承担连带责任。

挂靠形式从事道路运输经营活动一般要"四证统一"，即车辆行驶证、道路运输证、驾驶证、营业性道路运输驾驶员从业资格证上的车主、业户、单位、服务单位都统一为被挂靠主体的名称。挂靠具有隐蔽性，发生交通事故造成损害时，被侵权人无法从外观上区别挂靠机动车是否属于被挂靠主体。受害人仅起诉被挂靠人承担责任的，受害人无须证明被挂靠人和挂靠人之间的内部关系。作为名义运营人,被挂靠人当然承担赔偿责任。若被挂靠人提出挂靠关系予以抗辩,请求追加挂靠人为共同被告的,原则上应征求原告即受害人的意见,受害人不同意追加为被告的,从有利于查明事实及挂靠人与被挂靠人之间纠纷一并解决的角度,可以追加挂靠人为第三人。①

(五) 套牌车情形下的责任认定

实践中,套牌车违法上路行驶的情形屡见不鲜,给道路交通参与人的人身、财产权益造成极大的危险。套牌车产生的主要原因是套牌行为人为了逃避相关的税费和规避公安机关交通管理部门的监管、处罚。套牌主要表现为两种形式:一种是被套牌人不知道被他人套牌,另外一种是被套牌人出借或同意他人套牌。在前一种情况下,被套牌人本身也是受害人,故《道路交通事故损害赔偿司法解释》第3条明确指出,此种情形下发生交通事故,应当由套牌的行为人承担赔偿责任。在后一种情形下,被套牌人同意他人套牌的行为本身具有违法性,且增加了交通事故发生的可能性和危害程度。从保护受害人的角度,根据《道路交通事故损害赔偿司法解释》第3条规定,由被套牌人与套牌人承担连带责任。

(六) 转让拼装车、报废车造成损害情形下的责任认定

转让拼装车或者报废车而发生交通事故,是指通过买卖、赠与、交换等方式转让拼装车或者报废车,受让人驾驶该车辆发生道路交通事故造成他人损害的情形。拼装车或者报废车由于零部件损耗等因素,机动车性能大为降低,安全保障缺失,交通事故频发,给交通安全和人民群众人身财产安全造成严重危害,属于

① 参见最高人民法院民法典贯彻实施工作领导小组主编:《中华人民共和国民法典侵权责任编理解与适用》,人民法院出版社2020年版,第379页。

法律禁止转让的机动车。《民法典》第1214条规定：以买卖等方式转让拼装或者已经达到报废标准的机动车，发生交通事故造成损害的，由转让人和受让人承担连带责任。由于拼装车和报废车为法律上禁止流通的机动车。转让人对其进行转让，具有违法的故意，故应与受让人承担连带责任。拼装车、报废车被多次转让，并发生交通事故造成损害，当事人有权请求由所有的转让人和受让人承担连带责任。①如果只让最后一手的转让人承担责任，无法阻却相关的违法行为。此外，尽管多个转让人确实不易查明，但并不影响连带责任的确立。发现转让人的，被侵权人仍可以对其主张承担连带责任。

（七）好意同乘的责任认定

【案例】 2020年6月28日上午，张公平驾驶小型普通客车载着赵六、汤显、王武等六位好友沿江苏省启东市沿江公路行驶至道路交叉口向左转弯时，与杨杰驾驶的小型普通客车发生交通事故。汤显及其他三人受伤，而王武、赵六却未能幸免于难，于当日死亡。事发后，经启东市公安局交通警察大队认定，张公平负事故主要责任，杨杰负事故次要责任，汤显、赵六等人无责。赵六独生子赵鹏痛不欲生，将张公平、杨杰、保险公司诉至法庭。

【问题】 张公平需要承担什么责任？

好意同乘是指驾驶人基于善意互助或友情帮助而允许他人无偿搭乘的行为。比如顺路捎带朋友、同事，应陌生人请求搭载陌生人等。实践中绝大多数好意同乘行为都属于纯粹日常的情谊行为，即处于法律调整范围之外的社交行为，具有无偿性、利他

① 参见《道路交通事故损害赔偿司法解释》第4条。

性和参与者意愿一致性。施惠者若因情谊给付对受益人造成损害,则落入侵权责任编的调整范围。如果当事人经过约定形成固定的出行共同体,如住在同一小区的同事长期共乘一辆机动车上下班,并对汽油费等成本分摊进行了约定。由于此种行为具有长期稳定性和可预测性的特征,且在参与者之间已经形成一定的信赖关系,则不宜再将其与偶然的搭乘行为相提并论,而是应当认定为当事人之间形成了无偿委托的合同关系或者合伙关系,进而在发生损害时适用《合同法》的相关规定,而不适用《民法典》第1217条的规定。①

好意同乘适用过错责任。《民法典》第1217条规定:“非营运机动车发生交通事故造成无偿搭乘人损害,属于该机动车一方责任的,应当减轻其赔偿责任,但是机动车使用人有故意或者重大过失的除外。”机动车一方内的驾驶人和乘车人之间,并非不对等关系,理应适用一般侵权规则,即适用过错责任原则。对于搭便车来说,乘车人是无偿坐车,并没有付车费,好意同乘自身构成减责事由。如果行为人具有侵权的故意或重大过失,则不能减责。比如,驾驶人可能存在违反一般安全注意义务的过错行为,或可能存在违反《道路交通安全法》的严重行为。像不具备驾驶资格或有不得驾驶车辆情况的违法驾驶人免费搭乘他人,就是严重过错。此种情况下,不能减轻责任。案例中,张公平驾驶非营运机动车,基于善意互助无偿搭乘赵六等人共同出游,系好意同乘行为。张公平未按照操作规范安全驾驶车辆,在未让直行车辆先行的情况下,发生两车相撞的交通事故,其主观上具有过错,应依法承担侵权赔偿责任。

---

① 参见杨代雄主编:《袖珍民法典评注》,中国民主与法制出版社2022年版,第1072—1073页。

（八）肇事后逃逸责任及受害人救济

【案例】 2021年3月21日，张公平驾驶摩托车由北向南行驶，董敏法驾驶摩托车与之相向行驶，当走到东庄路段时，董敏法为避让行人，越过道路中心线与张公平发生碰撞，造成张公平受伤住院治疗。事故发生后张公平受伤倒地不起，董敏法乘机离开事故现场，双方都没有及时报案，致使交警部门无法对事故责任进行认定。事后张公平经医院治疗，3天后不治身亡。

【问题】 本案张公平的医疗费和死亡后的赔偿应该最终由谁来承担责任？

根据《道路交通安全法》第70条的规定，发生交通事故，车辆驾驶人应立即停车，保护现场，抢救受伤人员，并迅速报告交通警察或者公安机关交通管理部门。《民法典》第1216条第1款规定："机动车驾驶人发生交通事故后逃逸，该机动车参加强制保险的，由保险人在机动车强制保险责任限额范围内予以赔偿。"抢救费用一般指医疗机构按照《道路交通事故受伤人员临床诊疗指南》，对生命体征不平稳和虽然生命体征平稳但如果不采取处理措施会产生生命危险，或者导致残疾、器官功能障碍，或者导致病程明显延长的受伤人员，采取必要的处理措施所发生的医疗费用。①交通肇事后的抢救对受害人生命安全至关重要。肇事逃逸的机动车参加了强制保险的，强制保险先行赔付后仍不足以支付被侵权人人身伤亡的抢救、丧葬费用的，由道路交通事故社会救助基金先行垫付全部费用。案例中，董敏法在撞伤张公平后，既没有停车进行救助，也没有向交警部门报案，而是选择了肇事后

① 参见王胜明主编：《中华人民共和国侵权责任法释义》，法律出版社2013年版，第301—303页。

逃逸。逃逸的当事人承担全部责任，由保险人在机动车强制保险责任限额范围内予以赔偿。

四、交通事故责任保险与道路交通事故社会救助基金

【案例】 2021年9月，张公平投保交强险，保险期间张公平喝酒后将董敏法撞倒致其死亡。张公平向保险公司申请理赔，保险公司以交强险规定"醉驾"不赔为由拒绝，张公平诉至法院。张公平提交的酒精检测报告书证明：当时张公平的血液酒精浓度未达到"醉驾"标准。

【问题】 保险公司应该赔偿吗？

(一) 交通事故责任保险

交通事故赔偿首先由承保机动车强制保险的保险人在强制保险责任限额范围内予以赔偿。所谓交强险，是指由保险公司对被保险机动车发生道路交通事故造成本车人员、被保险人以外的受害人的人身伤亡、财产损失，在责任限额内予以赔偿的强制性责任保险。机动车强制保险赔偿的范围比较广、赔付较为及时，其主要目的是及时、有效地救助机动车交通事故中的受害人。机动车强制保险赔偿不足部分，由承保机动车商业保险的保险人根据保险合同的约定予以赔偿。交强险赔偿额度的公益性决定了赔偿额度不会太高，在一些较为严重的交通事故侵权案件中，机动车强制保险赔偿无法涵盖全部赔偿额。此时，如果机动车购买了商业保险的，根据保险合同的约定予以赔偿。商业保险主要目的在于分散机动车驾驶人的事故责任风险，由投保人自愿购买。仍然不足或者没有投保机动车商业保险的，由侵权人赔偿(《民法

典》第1213条)。

在无证驾驶、醉酒驾驶、吸毒后驾驶以及被保险人故意制造交通事故等情形下,承保交强险的保险公司仍应对第三人的人身损害承担赔偿责任。驾驶人未取得驾驶资格或者醉酒的,服用国家管制的精神药品或者麻醉药品后驾驶机动车发生交通事故的,保险公司在机动车交通事故责任强制保险责任限额范围内垫付抢救费用,并有权向致害人追偿。追偿权的诉讼时效期间自保险公司实际赔偿之日起计算。[①]案例中,张公平饮酒后驾车致人身亡,并非是“醉酒”后,保险公司以张公平“醉驾”为由拒赔,无法律依据,保险公司应在交强险规定的保险责任内承担赔偿义务。

(二) 道路交通事故社会救助基金

道路交通事故社会救助基金,是指依法筹集、用于垫付机动车道路交通事故中受害人人身伤亡的丧葬费用、部分或全部抢救费用的社会专项基金。国家设立道路交通事故社会救助基金的意义重大,能对受害人的权益提供更好的保护和及时救济。未依法投保交强险的机动车发生交通事故造成损害,由投保义务人在交强险责任限额范围内对第三人承担赔偿责任;投保义务人和侵权行为人不一致的,由两者承担连带责任。《民法典》第1216条后半句规定:“机动车不明、该机动车未参加强制保险或者抢救费用超过机动车强制保险责任限额,需要支付被侵权人人身伤亡的抢救、丧葬等费用的,由道路交通事故社会救助基金垫付。道路交通事故社会救助基金垫付后,其管理机构有权向交通事故责任人追偿。”

---

① 参见《机动车交通事故责任强制保险条例》第22条第1款第1项规定。《道路交通事故损害赔偿司法解释》第15条第1款第2项。

(三)赔偿范围——人身伤亡和财产损失

表1　人身伤亡的赔偿范围

人身伤亡	赔偿项目
一般人身损害	医疗费、住院伙食补助费、营养费、误工费、护理费、交通费、住宿费等
致受害人伤残	医疗费、住院伙食补助费、营养费、误工费、护理费、交通费、住宿费
	残疾赔偿金(包含被扶养人生活费)、精神损害抚慰金、残疾生活辅助具费、定残后护理费等
致受害人死亡	医疗费、住院伙食补助费、营养费、误工费、护理费、交通费、住宿费
	死亡赔偿金(包含被扶养人生活费),精神损害抚慰金,丧葬费,受害人亲属办理丧葬事宜支出的交通费、住宿费和误工费等

表2　财产损失的赔偿范围

财产损失	赔偿项目
直接损失	车辆维修费、车载物品损失、施救费、车辆重置费用
间接损失	停运损失、通常替代性交通工具费用

第三节　患者在诊疗活动中受到损害——医疗损害责任

一、医疗损害责任概述

【案例】　2021年7月10日,张公平之女张小小,因发热到县医院就诊,被诊断为“上呼吸道感染”。该院给予双黄连针10 ml

静注，生理盐水＋氨苄青霉素 1.0 g 静注，每天各两次的门诊治疗。7 月 11 日，县医院为张小小静注生理盐水＋氨苄青霉素 1.0 g 时，张小小出现青霉素过敏，经抢救无效死亡。后经医疗事故鉴定委员会鉴定，县医院在对张小小实施抢救时，未及时进行心肺复苏及未及时输液或低分子右旋糖酐进行扩容，致患者抢救无效死亡。

【问题】 对于张小小的死亡，县医院应该承担什么责任？

医疗损害责任是患者在诊疗活动中受到损害，医疗机构或者其医务人员有过错的，由医疗机构承担赔偿责任（《民法典》第 1218 条）。医疗损害责任属于专家责任、过错责任、[①]医疗机构的侵权责任。医疗损害，是指患者在诊疗活动中因医疗机构或者医务人员的过错而遭受的损害。医疗损害既包括对患者之生命、健康的损害（死亡、健康受到伤害），也包括对患者及其家属的财产的损害，还应包括精神损害。医疗损害责任是指医疗机构及医务人员在诊疗过程中因过失造成患者损害时应当承担的以损害赔偿为主要方式的侵权责任。案例中，张小小在县医院输液时，因青霉素过敏，抢救无效死亡。经鉴定，张小小死亡是该医院的抢救措施不当所致，是一起典型的医疗事故，医院应承担医疗损害责任。

《民法典》第 1222 条规定的“过错”一般应理解为过失而不包括故意。承担医疗损害责任的过错包括两种：医疗机构的过错和医务人员的过错。只要具备其中一种过错，就认为医疗机构有过错，具体过错形态包括：(1)违反告知同意义务的过错；(2)未尽到与当时的医疗水平相当的诊疗义务的过错；(3)违反有关规定以

---

① 从《民法典》侵权责任编第六章的整体看，除第 1222 条规定了“推定”外，医疗损害责任作为过错责任原则上属于一般过错责任。

及病历处置方面的过错。根据《民事诉讼法》第 64 条及《最高人民法院关于适用〈民事诉讼法〉的解释》第 91 条的规定确定举证责任分配规则,明确规定患者主张医疗机构承担诊疗过错赔偿责任的,应当提交到该医疗机构就诊、受到损害的证据。对于医疗损害过错及因果关系的举证,本质上还是一个专业判断问题,核心在于谁来申请鉴定的问题,《最高人民法院关于审理医疗损害责任纠纷案件适用法律若干问题的解释》(以下简称《医疗损害责任纠纷司法解释》)第 4 条第 2 款即明确对于患者无法提供证据证明医疗一方有过错和因果关系的,可以通过申请鉴定的方式予以证明。

所谓医疗机构,是指依照《医疗机构管理条例》《医疗机构管理条例实施细则》的规定,经登记取得《医疗机构执业许可证》的各类机构,包括从事疾病诊断、治疗活动的医院、卫生院、疗养院、门诊部、诊所、卫生所(室)以及急救站等。诊疗活动是指通过各种检查,使用药物、器械及手术等方法,对疾病作出判断和消除疾病、缓解病情、减轻痛苦、改善功能、延长生命、帮助患者恢复健康的活动。①

虽然在医疗损害责任中,实施侵权行为的主体可以是医疗机构及其医务人员,但医疗损害责任的承担主体通常被限定为医疗机构,一般不包括医务人员。医疗机构对于其医务人员的不当诊疗行为造成患者一方损害所承担的侵权责任,是雇主责任。

二、违反告知同意义务的医疗损害责任

【案例】 梁一思的右乳房发现恶性肿瘤,在得到其同意的情

① 参见《医疗机构管理条例实施细则》第 88 条。

况下实施了乳房切除手术。但在切除了右乳房后又对其左乳房作了病理切片检查，发现左乳房属于乳腺症，医师在没有得到梁一思本人同意的情况下，将其左乳房也切除了。

【问题】 医院没有告知患者即切除左乳房的行为需要承担什么责任？

（一）告知同意义务概述

随着医学的不断发展进步，现代医患关系模式已经从将患者视为孩童、以医学判断之优位而自居的“父权主义”模式①发展成为一种利益信赖型医患契约关系模式，在这一模式下，医患关系平等，在尊重医生专业判断的基础上，患者的自主决定权也得到尊重。“知情——告知——同意”模式正确地反映了医患之间的权利义务关系本质。②

医疗活动具有高度专业性，但医疗具有过程的高度风险性和结果的不确定性，基于对医疗活动医患之间信息的不对称，医方需要对相关信息履行告知同意义务，这是为了满足患者知情权的要求，同时也是为了满足保护患者之生命权、身体权和健康权的要求。告知同意义务是指医务人员向患者或者患者近亲属说明病情和可能采取的医疗措施，并在取得患者或其近亲属同意的情况下实施此等医疗措施的义务，这一义务是法定义务而非诊疗合同约定义务。《民法典》第1219条规定：“医务人员在诊疗活动中应当向患者说明病情和医疗措施。需要实施手术、特殊检查、特殊治疗的，医务人员应当及时向患者具体说明医疗风险、替代医疗方案等情况，并取得其明确同意；不能或者不宜向患者说明的，

① 参见赵西巨：《论违反告知义务之医疗侵权形态的特殊性》，载《山东大学法律评论》2009年第3期。

② 参见杨立新：《侵权责任法》，法律出版社2021年版，第480页。

应当向患者的近亲属说明,并取得其明确同意。医务人员未尽到前款义务,造成患者损害的,医疗机构应当承担赔偿责任。”案例中,医院没有告知患者,需要承担赔偿责任。

(二) 告知同意的具体内容

告知同意的具体内容包括:(1)一般告知说明义务。在诊疗的全过程中,应当及时、准确、全面地向患者说明病情以及可能采取的诊疗措施,包括说明疾病的性质和发展程度,并应详细说明所采用药物如何服用、有无饮食禁忌、康复注意事项等。①(2)医疗风险、替代医疗方案等告知说明义务。需要实施手术、特殊检查、特殊治疗的,医务人员应当及时向患者具体说明医疗风险、替代医疗方案等情况,并取得其明确同意。(3)取得患者或者其近亲属同意的义务。不能或者不宜向患者说明的,应当向患者的近亲属说明,并取得其明确同意。患者同意权以医务人员履行告知义务为前提,并且需要患者具有行为能力,如果医疗行为在实施过程中需要变更,还需要患者再次同意。另外,患者的同意可以任意撤销。第1219条中的“不宜向患者说明”主要指的是医方的医疗特权情形,即患者的病情决定了不宜向其说明。而第1219条中的“不能”情形主要是指患者为无民事行为能力人、限制民事行为能力人以及暂时失去意识等情形。另外,须注意,如果患者近亲属的决定明显违背患者的意愿或者利益,医疗机构应有权对其决定进行监督。如果存在多个近亲属意见不统一,医方可以自己决定。

(三) 例外不适用告知同意义务的情形

《民法典》第1220条规定:“因抢救生命垂危的患者等紧急情

---

① 参见邹海林、朱广新主编:《民法典评注:侵权责任编2》,法制出版社2020年版,第525页。

况，不能取得患者或者其近亲属意见的，经医疗机构负责人或者授权的负责人批准，可以立即实施相应的医疗措施。”抢救生命垂危的患者是常见的“紧急情况”。这样的紧急情况包含的要素是：(1)时间紧急，处于“抢救”状态，按照医学要求必须尽快采取相应的医疗措施；(2)病情严重，甚至达到生命垂危的程度。

现行的医疗法规规章对于“紧急情况”的界定为：患者因疾病发作、突然外伤受害及异物侵入体内，身体处于危险状态或非常痛苦的状态，在临床上表现为急性外伤、脑挫伤、意识消失、大出血、心绞痛、急性严重中毒、呼吸困难、各种原因所致的休克等。需要说明的是，判断是否构成紧急情况，除了依据法律、法规和规章的规定外，还需要考虑以下两个方面因素：一是患者的生命健康受到伤病急剧恶化的威胁，这种威胁应当限定为对患者生命的威胁，而不能是对患者一般健康状况的威胁；二是患者生命受到的威胁是正在发生和实际存在的。①“不能取得患者或者其近亲属意见”，主要是指患者不能表达意思，既无近亲属陪伴，又联系不到近亲属的情况，但不包括患者或者其近亲属明确表示拒绝采取医疗措施的情况。

在满足例外不适用告知同意义务的情况下，经过医疗机构负责人或者其授权的负责人批准可以立即实施相应的医疗措施。如果其后发生医疗损害赔偿纠纷，患者及其近亲属不得以未尽到告知同意义务造成损害，请求医疗机构承担相应的赔偿责任。

(四) 未尽到告知同意义务的医疗损害责任认定

依据《民法典》第 1219 条第 2 款的规定，医务人员未尽到告知同意义务造成患者损害的，医疗机构应当承担赔偿责任。“未

① 参见王胜明主编：《〈中华人民共和国侵权责任法〉条文解释与立法背景》，人民法院出版社 2010 年版，第 239 页。

尽到"告知同意义务包括以下几种情况:(1)未针对病情和医疗措施向患者作出任何说明;(2)尽管作了说明,但是说明的内容不准确、不正确或者不充分,使患者无法作出适当的选择,失去选择的机会或者只能基于有限的信息作出选择;(3)在需要取得患者同意的情况下,没有取得患者的同意就采取了具有较高风险可能出现后遗症、并发症的医疗措施。

依据《民法典》第1219条第2款承担赔偿责任的构成条件,医疗机构需要造成患者损害,而且未尽到告知同意义务的作为行为或者不作为行为与患者遭受的损害之间存在因果关系。如果患者遭受的损害与不履行或者不适当履行告知同意义务没有因果关系,则医疗机构不依据该条承担赔偿责任。

医疗机构未尽说明义务,擅自进行医疗行为,侵害了病患的自我决定权,同时未积极采取某种医疗措施或者消极停止继续治疗,造成患者的人身实质性损害,应当承担人身损害赔偿责任。

三、未尽到诊疗义务造成损害的赔偿责任

【案例】 2013年12月18日,37周岁的张某某因停经47天,到江苏省淮安市中医院门诊就诊,后其一直在中医院门诊进行产前检查、中药保胎治疗。2014年7月31日,张某某入住中医院,并于当日分娩一女婴,取名刘某。2014年9月5日,刘某经淮安市妇幼保健院查染色体核型,被诊断为小儿唐氏综合征。

2017年9月21日,淮安市医学会出具鉴定结论,认为医方的过错诊疗行为与患有唐氏综合征的患儿出生存在因果关系,其参与度为主要因素。2017年11月30日,张某某、刘某某(刘某父亲)以中医院违反诊疗常规,未建议张某某进行产前诊断检查,导

致刘某的唐氏综合征在胎儿期未被检出，侵害其知情权、优生优育选择权为由，向淮安市清江浦区人民法院提起诉讼，要求医院承担侵权责任。①

【问题】 医院需要承担侵权赔偿责任吗？

（一）未尽到诊疗义务造成损害的赔偿责任概述

《民法典》第1221条规定："医务人员在诊疗活动中未尽到与当时的医疗水平相应的诊疗义务，造成患者损害的，医疗机构应当承担赔偿责任。"医务人员对患者进行诊疗提供医疗服务，要遵循法律法规的要求，遵循规章制度的要求，遵循医疗行业惯例的要求，遵循告知同意内容的要求等。

患者与医疗机构之间存在医疗服务合同，提供医疗服务不能够要求诊疗活动必然达到治愈疾病，完全达到患者一方的预期效果，使患者完全康复的结果，而只能要求医务人员和医疗机构在诊疗活动中遵循法律法规、行业规范等的要求，尽到了与当时的医疗水平相应的注意义务，就没有过错，因而不承担违约责任和侵权责任。

（二）注意义务和诊疗过错

结合相关法律法规、部门规章，医务人员的注意义务具体还包括：第一，取得医师执业证书，按照注册的执业类别、执业范围执业；第二，遵守卫生法律法规、规章和技术操作规范；第三，对患者进行正确诊断；第四，依据诊断结论加以适当治疗；第五，对危急病人应采取紧急救助措施，不得拒绝治疗；第六，应当使用经批准使用的药品、消毒药剂和医疗器械；第七，转诊或转院等。

---

① 参见张春云：《医疗机构未尽提示检查义务构成侵权》，载《人民司法·案例》2021年第17期。

由于诊疗活动具有科学性、专业性、危险性、协力性、有限性、裁量性和不确定性等特点,决定了医疗过失判断的复杂性。[①]确定医疗过错,应以医疗机构及其医务人员是否尽到相应的注意义务为标准。通常而言,确定医疗机构注意义务的违反,应以当时的医疗水平而非医学水平为标准。根据《医疗损害责任纠纷司法解释》第 16 条的规定,对医疗机构或者其医务人员的过错,应当依据法律、行政法规、规章以及其他有关诊疗规范进行认定,可以综合考虑患者病情的紧急程度、患者个体差异、当地的医疗水平、医疗机构与医务人员资质等因素。在我国医疗损害责任案件中,判断医务人员的过错,应当从以下两个方面考虑:(1)如果没有达到法律、行政法规、部门规章、行业规范和惯例所确定的义务之要求,则被认为有过错。(2)如果没有达到同行医务人员"平均"的或者"一般"的医疗水平之注意程度,则被认为有过错。

(三) 过错责任的认定

医疗机构对患者的损害承担赔偿责任的条件包括:(1)医务人员有过错。(2)医务人员实施了有过错的诊疗行为。(3)患者遭受损害,主要是人身损害以及相关的财产损失。(4)医务人员有过错的诊疗行为与患者遭受的损害之间存在因果关系。患者应当对上述四个方面举证和证明。案例中,中医院未建议张某某进行产前诊断,违反法定义务及产前诊断的规范要求,侵犯了两原告的知情选择权,应当承担侵权责任。法院判决中医院于判决生效后 15 日内一次性赔偿原告张某某、刘某某护理费、精神抚慰金、交通费、鉴定费合计 501 900 元。[②]

医疗机构的过错推定。《民法典》第 1222 条规定:"患者在诊

① 参见马俊驹、余延满:《民法原论》,法律出版社 2010 年版,第 1071 页。

② 参见江苏省淮安市清江浦区人民法院(2017)苏 0812 民初 10648 号民事判决书。

疗活动中受到损害，有以下三种情形之一的，推定医疗机构有过错：一是违反法律、行政法规、部门规章以及其他有关诊疗规范的规定，二是隐匿或者拒绝提供与纠纷有关的病历资料，三是伪造、篡改或者违法销毁病历资料。”《医疗损害责任纠纷司法解释》第6条第2款规定，患者依法向人民法院申请医疗机构提交由其保管的与纠纷有关的病历资料等，医疗机构未在人民法院指定期限内提交的，人民法院可以推定医疗机构有过错，但是因不可抗力等客观原因无法提交的除外。《第八次全国法院民商事审判工作会议(民事部分)纪要》中明确：“对当事人所举证据材料，应根据法律、法规及司法解释的相关规定进行综合审查。因当事人采取伪造、篡改、涂改等方式改变病历资料内容，或者遗失、销毁、抢夺病历，致使医疗行为与损害后果之间的因果关系或医疗机构及其医务人员的过错无法认定的，改变或者遗失、销毁、抢夺病历资料一方当事人应承担相应的不利后果；制作方对病历资料内容存在的明显矛盾或错误不能作出合理解释的，应承担相应的不利后果；病历仅存在错别字、未按病历规范格式书写等形式瑕疵的，不影响对病历资料真实性的认定。”这一规则实际是对本条规定情形的细化，可以在审判实践中继续参照适用，比如这里确立的“病历仅存在错别字、未按病历规范格式书写等形式瑕疵的，不影响对病历资料真实性的认定”，表明病历资料仅有形式瑕疵的，不能认定为对病历资料的“篡改”。

《民法典》第1222条规定的三种情形可以归入两个类型：(1)违法，包括违反法律、行政法规、部门规章以及其他有关诊疗规范的规定，还包括违法销毁病历资料。(2)病历相关，包括隐匿或者拒绝提供与纠纷有关的病历资料和伪造、篡改或者违法销毁病历资料。现代侵权责任法理论认为，行为违法时可以直接认定行为人有过错，因为行为人知道或者应当知道广义的法及其相关的义务要求。需要指出的是,即使存在上述过错推定的情形,也并非意味着,在实行过错推定之后,医疗机构要全部负责。例如,伪造、篡改或销毁病历,是不是损害发生的原因,其对损害发生的作用有多大,还需要进一步判断。①

(四) 医疗机构不承担责任的特别事由

《民法典》第1224条规定,患者在诊疗活动中受到损害,有下列情形之一的,医疗机构不承担赔偿责任:(1)患者或者其近亲属不配合医疗机构进行符合诊疗规范的诊疗。若医务人员合理地履行了说明义务及相应的诊疗义务,医务人员已经尽到相应义务,患者的损害是因患者或者其近亲属不配合的行为所致。(2)医务人员在抢救生命垂危的患者等紧急情况下已经尽到合理诊疗义务。(3)限于当时的医疗水平难以诊疗。医疗行为具有高技术性、高风险性、复杂性以及不可控因素,还有很多未知领域需要探索。因此,法律对医务人员采取的诊疗行为是否存在过错的判断,只能基于当时的医学科学本身的发展,即如果尽到与当时的医疗水平相应的诊疗义务,则医疗机构及其医务人员就没有过错。

从审判实务的角度讲,如何认定紧急情况下医务人员已经尽到合理诊疗义务,这涉及专业判断问题,需要通过申请鉴定来解决。

四、医疗产品缺陷、输入不合格血液致人损害

【案例】 张公平出门时不幸遭遇交通事故,被送进健康医院

① 参见王利明:《侵权责任法研究(下卷)》,中国人民大学出版社2016年版,第391页。

急救。手术期间,医生对其进行了输血治疗,该血液的提供机构为健康血液中心。出院后,张公平在一次体检中被检测出乙型肝炎。这消息对张公平来说无异于晴天霹雳,因为以往的体检结果都显示张公平身体非常健康,没有感染任何疾病。乙型肝炎是一种主要通过血液传播的传染病,现张公平怀疑他在健康医院输入的血液不合格。

【问题】 张公平应当如何主张赔偿?

(一) 医疗产品缺陷、输入不合格血液致人损害概述

医疗产品缺陷,是指医疗产品具有危及患者或他人之人身、财产安全的不合理的危险。由于药品等医疗产品具有国家标准,有缺陷的医疗产品一般都不符合国家有关强制性标准的要求。《民法典》第1223条规定:"因药品、消毒产品、医疗器械的缺陷,或者输入不合格的血液造成患者损害的,患者可以向药品上市许可持有人、生产者、血液提供机构请求赔偿,也可以向医疗机构请求赔偿。患者向医疗机构请求赔偿的,医疗机构赔偿后,有权向负有责任的药品上市许可持有人、生产者、血液提供机构追偿。"

《医疗损害责任纠纷司法解释》第25条第2款规定:"医疗产品"包括药品、消毒药剂、医疗器械等。药品属于医疗产品。《药品管理法》规定,药品是指用于预防、治疗、诊断人的疾病,有目的地调节人的生理机能并规定有适应症或者功能主治、用法和用量的物质,包括中药、化学药和生物制品等。

"血液"是指人类血液。用于输血治疗患者疾病的人类血液包括原浆血液和成分血液。在我国,此等血液由红十字血液中心(血站)专门负责采集、储存、加工和提供。不合格血液是指用于输血治疗患者疾病的人类血液不符合医学技术规范的要求,存在危及患者人身安全的缺陷的血液。

(二) 责任构成要件

医疗产品责任和输入不合格血液造成患者损害的责任，大致属于产品责任的范畴。医疗产品的生产者(含药品上市许可持有人)、不合格血液的提供者对有缺陷的医疗产品或不合格血液造成的患者人身损害和财产损失承担无过错责任，医疗机构(如果既不是医疗产品的生产者，也不是不合格血液的提供者)大致承担如同一般产品销售者一样的责任。医疗产品损害责任是不真正连带责任。在形式上，被侵权人可以向不真正连带责任人的任何一方主张承担赔偿责任，任何一方都有责任承担全部赔偿责任，在形式上实行连带；但是在实质上，则必须有一个最终责任人，由最终责任人对全部侵权责任负责，不应当对全部赔偿责任负责的中间责任人即使是承担了全部赔偿责任，他也有权向最终责任人主张追偿全部责任，将中间责任转移给最终责任人，而自己最终是没有责任的。[①]医院承担责任后，可向缺陷产品的生产者(含药品上市许可持有人)和不合格血液提供者追究最终责任。

有缺陷的医疗产品的生产者(含药品上市许可持有人)和不合格血液提供者对遭受损害的患者承担赔偿责任，其责任之构成应当符合以下要件：(1)医疗产品存在缺陷或者血液不合格；(2)患者遭受了人身损害或者财产损失；(3)使用有缺陷的医疗产品或者输入不合格血液是造成患者损害的原因。此等侵权责任之构成，不要求有缺陷的医疗产品的生产者(含药品上市许可持有人)或者不合格血液的提供者有过错。

(三) 药品缺陷致人损害的责任主体

因医疗产品的缺陷或者输入不合格血液受到损害，患者请求

---

① 参见杨立新：《〈侵权责任法〉改革医疗损害责任制度的成功与不足》，载《中国人民大学学报》2010年第4期。

医疗机构，缺陷医疗产品的生产者、销售者、药品上市许可持有人或者血液提供机构承担赔偿责任。①依据《药品管理法》的有关规定，药品上市许可持有人依法对药品研制、生产、经营、使用全过程中药品的安全性、有效性和质量可控性负责。药品上市许可持有人应当建立药品质量保证体系。药品上市许可持有人可以自行生产药品，也可以委托药品生产企业生产。药品上市许可持有人应当对受托药品生产企业、药品经营企业的质量管理体系进行定期审核，监督其持续具备质量保证和控制能力。血液制品、麻醉药品、精神药品、医疗用毒性药品、药品类易制毒化学品不得委托生产；但是，国务院药品监督管理部门另有规定的除外。

药品上市许可持有人承担无过错责任。如果药品上市许可持有人同时也是有缺陷的药品的生产者，其应当承担《民法典》第1223条规定的无过错责任。如果药品上市许可持有人不是有缺陷的药品的生产者，该有缺陷的药品是由其委托药品生产企业生产的，药品上市许可持有人与生产者承担连带责任。

如果医疗机构医务人员过错使用本不应当使用的医疗产品（药品）造成损害，而该医疗产品（药品）并不存在缺陷的，则不构成产品责任，而仅仅构成医疗损害责任。

（四）患者的请求权与责任主体之间的追偿

依据《民法典》第1223条的规定，遭受损害的患者可以向药品上市许可持有人、生产者、血液提供机构请求赔偿，也可以向医疗机构请求赔偿。医疗机构如不能指明具体生产者，则应作为生产者承担医疗产品责任。患者仅起诉医疗产品的生产者、销售者、药品上市许可持有人、医疗机构中部分主体，当事人依法申请追加其他主体为共同被告或者第三人的，应予准许。必要时，人

---

① 参见《医疗损害责任纠纷司法解释》第21条第1款。

民法院可以依法追加相关当事人参加诉讼。①

如果医疗机构是有缺陷的药品、器材等的生产者，则医疗机构应对其所造成的损害负无过错的赔偿责任；如果医疗机构不是有缺陷的药品、器械等的生产者或者药品的上市许可持有人，则医疗机构应对其所造成的损害负过错的赔偿责任，即只有在有过错的情况下才负最终的赔偿责任，如未按规定严把进货关，在保存药品过程中有过错等，否则，不承担最终的责任，而由有缺陷的医疗产品的上市许可持有人、生产者承担责任。由于受害的患者很难明确指出有缺陷的药品、器材等的生产者，因而其得直接向医疗机构主张医疗产品或者不合格血液致害责任，医疗机构不得推诿，但可于无过错之情形向生产者等追偿。患者向医疗机构请求赔偿的，医疗机构承担赔偿责任后，可向缺陷医疗产品的生产者、销售者、药品上市许可持有人或者血液提供机构追偿。因医疗机构的过错使医疗产品存在缺陷或者血液不合格，医疗产品的生产者、销售者、药品上市许可持有人或者血液提供机构承担赔偿责任后，可向医疗机构追偿。②在本案例中，张公平在证明自己是因为输入了血液而感染乙型肝炎后，或者请求法院进行司法鉴定证明输入的血液不合格后，既可以向血液提供机构健康血液中心要求赔偿，也可以向医疗机构健康医院要求赔偿。

① 参见《医疗损害责任纠纷司法解释》第3条第2款。

② 参见《医疗损害责任纠纷司法解释》第21条第2款、第3款。

第七章　典型侵权责任（二）

第一节　因污染环境、破坏生态造成他人损害——环境污染和生态破坏责任

【案例】 张公平企业的污水管被进厂偷东西的小偷无意间凿开，未经处理的污水大量流出，造成下游农田被污染，损失达到20万元。后污染受害者向法院起诉，请求张公平承担损害赔偿责任。张公平认为是小偷的行为导致污染的发生，污染产生的损失与自己无关。并且自己也因为小偷的行为蒙受损失，因此拒绝赔偿。

【问题】 法院应该如何判定此案？

一、环境污染和生态破坏责任概述

（一）概念

生态环境是人类生存发展的基础，保护环境、保护生态是我国的基本国策。随着我国社会经济的发展，城市化工业化的规模不断扩大，环境保护的压力越来越大，环境污染、生态破坏带来的

问题不断恶化。绿水青山就是金山银山，为了防止生态环境进一步恶化，我国《民法典》第一次将绿色原则规定为民法基本原则，在侵权责任编第七章首次专门规定了环境污染和生态破坏责任，将破坏生态行为与原有环境污染行为并列调整，扩大了调整范围，更利于生态环境的保护，为我们的青山绿水，为人民的美好生活提供更全面的法律保障。根据《民法典》第 1229 条规定，环境污染和生态破坏责任是指因污染环境、破坏生态造成他人损害时，侵权人应当承担的侵权责任。

(二) 归责原则

环境污染和生态破坏行为的受害者通常是社会上的普通人，在技术上和财力上处于弱势，要求他们证明侵权人造成环境污染和生态破坏的侵权行为的主观过错，往往比较困难。环境污染和生态破坏责任归责适用无过错责任原则，受害者无需证明侵权人的主观过错，只要侵权人的侵权行为造成了损害后果，无论侵权人是否有主观过错都应当承担侵权责任。在对环境污染导致的侵权责任的立法上，世界各国适用无过错责任原则是主流，我国对环境污染和生态破坏责任同样适用无过错责任原则，一方面有利于保护受害者的合法权益，另一方面强化造成环境污染和生态破坏侵权者的责任，以增强他们的环保意识和行动自觉，更有利于修复环境污染和维护良好生态环境。案例中，的确是由于第三人小偷的行为引起了污染的后果，但环境污染和生态破坏责任适用无过错责任原则，张公平虽然没有主观上的过错，仍然应当承担赔偿的责任。

二、环境污染和生态破坏责任的构成要件

【案例】 周某代表新辉物流公司在张某某的果园隔壁建了

一个大型粉煤灰堆放场。从此有风刮过，粉尘就会进入果园，严重影响了果树的生长和挂果。张某某诉至法院，要求周某赔偿损失。周某提出已用大棚膜将煤粉堆覆盖，且当年没有刮过大风，张某某果园的损失是由多种原因造成的，拒绝赔偿。①

【问题】 法院应如何处理该案？

环境污染和生态破坏责任适用无过错责任原则，包括三个构成要件：

1. 有侵权行为

有污染环境破坏生态的侵权行为，是构成污染环境破坏生态责任的首要构成要件。污染环境是指人类所处的自然条件和状态发生了不利于人类生活的各种变化，产生了对人类良好生存环境的损害。②生态破坏，是指因为行为人不合理的开发、利用、滥砍滥伐、过度捕捞等行为，造成生态退化、环境结构和功能的变化，出现水土流失、沙漠化、荒漠化、森林被破坏、土壤被污染、生物多样性减少等现象。③侵权人环境污染，生态破坏的行为可能是作为也可能是不作为，只要侵权人侵权行为造成了损害结果，作为或不作为都构成侵权责任。

环境污染和生态破坏行为不以违法性为要件。国家对环境和生态的保护非常重视，相关的法律法规不断制定和完善。造成环境污染和生态破坏的侵权行为一般是违反国家环境和生态保护的法律法规，应当承担的侵权责任。但同时也注意到，对环境

① 根据“张某某诉周某、库车青松新辉物流运输有限公司环境污染责任纠纷案”改编，案号：(2016)兵0102民初355号。

② 参见马俊驹、余延满：《民法原论》，法律出版社2007年版，第1071页。

③ 参见曹明德主编：《环境与环境保护法》，中国人民大学出版社2013年版，第187页。

污染和生态破坏有时是一个长期的过程,一些行为虽然当时没有违反现行的相关法律法规,但行为的后果却在长期累积之后造成受害人受损,由受害人承担这种损害的结果显然是不公平不合理的。根据《民法典》第 1229 条的规定,环境污染和生态破坏责任并不要求环境污染和生态破坏行为违法,也就是说一些环境污染和生态破坏行为即使符合国家的标准,只要造成相关人员受损害,就应当承担侵权责任。例如:一些排污符合国家或者地方污染物排放标准,但长期排放后仍然造成相关人员的受损,污染者不能以排污符合国家或地方污染物排放标准为由主张不承担责任。

2. 有损害事实

污染环境、破坏生态的损害事实是指污染环境破坏生态的侵权行为,造成受害人的人身权益、财产权益受损害的事实。没有损害事实的发生,就没有损失的发生,也就没有侵权损害责任。

污染环境破坏生态行为的损害包括人身损害和财产损害。由于环境的污染和生态的破坏具有长期性的特点,其所造成的人身损害可能具有不确定性、隐蔽性、潜伏性、广泛性的特点。污染环境和破坏生态造成的财产损失,包括财产的直接损失和间接损失。可见环境污染和生态破坏责任既保护现存利益,也保护期待利益。

3. 有因果关系

污染环境破坏生态的侵权行为和污染环境破坏生态的损害结果之间有因果关系。一般情况下侵权行为和损害结果之间的因果关系应当由受害人予以证明,但污染环境和破坏生态行为往往具有长期性、复杂性、隐蔽性的特点,受害人作为经济上、技术上的弱势群体,很难证明污染环境和破坏生态行为与损害结果之间的直接因果关系。为了更好地对环境污染和生态破坏致人损害纠纷中的受害者进行救济,在环境污染和生态破坏责任中,一般适用因果关系举证责任倒置的规则，将举证责任交给污染环境和破坏生态的侵权人，由侵权人倒过来证明自己的污染行为和损害结果之间没有因果关系。通过举证责任的倒置，受害人只要举证侵权人有污染环境和破坏生态的侵权行为，并且受害人的人身权益或财产权益正因此受到损害，就可以推定侵权行为和损害结果之间具有因果关系，减轻了受害人的举证负担。

我国《民法典》第1230条规定："因污染环境、破坏生态发生纠纷，行为人应当就法律规定的不承担责任或者减轻责任的情形及其行为与损害之间不存在因果关系承担举证责任。"确认了因果关系举证责任的倒置。污染者举证证明下列情形之一的，人民法院应当认定其污染行为与损害之间不存在因果关系：其一，排放的污染物没有造成该损害可能的。其二，排放的可造成该损害的污染物未到达该损害发生地的。其三，该损害于排放污染物之前已发生的。其四，其他可以认定污染行为与损害之间不存在因果关系的情形。

以上案例中，周某未能提出证据证明粉煤灰的堆放与张某某的果园损失之间不存在因果联系，故应当承担举证不能的后果。法院有理由认定堆放粉煤灰的行为与张某某的果园损失之间具有因果联系，周某应当对张某某的损失承担赔偿责任。

三、数人侵权的环境污染和生态破坏责任

【案例】 张公平的鱼塘和一条河相连。一天，张公平发现自家鱼塘里的鱼大量死亡。后查明，是因为河水污染所致。经相关部门调查，是董敏法、魏荃泽、梁一思开办的三家企业将污水排放入河流，共同导致河水被污染。张公平请求董敏法、魏荃泽、梁一

思承担侵权责任,赔偿自己的损失。董敏法、魏荃泽、梁一思均拒绝,认为自己的企业排放的污水符合排污的标准。后张公平向法院起诉。

【问题】 法院应如何处理该案?

现实生活中,环境污染和生态破坏造成损害的情况往往比较复杂,单纯由一个主体造成的情况较少,大多数情况是数人侵权的环境污染和生态破坏责任。数个主体的污染环境和破坏生态的行为一起作用造成了相关受害人的损害,这些侵权人之间可能是共同的侵权,也可能彼此之间并无意思上的联络,但不管具体情况如何,客观上他们的行为结合在一起,造成了侵权的损害结果。例如:数个排污者,分别排污,最终导致相关人员身体健康受损,无法确定具体是哪种污染物导致损害,或是污染物共同作用导致损害。若数个侵权人共同侵权,应承担连带责任。若数个侵权人分别污染环境破坏生态,造成同一损害后果,而数个侵权人之间无意思联络,受害人则无法请求侵权人之间承担连带责任。

针对无意思联络的多数人侵权的环境污染和生态破坏责任,《民法典》第1231条规定:"两个以上侵权人污染环境、破坏生态的,承担责任的大小,根据污染物的种类、浓度、排放量,破坏生态的方式、范围、程度,以及行为对损害后果所起的作用等因素确定。"故此可知无意思联络的多数人侵权的环境污染和生态破坏责任中数个侵权人承担的是按份责任。在司法实践中根据各侵权人造成污染的种类、浓度、排放量,破坏生态的方式、范围、程度,以及行为对损害后果所起的作用确定各侵权人的责任,更加公平合理。各侵权人承担按份责任,避免因承担连带责任导致的效益较好的企业担责过重,也避免直接平摊责任导致的责任承担不公平情况。

以上案例属于数人侵权的环境污染和生态破坏纠纷，依据《民法典》规定，即使董敏法、魏荃泽、梁一思的企业分别符合国家的排污标准，只要造成了张公平的损害，仍然构成环境污染和生态破坏责任。法院应当认定董敏法、魏荃泽、梁一思承担侵权责任，并根据董敏法、魏荃泽、梁一思三家企业各自污染物的种类、浓度、排放量等因素确定他们的责任份额。

四、承担环境污染和生态破坏责任的特殊规定

【案例】 2009年湘盛公司与沃鑫公司建立硫精砂制酸工程项目合作关系，为了节约成本，使用含有危险废物镉等重金属的丹霞冶炼厂硫精砂作为原材料进行生产。2015年，湘盛公司的高温水管破裂，造成冷却水排放到公司后的河流，导致土壤大面积污染、地上农作物污染，威胁不特定人体健康，造成当地生态环境的破坏，在当时极具典型性。

【问题】 对这种造成生态环境破坏的侵权行为，应如何给予救济，恢复生态环境？①

环境污染和生态破坏责任属于典型侵权责任的一种，《民法典》中规定的承担责任的方式，只要适合于环境污染和生态破坏责任，都可以适用。例如为了防止污染和破坏行为发生或扩大，可以适用停止侵害、排除妨害；对造成的损害给予补偿，受害人可以请求损害赔偿。除了一般承担侵权责任方式之外，《民法典》还

① 根据“铜仁市人民检察院诉湘盛公司、沃鑫公司土壤污染责任民事公益诉讼案”改编，案号：(2016)黔03民初520号。

针对环境污染和生态破坏责任进行了特殊规定。

(一) 惩罚性赔偿

随着我国经济的发展,环境污染和生态破坏问题越来越严重,对人们的生存和发展形成威胁,也严重影响社会发展的可持续性。在《民法典》编撰的过程中,为了落实党的十八届三中全会提出的对造成生态环境损害的责任人严格实行赔偿制度的要求,贯彻党的十九大报告中提出的"加大生态系统保护力度"的决策部署,《民法典》专门增加了对环境污染和生态破坏的惩罚性赔偿的规定。[①]《民法典》第 1232 条规定:"侵权人违反法律规定故意污染环境、破坏生态造成严重后果的,被侵权人有权请求相应的惩罚性赔偿。"据此可知我国对环境污染和生态破坏责任可以适用惩罚性赔偿,侵权人应承担超出实际损失的赔偿。

根据《民法典》第 1232 条规定,环境污染和生态破坏责任适用惩罚性赔偿的条件如下:

1. 是违反法律规定的污染环境、破坏生态的侵权行为

随着现代工业化的发展,对环境和生态造成一定程度的污染破坏是其不可避免的影响,若只要造成污染和破坏,就一概都适用惩罚性赔偿,显然过于严格,也不符合社会经济发展的规律。[②]故此只有违反法律规定污染环境、破坏生态的侵权行为才能适用惩罚性赔偿。违反的法律规定包括相关法律,也包括行政法规。

2. 侵权人具有主观故意

具有主观上的故意,意味着侵权人明知自己污染环境破坏生态的行为会造成损害,仍然选择实施该行为。环境污染和生态破

---

① 参见沈春耀:《关于〈民法典〉个分编(草案)的说明》,载《民法典立法背景与观点全集》编写组编:《民法典立法背景与观点全集》,法律出版社 2020 年版,第 28 页。

② 参见程啸:《侵权责任法》,法律出版社 2021 年版,第 661 页。

坏责任规定适用惩罚性赔偿，加重对这类明知故犯，主观恶意极大的侵权人的法律制裁。惩罚性赔偿的适用在更全面的救济受害人的同时，通过对恶意侵权人更严厉的制裁，有效地遏制这类污染环境破坏生态行为的发生。

3. 侵权行为造成严重后果

造成严重的后果是指污染环境破坏生态行为造成受害人的人身权益严重损害，例如死亡或残疾，甚至多人死亡或残疾；造成受害人财产权益严重损害，例如数额巨大的财产损失。当然，在认定是否具有严重后果时，除了以上具体损失的判断，还要结合该侵权行为社会影响范围的大小和持续时间的长短，环境生态破坏严重的程度和恢复的情况等来具体考虑。

（二）第三人过错的责任承担

根据我国《民法典》第1175条的规定，第三人是造成损害的原因时，第三人应当承担侵权责任，行为人免责，这是侵权责任的一般规定。但该规则在环境污染和生态破坏责任中不适用。《民法典》第1233条规定："因第三人的过错污染环境、破坏生态的，被侵权人可以向侵权人请求赔偿，也可以向第三人请求赔偿。侵权人赔偿后，有权向第三人追偿。"据此可知对于第三人过错造成的环境污染、生态破坏的这部分损害：

1. 侵权人仍需承担赔偿责任

环境污染和生态破坏责任适用无过错责任原则。无过错责任原则中，侵权人主观过错并不是侵权责任的构成要件，第三人是侵权行为造成损害的原因，使侵权人对侵权行为的发生没有主观上的过错，但并没有改变侵权人是行为人这一事实，因此第三人行为并不能作为行为人免责的理由。在第三人过错造成污染环境破坏生态的损害的情形下，侵权行为人并不能因此而免责，仍然要承担赔偿责任。这一规定加重了侵权人的责任，有利于侵权人更积极地采取防范措施,避免第三人行为造成的污染破坏,更好地保护生态环境。

2. 受害人享有选择权

这里的选择权是指在第三人过错造成污染环境破坏生态的损害的情形下,受害人可以选择向第三人请求损害赔偿,或者向侵权人请求损害赔偿,而不是只能向第三人请求赔偿。受害人可以根据自己利益需求选择对自己实现权利最为有利的一方来请求赔偿。但由于第三人和侵权人之间并不是真正的连带责任关系,受害人只能在两者之间选择一个行使赔偿请求权,而不能同时向两者请求赔偿。

3. 侵权人享有追偿权

侵权人在承担了第三人过错造成的损害赔偿之后,享有对第三人的追偿权。虽然法律允许受害人请求侵权人承担赔偿责任,但第三人才是真正的损害责任人,侵权人实际是在代替第三人承担赔偿责任。侵权人享有追偿权,在向受害人赔偿后就这部分损失可以向第三人追偿,才符合公平的原则。

(三) 生态环境损害修复责任

1. 生态环境损害修复责任概述

污染环境,破坏生态造成特定受害人人身和财产利益受损,侵权人承担损害赔偿责任,使受害人的损失得到补偿。然而,生态环境损害不仅会造成特定受害人的损害,更是社会公共利益的损害。生态环境是人们生活的基础性条件,生态环境的变化和生活在其中的所有人息息相关,若生态环境恶化,社会公众的生活会深受影响。可以说侵权人造成生态环境损害时,每一个人都是受害者。生态环境被污染破坏后,自然恢复的速度非常缓慢,需要几十年、甚至上百年的漫长时光,只有通过专业的科学技术手段才有可能尽快恢复。因此,针对生态环境损害《民法典》作出生态环境损害修复责任的专门规定。

《民法典》第1234条规定:“违反国家规定造成生态环境损害,生态环境能够修复的,国家规定的机关或者法律规定的组织有权请求侵权人在合理期限内承担修复责任。侵权人在期限内未修复的,国家规定的机关或者法律规定的组织可以自行或者委托他人进行修复,所需费用由侵权人负担。”该条是对生态环境损害修复责任的新规定。据此可知承担生态环境损害修复责任的规则是:(1)承担修复责任的前提是生态环境有修复的可能性。(2)国家规定的机关或者法律规定的组织是修复责任的请求权人。生态环境损害中社会公共利益受损,受损的是不特定多数人,由法律规定的相关机关或组织代表社会公众行使请求权。(3)侵权人未在合理期限内完成修复工作的,请求权人可自行或委托他人完成修复,侵权人承担所需费用。生态环境的修复工作难度高,技术性强,往往需要委托具有专业资质的组织进行。

以上案例是一起典型生态环境损害案例。该案的提起正是在全国人大常委会授权最高人民检察院在全国部分地区提起公益诉讼试点期间,铜仁市人民检察院作为公益诉讼人向人民法院提起了生态环境修复公益诉讼,将湘盛公司和沃鑫公司告上法庭。该案是法、检两家对检察机关提起公益诉讼这一顶层设计的具体实践和探索,体现了司法保护公益的特殊效果。

2. 生态环境损害责任的赔偿范围

依据《民法典》第1235条规定,违反国家规定造成生态环境损害的,国家规定的机关或者法律规定的组织有权请求侵权人赔偿下列损失和费用包括:(1)生态环境受到损害至修复完成期间服务功能丧失导致的损失。(2)生态环境功能永久性损害造成的损失。(3)生态环境损害调查、鉴定评估等费用。(4)清除污染、修复生态环境费用。(5)防止损害的发生和扩大所支出的合理费用。

以上案例法庭经审理判决:湘盛公司、沃鑫公司立即停止侵害,在对生产厂区进行综合整改及环境监控,未通过相关环保行政职能部门监督验收前,不得生产;对厂区留存全部原料及废渣进行彻底无污染清除,逾期则应当支付危废物处置费 60.3 万元,聘请第三方处置;对涉案土壤进行修复,逾期则支付修复费用 230 万元,聘请第三方进行修复;赔偿生态环境期间服务功能损失 127.19 万元;承担本案鉴定费 38.6 万元。

第二节　从事高度危险活动或保有高度危险物品而导致他人损害——高度危险责任

【案例】 张公平去某山游玩,在山坡停留期间,被山北边的某射击场进行的新武器试验的跳弹打伤。张公平诉请某射击场承担损害赔偿责任。

【问题】 法院应如何处理该案?

一、高度危险责任概述

(一) 高度危险责任概念

高度危险责任,也称高度危险作业责任,是指因从事高度危险活动或保有高度危险物品而导致他人损害,依法应当承担的侵权责任。现代科学技术的发展,为人们带来了更美好的生活,也创造出很多前所未见的高度危险产品和高度危险活动。例如:核能的运用,提供了更高效清洁的能源,但同时核辐射、核污染的高度危险也随之而来。这类高度危险活动和高度危险物品虽然具有高度危险性，却往往是现代社会的正常生活不可缺少的，因此从事这些高度危险活动或保有这些高度危险物品是法律允许的合法行为。但同时这类行为和物品所具有高度的危险性，致使人们即使尽到高度的注意仍然无法完全避免危险的发生，并且一旦危险发生受害人遭受的损害较一般危险导致的损害会更严重。因此，我国《民法典》在侵权责任编第八章将高度危险责任作为典型侵权责任，专门进行了规定。《民法典》第1236条规定："从事高度危险作业造成他人损害的，应当承担侵权责任。"就是高度危险责任的一般规定。而《民法典》第1237条至第1242条对各种高度危险活动损害责任和各种高度危险物品损害责任进行了逐一规定。

（二）高度危险责任归责原则

根据《民法典》第1236条规定，只要从事高度危险作业造成他人损害就应承担高度危险责任，并不要求行为人主观上的过错，明确了高度危险责任适用无过错责任原则。高度危险责任是现代工业发展的产物，科学技术的发展，复杂机器的运用带来了无法避免的危险事故，事故的损害后果并不是任何人的过错导致，若适用过错责任原则，受害人只能独自承担不幸。为了更公平地对受害人进行救济，无过错责任原则应运而生。高度危险责任适用无过错责任原则，侵权人不论是否有过错，都要对高度危险作业造成的损害承担侵权责任。高度危险责任显然不是为了对高度危险作业这种行为进行制裁，而是为了对受害人的不幸损失进行分担。同时无过错责任原则的适用也能更好地督促高度危险作业责任人采取更谨慎的行动，更完备的措施，尽量减少损害的发生。

案例中，射击场的新武器试验具有高度的危险性，属于"高度危险作业"，造成张公平的损害，属于高度危险责任，适用无过错责任。射击场应向张公平承担损害赔偿责任。

二、高度危险活动致人损害责任

【案例】 张公平所在村子的村民发现村中土地出现塌陷,相应地面的庄稼、林木、果树、房屋等都受到影响。村民们怀疑是村子附近的煤矿采煤挖掘所导致。后土地坍塌现象越来越严重,面积不断扩大,庄稼、林木、果树、房屋等毁损倒塌,村民们的利益受到严重影响。以张公平为首的村民向煤矿提出交涉,煤矿认为自己采矿并没有挖掘到张公平所在的村,故不予理睬。后张公平等将煤矿告上法庭,要求煤矿对村民的财产损失进行赔偿。

【问题】 法庭能否支持张公平的诉讼请求?

(一)民用核设施致人损害责任

1. 民用核设施致人损害责任概述

现代核能的运用,造福人类生活的同时,也为人们的生活带来极大隐患,核事故的发生与否是人们无法完全控制的。而一旦民用核设施发生核事故,会造成大规模严重的人身损害和财产损害,会造成周围环境的巨大破坏,其损害后果无法估量。苏联的切尔诺贝利核电站泄漏事故、日本福岛核事故,直到今日这些核事故的影响仍未消除。所以民用核设施的营运使用属于高度的危险性的活动,有发生核事故造成严重损害的高度风险。《民法典》第1237条规定:“民用核设施或者运入运出核设施的核材料发生核事故造成他人损害的,民用核设施的营运单位应当承担侵权责任;但是,能够证明损害是因战争、武装冲突、暴乱等情形或者受害人故意造成的,不承担责任。”明确了民用核设施致人损害责任是高度危险责任。

根据《民法典》第1237条规定，民用核设施致人损害责任仅适用于民用核设施或运入运出民用核设施的核材料发生核事故致人损害的情况。民用核设施是非军用的核能设施，在我国主要包括：(1)核动力厂(核电厂、核热电厂、核供汽供热厂等)。(2)核动力厂以外的其他反应堆(研究堆、实验堆、临界装置等)。(3)核燃料生产、加工、贮存及后处理设施。(4)放射性废物的处理和处置设施。(5)其他需要严格监督管理的核设施。①民用核设施致人损害责任中的核材料，不是低风险的核材料，而有着严格专业的定义，包括：(1)铀-235材料及其制品。(2)铀-233材料及其制品。(3)钚-239材料及其制品。(4)法律、行政法规规定的其他需要管制的核材料。②核事故是指核设施内的核燃料、放射性产物、废料或运入运出核设施的核材料所发生的放射性、毒害性、爆炸性或其他危害性事故，或一系列事故。③

2. 民用核设施致人损害责任的构成要件

根据《民法典》第1237条规定，民用核设施致人损害责任并不要求责任人对核事故的发生有主观的过错。民用核设施致人损害责任适用无过错责任原则，其构成要件是：

(1) 民用核设施或者运入运出核设施的核材料发生核事故。营运核设施和运输核材料都是高度危险的活动，民用核设施在营运过程中或为营运核设施而将核材料运入运出的过程中发生了核事故是民用核设施致人损害责任的前提。

(2) 造成损害后果。损害后果是指受害人因核事故而受到的损害，包括人身伤亡损害和财产损害。

---

① 参见1986年国务院《民用核设施安全监督管理条例》第2条规定。
② 参见《核安全法》第2条规定。
③ 参见1986年国务院《民用核设施安全监督管理条例》第24条规定。

(3)核事故和损害后果之间有因果关系。受害人应证明核事故和损害后果之间的因果关系。民用核设施发生核事故后,一般只要造成损害,都可认定民用核设施发生的核事故和损害之间的因果关系。

3. 民用核设施致人损害责任的责任主体

根据《民法典》第1237条规定,承担民用核设施致人损害责任的责任主体是民用核设施的营运单位。核设施营运单位,是指在中华人民共和国境内,申请或者持有核设施安全许可证,可以经营和运行核设施的单位。①法律将民用核设施的营运单位规定为责任主体意味着其他民用核设施的参与者,核材料的运输者等其他相关主体不承担民用核设施致人损害责任。

4. 民用核设施致人损害责任的免责事由

一般侵权责任中不可抗力、第三人行为等可以减免侵权责任,但这些事由不能作为民用核设施致人损害责任的免责事由。民用核设施的营运单位只有证明符合《民法典》第1237条规定过的免责事由,才能不承担责任,具体包括:(1)战争、武装冲突、暴乱等情形。民用核设施本身高度危险,法律要求核设施应当贯彻安全第一的方针,保证核设施质量,保证核设施安全运行,预防核事故的发生。民用核设施在设计、建设时应当已经将一些常见的不可抗力考虑在内,遇到洪水、地震、海啸这些常见的不可抗力时仍然能够安全地运行。因此民用核设施的营运单位不是在所有的不可抗力情形下都可免除责任,而是限定在战争、武装冲突、暴乱等极端的不可抗力情形下,才能免除责任。(2)受害人故意。民用核设施的营运单位能够证明是受害人故意引起民用核设施发生核事故,致使自己受损害,民用核设施的营运单位不承担对

① 参见《核安全法》第93条规定。

受害人的侵权责任。

（二）民用航空器致人损害责任

1. 民用航空器致人损害责任概述

民用航空器的运用，为人们的交通出行带来了极大的便利，同样也带来了巨大的危险。航空器发生事故的几率虽然很低，但一旦事故发生，人们几乎无生还的可能性，所造成的生命财产的损失非常巨大。相较于其他高速运输工具，民用航空器的危险性更高。因此法律单独针对民用航空器导致的损害，进行了区别于其他高速运输工具的专门规定。《民法典》第 1238 条规定："民用航空器造成他人损害的，民用航空器的经营者应当承担侵权责任；但是，能够证明损害是因受害人故意造成的，不承担责任。"明确了民用航空器致人损害责任是高度危险责任。

民用航空器致人损害责任仅适用于民用航空器。民用航空器，是指除用于执行军事、海关、警察飞行任务外的航空器。①执行军事、海关、警察飞行任务的航空器，属于职权活动，造成他人损害的，不适用侵权责任编，产生的是国家赔偿责任。

2. 民用航空器致人损害责任的构成要件

根据《民法典》第 1238 条规定，民用航空器致人损害责任并不要求责任人对事故的发生有主观的过错。民用航空器致人损害责任适用无过错责任原则，其构成要件是：

(1) 民用航空器发生事故。民用航空器致人损害责任发生的前提是民用航空器发生了事故。航空器从起飞到落地的整个飞行过程具有高度的危险性，在此过程中民用航空器发生事故，才产生民用航空器致人损害责任。

(2) 造成他人受损的损害后果。这里的他人受损包括民用航

---

① 参见《民用航空法》第 5 条。

空器乘客的损失和地面上的第三人的损失。民用航空器乘客的损失由于民用航空器事故而直接产生,包括乘客的人身伤亡,随身携带和托运的行李或货物的毁损。地面第三人的损失是指由于飞行的民用航空器、飞行民用航空器上的人或物品由于事故而坠落,造成地面第三人的人身伤亡或财产损失。

(3) 民用航空器事故与损害后果之间有因果关系。民用航空器事故必须是损害发生的原因,非因民用航空器事故发生的损害,不能构成民用航空器致人损害责任。例如,民用航空器飞行过程中,乘客突发心脏病死亡,乘客人身权益的损失就不是民用航空器事故造成,自然不能请求民用航空器致人损害责任的承担。

3. 民用航空器致人损害责任的责任主体

根据《民法典》第1238条规定,民用航空器致人损害责任的责任主体是民用航空器的经营者。民用航空器经营者是指损害发生时使用民用航空器的人。一般来说民用航空器登记的所有人应当被视为经营者,并承担经营者的责任。民用航空器的使用权已经直接或者间接地授予他人,但本人保留对该民用航空器的航行控制权的,本人仍被视为经营者。经营者的受雇人、代理人在受雇、代理过程中使用民用航空器,无论是否在其受雇、代理范围内行事,均视为经营者使用民用航空器。①

4. 民用航空器致人损害责任免责事由

根据《民法典》第1238条规定,民用航空器致人损害责任的免责事由只有受害人故意。民用航空器经营者能够证明是受害人故意引发民用航空器事故,导致自身人身和财产的损害,自然不必对其承担责任。但对于在受害人故意引发的民用航空器事故中受损的其他受害人,民用航空器经营者不能免责。

---

① 参见《民用航空法》第158条。

(三) 从事高空、高压、地下挖掘活动或者使用高速轨道运输工具致人损害责任

1. 从事高空、高压、地下挖掘活动或者使用高速轨道运输工具致人损害责任概述

《民法典》第 1240 条规定:"从事高空、高压、地下挖掘活动或者使用高速轨道运输工具造成他人损害的,经营者应当承担侵权责任;但是,能够证明损害是因受害人故意或者不可抗力造成的,不承担责任。被侵权人对损害的发生有重大过失的,可以减轻经营者的责任。"将从事高空、高压、地下挖掘活动或者使用高速轨道运输工具致人损害责任确认为高度危险责任。高空、高压、地下挖掘、使用高速轨道运输工具是四种典型的高度危险活动,行为人即使尽到高度的注意仍无法完全避免损害的发生,规定为高度危险责任能更有效地救济受害人,督促行为人更谨慎地从事高度危险活动,尽可能避免损害发生。

(1) 高空作业。高空作业是指超过正常高度,在有可能坠落的高处进行的作业。例如,高空安装、高空维修、高空清洗。高空作业有坠落的风险,此风险是针对作业人以外的第三人而言的,因此认定 30 米及以上的作业为高空作业比较适当。①

(2) 高压作业。高压在现代工业中运用很多,例如使用高压制造、储藏、运送电力、液体、煤气、蒸汽等。所以这里高压作业的高压属于工业生产意义上的高压,包括高压电和高压容器。②高压作业对周围的人群和环境有高度的危险。例如高压电对周围的环境有高度危险,法律要求必须设置架空电力设备保护区,防止危险的发生。生活中最常见的是高压电作业致人损害,1 千伏及

① 参见程啸:《侵权责任法》,法律出版社 2021 年版,第 604 页。

② 参见全国人大常委会法制工作委员会民法室编:《中华人民共和国侵权责任法条文说明、立法理由及相关规定》,北京大学出版社 2010 年版,第 300 页。

其以上的电压属于高压电。

(3) 地下挖掘活动。地下挖掘活动是指在地表以下一定深度进行挖掘的行为,包括钻探活动、地下矿产采掘活动、地下铁路修建等。这里的地下挖掘活动有不同于一般的地面下施工的特点:其一,是深层的地下挖掘而不是浅层的挖掘,例如采矿的挖掘深度。其二,挖掘活动较为复杂,例如地铁工程就非常复杂。其三,挖掘活动更为危险,例如,地下深度挖掘引发的地面坍塌、设施破坏、人员受伤,造成的损失非常巨大。

案例中,法院在受理案件后委托专业机构对地面坍塌原因进行了鉴定,结论为:该村地面的坍塌与煤矿的采煤挖掘有直接的因果关系。该案属于地下挖掘造成他人损害的高度危险责任,煤矿应当向张公平等村民承担损害赔偿责任。

(4) 使用高速轨道运输工具。高速轨道运输工具包括火车、动车、高铁、地铁、轻轨列车、磁悬浮列车等在固定轨道上运行的交通运输工具。高速轨道运输工具在高速行进的过程中具有高度危险性,一旦危险发生,会带来巨大的损害。使用高速轨道运输工具是指对高速轨道运输工具进行客货运输的运营。

2. 从事高空、高压、地下挖掘活动或者使用高速轨道运输工具致人损害责任的构成要件

根据《民法典》第 1240 条规定,从事高空、高压、地下挖掘活动或者使用高速轨道运输工具致人损害责任并不要求责任人对损害的发生有主观的过错,适用无过错责任原则。从事高空、高压、地下挖掘活动或者使用高速轨道运输工具致人损害责任,其构成要件是:(1)从事高空、高压、地下挖掘活动或者使用高速轨道运输工具的高度危险活动。(2)造成了他人受损的损害后果。这里的他人指的是从事高度危险活动的行为人以外的第三人,行为人本身受损应按照工伤事故责任处理,不属于侵权责任。造成

的损害包括人身和财产损害。(3)高度危险活动和损害后果之间具有因果关系。

3. 从事高空、高压、地下挖掘活动或者使用高速轨道运输工具致人损害责任的责任主体

根据《民法典》第1240条规定，从事高空、高压、地下挖掘活动或者使用高速轨道运输工具致人损害责任的责任主体是经营者。经营者是指高空作业、高压作业、地下挖掘活动、使用高速轨道运输工具的实际负责和管控的主体。

4. 从事高空、高压、地下挖掘活动或者使用高速轨道运输工具致人损害责任的减免

经营者承担从事高空、高压、地下挖掘活动或者使用高速轨道运输工具致人损害责任，只有在证明有《民法典》第1240条规定减免的条件的情况下，经营者方能免除或减轻自己的责任：

(1) 免责事由。其一，损害是因受害人故意造成。其二，损害是因不可抗力造成的。经营者举证符合免责事由的，不承担责任。案例中，张公平等村民的损失既不是其自身故意行为造成，也不是因为不可抗力而发生，因此，煤矿公司不能免除责任，应当向张公平等村民承担赔偿责任。

(2) 减轻责任事由。被侵权人对损害的发生有重大过失的，可以减轻经营者的责任。被侵权人必须对损害的发生有重大过失，若被侵权人是一般过失，则不能发生减轻经营者责任的结果。经营者对被侵权人的重大过失应当承担举证责任。

三、高度危险物致人损害责任

【案例】 张公平是专门进行危化品运输的油罐车驾驶员，某

晚他将刚刚运完货的油罐车开去清洗，由于常去的专业洗车店没有开门，他就将车开到了一家普通的洗车店。后洗车店老板魏荃泽给张公平洗车时，由于吸入油罐车内有毒气体而身亡，其妻梁一思要求张公平赔偿。

【问题】 张公平是否应当承担赔偿责任?

(一) 占有或者使用高度危险物致人损害责任

1. 占有或者使用高度危险物致人损害责任概述

高度危险物是指法律规定的具有易燃、易爆、剧毒、高放射性、强腐蚀性、高致病性等高度危险性的物，而不是所有的危险物。这些高度危险物由于其独特的物理特性或化学特性，对周围的环境和人群有高度的危险性。占有和使用高度危险物有造成他人损害的巨大风险。即使占有和使用者尽到高度的注意义务，也不能完全避免损害的发生。《民法典》第1239条规定:“占有或者使用易燃、易爆、剧毒、高放射性、强腐蚀性、高致病性等高度危险物造成他人损害的，占有人或者使用人应当承担侵权责任;但是，能够证明损害是因受害人故意或者不可抗力造成的，不承担责任。被侵权人对损害的发生有重大过失的，可以减轻占有人或者使用人的责任。”确立了占有或者使用高度危险物致人损害责任是一种高度危险责任。案例中，张公平的油罐车专门运输危化品，属于高度危险物。张公平作为驾驶员占有和使用这辆油罐车，应当尽到高度的注意义务，保证安全。普通洗车店老板魏荃泽因为吸入油罐车内的有毒气体而身亡，属于占有或者使用高度危险物致人损害责任。

2. 占有或者使用高度危险物致人损害责任构成要件

根据《民法典》第1239条规定，占有或者使用高度危险物致人损害责任适用无过错责任原则，其构成要件包括:(1)有占有和使用了高度危险物的行为。(2)有他人受损的损害后果。他人指的是高度危险物占有人或使用人以外的第三者。损失包括了受害人人身和财产的损失。(3)占有使用高度危险物的行为和损害后果之间有因果关系。案例适用无过错责任原则,魏荃泽因吸入张公平的油罐车有毒气体而死亡,张公平应当向梁一思承担赔偿责任。

3. 占有或者使用高度危险物致人损害责任的责任主体

根据《民法典》第1239条规定,占有或者使用高度危险物致人损害责任的责任主体是高度危险物的占有人或者使用人。这里的占有人或使用人指的是合法的占有人或使用人。当占有人或使用人与所有权人是同一个人的情况下,其承担责任是理所当然的。在占有人或使用人与所有权人不一致的情况下,根据法律所有人不承担占有或者使用高度危险物致人损害责任,而由占有人或使用人承担,显然是考虑到占有人和使用人对高度危险物实际管领控制,规定占有人或使用人承担占有或者使用高度危险物致人损害责任,有利于督促他们更好地尽注意义务,管控高度危险物可能的风险,避免损害发生。

4. 占有或者使用高度危险物致人损害责任的减免

占有人或使用人承担占有或者使用高度危险物致人损害责任,只有在证明符合《民法典》第1239条规定减免的条件的情况下,方能免除或减轻自己的责任:(1)免责事由。其一,损害是因受害人故意造成。其二,损害是因不可抗力造成的。占有人或使用人举证符合免责条件的,不承担责任。(2)减轻责任事由。被侵权人对损害的发生有重大过失的,可以减轻占有人或使用人的责任。被侵权人必须对损害的发生有重大过失,若被侵权人是一般过失,则不能发生减轻占有人或使用人责任的结果。占有人或使用人对被侵权人的重大过失应当承担举证责任。

(二) 遗失、抛弃高度危险物致人损害责任

1. 遗失、抛弃高度危险物致人损害责任概述

高度危险物对周围环境和人群有高度危险,需要被严格的管理控制以避免损害的发生。当高度危险物遗失或被抛弃,其高度危险性不会改变,但由于失去了有效的严格管理,其高度危险真实发生的可能性进一步增加。所谓遗失是指所有权人不慎丢失了高度危险物,虽然所有权人并未丧失权利,但高度危险物脱离了权利人的管控。所谓抛弃是指所有权人单方面放弃了对高度危险物的所有权,使高度危险物处于无主物状态,无人管控。《民法典》第1241条规定:"遗失、抛弃高度危险物造成他人损害的,由所有人承担侵权责任。所有人将高度危险物交由他人管理的,由管理人承担侵权责任;所有人有过错的,与管理人承担连带责任。"明确对遗失、抛弃高度危险物致人损害责任进行规定,确认其为一种高度危险责任。

2. 遗失、抛弃高度危险物致人损害责任的责任主体

根据《民法典》第1241条规定,遗失、抛弃高度危险物致人损害责任的责任主体有两类:(1)高度危险物所有权人。虽然遗失所有物所有权人可能没有过错,抛弃所有物本就是所有权人的权利,但由于高度危险物的特殊性,遗失、抛弃高度危险物致人损害责任适用无过错责任原则,所有权人应承担遗失、抛弃高度危险物致人损害责任。(2)高度危险物的管理人。所有人将高度危险物交给他人管理的,基于管理人为高度危险物的实际管控者,应由高度危险物的管理人承担遗失、抛弃高度危险物致人损害责任。所有人有过错的,高度危险物所有人和管理人承担连带责任。所有人和管理人承担连带责任,可以更有效地对受害人进行救济。

(三) 非法占有高度危险物致人损害责任

1. 非法占有高度危险物致人损害责任概述

《民法典》第1242条规定:"非法占有高度危险物造成他人损

害的，由非法占有人承担侵权责任。所有人、管理人不能证明对防止非法占有尽到高度注意义务的，与非法占有人承担连带责任。”确认了非法占有高度危险物致人损害责任是一种高度危险责任。

占有作为一种事实状态，有合法占有和非法占有之分。《民法典》第1239条规定的占有或者使用高度危险物致人损害责任，调整的是合法占有和使用高度危险物的情形。《民法典》第1242条调整的是非法占有高度危险物的情况。非法占有高度危险物，高度危险物的高度危险仍在，非法占有期间若高度危险物造成他人损害，非法占有人作为高度危险物的实际管控者，理应承担侵权责任。

2. 非法占有高度危险物致人损害责任的责任主体

根据《民法典》第1242条规定，非法占有高度危险物致人损害责任的责任主体有两类：

（1）非法占有人。被非法占有的高度危险物造成他人受损，都应由非法占有人承担非法占有高度危险物致人损害责任，高度危险物所有人或管理人不承担责任。他人所受损害包括人身损害和财产损害。

（2）所有人或管理人。高度危险物所有人或管理人不能证明自己对防止非法占有尽到高度注意义务的，与非法占有人承担连带责任。

四、高度危险责任的限制

【案例】 张公平听说某高速公路上的某一位置看日出非常美丽，就偷偷翻越高速路护栏打算步行至该地点看日出。没想到步行途中被路过的车撞至重伤。后张公平起诉某高速公路建设开发总公司,请求其承担损害赔偿责任。

【问题】 某高速公路建设开发总公司是否应当承担赔偿责任?

(一)高度危险区域管理人的特别抗辩

《民法典》第1243条规定:"未经许可进入高度危险活动区域或者高度危险物存放区域受到损害,管理人能够证明已经采取足够安全措施并尽到充分警示义务的,可以减轻或者不承担责任。"规定了高度危险区域管理人的特别抗辩事由。

高度危险区域是指高度危险活动区域或高度危险物存放区域。高度危险区域存在高度危险,管理者应善尽管理责任,采取足够安全措施防止损害的发生,并对周围的人群尽到充分警示,使其远离危险区域。但在管理人采取了足够安全措施并充分警示的情况下,仍然会有人未经许可进入高度危险区域以致受到损害。现实生活中,受害人之所以无视警示擅自闯入高度危险区域,往往是有意为之,甚至是为了进行违法犯罪行为,例如闯入进行盗窃。而进行高度危险活动或存放高度危险物毕竟不是违法活动,在此情况下要求管理人承担全部的责任,有失公平。因此法律规定了高度危险区域管理人的特别抗辩事由,可以减轻或者免除管理人责任。

根据《民法典》第1243条,高度危险区域管理人进行特别抗辩应当符合以下条件:(1)损害发生在高度危险活动区域或者高度危险物存放区域。(2)管理人已经采取了足够安全措施和尽到充分警示义务。对此管理人应承担举证责任。(3)受害人是未经许可进入该高度危险区域以致发生损害。

案例中,高速公路是高度危险区,高速公路的相关防护警示设施安装符合设计要求，某高速公路建设开发总公司采取了足够的安全措施，尽到了充分的警示义务。张公平作为成年人应当知道步行进入高速公路的危险性和违法性，却故意无视警示闯入高速公路步行，导致损害的发生。符合高度危险区域管理人的特别抗辩事由，因此某高速公路建设开发总公司不承担责任。

（二）赔偿限额

《民法典》第1244条规定："承担高度危险责任，法律规定赔偿限额的，依照其规定，但是行为人有故意或者重大过失的除外。"根据该条规定可知，高度危险责任中，行为人的主观虽不影响侵权责任的成立，但对于侵权责任的赔偿范围有重大影响。

高度危险责任适用无过错责任原则，由于高度危险的存在，为保护受害人的利益，行为人即使没有过错也要对高度危险责任进行赔偿。但有时损害后果严重，赔偿责任负担过重，甚至可能造成行为人的破产。实际上行为人进行的高度危险活动是合法行为，甚至是社会发展进步所必须的行业行为，行为人承担过重的赔偿责任会导致破产，进而会损害整体行业的发展，甚至会影响社会整体的发展进步。《民法典》第1244条前半段的规定，肯定了高度危险责任赔偿可以规定赔偿限额。因此法律允许高度危险责任规定最高赔偿限额，例如相关行政法规对核事故、铁路交通事故、航空事故和海上运输事故都规定了赔偿限额。

高度危险责任虽然适用无过错责任原则，但行为人有过错或是无过错，应当有法律谴责和制裁程度上的区别。《民法典》第1244条后半段规定，高度危险责任规定了赔偿限额的，如果行为人有故意或者重大过失，受害人请求赔偿数额不受赔偿限额的约束。可知高度危险责任中，有过错的行为人承担更重的赔偿责任，体现了法律的公平公正。

第三节　饲养的动物造成他人损害——饲养动物损害责任

一、饲养动物损害责任概述

【案例】 董敏法下班回家途中被忽然窜出的一条狗咬到了腿,狗主人张公平在喝止了狗之后,向董敏法致歉。因伤口较小,留了电话后,张公平离开。后董敏法找到张公平要求其承担打狂犬病疫苗的费用。张公平认为自己的狗已经打过各种疫苗,根本没有危险,拒绝承担狂犬病疫苗的费用。

【问题】 张公平能否拒绝承担责任?

现代社会人们饲养动物的情况非常普遍,饲养动物的种类、数量都在不断快速增长,饲养动物给人们带来了很多生活乐趣,成为生活的一部分。但因为饲养的动物而与他人发生纠纷,影响正常生活秩序的情况也时有发生。针对生活中仍然大量存在的因饲养动物而发生的不文明现象,我国在《民法典》第 1251 条规定:“饲养动物应当遵守法律法规,尊重社会公德,不得妨碍他人生活。”强调了动物的饲养人的基本义务,遵守法律和社会公德,不妨害他人生活。

因为动物本身的野性和携带病毒的可能性,饲养的动物造成各种伤害的情况也层出不穷。饲养动物造成的损害可能非常严重,例如狂犬病,我国是世界上受狂犬病危害最严重的国家之一,狂犬病一直位列我国各类传染病报告死亡数的前列。饲养动物损害责任就是指饲养的动物造成他人损害的,动物饲养人或管理人应当承担的侵权责任。饲养动物损害责任是一种非常古老的侵权责任,在罗马法时期就已经有详细的法律规定。现代社会为了更好地对饲养动物损害的受害人进行救济,在法律上对饲养动物造成损害的情形进行明确的规定非常必要。我国《民法典》在侵权责任编第九章将饲养动物损害责任作为一种典型的侵权责任,专门进行了规定。《民法典》第 1245 条规定:"饲养的动物造成他人损害的,动物饲养人或者管理人应当承担侵权责任;但是,能够证明损害是因被侵权人故意或者重大过失造成的,可以不承担或者减轻责任。"该条是饲养动物损害责任的一般规定。案例中的侵权责任属于饲养动物损害责任,虽然张公平的狗打过疫苗,但并不能免除张公平的责任,张公平应当对董敏法打狂犬病疫苗的损失进行赔偿。

二、归责原则和构成要件

【案例】 张公平经常在居住的小区牵绳遛狗。某次遛狗时,张公平的狗突然挣脱绳索冲向另一条狗,正好冲撞了前方的梁一思,梁一思失去平衡摔倒,脚严重扭伤。梁一思请求张公平承担赔偿责任。张公平说自己已经牵绳遛狗,认为自己没有过错,不应该再承担赔偿责任。

【问题】 张公平是否应当赔偿梁一思的损失?

(一) 饲养动物损害责任的归责原则

《民法典》对饲养动物损害责任,既有第 1245 条的一般责任的规定,也有从第 1246 条到第 1250 条的特殊责任的规定。根据不同的饲养动物造成损害的情形,法律分别适用无过错责任原则和过错推定责任原则。一般情况下饲养动物致害的都适用无过错责任原则,只有动物园饲养的动物致害的情形适用过错推定责任原则。总体上说饲养动物损害责任以无过错责任为原则,以过错推定责任为例外。案例中,梁一思对损害的发生完全无责任,张公平承担饲养动物损害责任,适用无过错责任原则,不管主观上有无过错,都应当承担侵权责任,赔偿梁一思的损失。

(二) 饲养动物损害责任的构成要件

1. 饲养动物的加害行为

导致损害的是饲养的动物。饲养的动物是指处于人的喂养、管束下的动物,与野生动物相区别。野生动物生存于自然状态之下,饲养动物处于人的管理控制之下。家养的猫狗等动物、动物园中的动物均属于饲养动物。野生动物园中所谓的"野生动物"实际是动物园喂养占有的,也属于饲养动物。遗弃或逃逸的饲养动物,在回归野外自然生存,成为野生动物之前,也仍然属于饲养动物。

饲养动物的加害行为应当是饲养动物的自主行为。若饲养动物的加害行为是人控制下的行为,饲养动物就成为人的加害工具,那就是人的侵权行为,不能成立饲养动物损害责任。

2. 他人受损的损害后果

有损失的存在,才有责任存在的必要。饲养动物造成他人损害的后果,才能成立饲养动物损害责任。饲养动物造成的损害包括人身损害和财产损害。对人身造成的损害,可能是能够恢复的人身伤害,也可能是无法恢复的人身残疾,甚至可能致受害人死亡,可根据具体的受损情况请求相应的损害赔偿。

3. 加害行为和损害后果之间具有因果关系

饲养动物的加害行为和受害人的损害后果之间必须有因果关系。根据谁主张谁举证,受害人应当证明饲养动物加害行为和受害人损害后果之间的因果关系。但这不是绝对,在具体的案件中,法院可以根据特殊情况谨慎地实行因果关系的推定,将举证责任倒置。①

三、饲养动物损害责任的承担

【案例】 张公平的朋友魏荃泽在其农场新饲养了一只宠物狗,张公平非常好奇,来到农场想看看新宠物狗。魏荃泽告知张公平新宠物狗还未完全驯服,非常凶猛,看可以,但千万不能靠近,不能挑逗,张公平同意。魏荃泽遂带张公平去看新宠物狗。张公平看到宠物狗被铁链锁住,非常安静,忍不住上前摸摸,魏荃泽来不及阻止,张公平当即被宠物狗咬了一口。

【问题】 魏荃泽是否应当对张公平承担赔偿责任?

(一)饲养动物损害责任的责任主体

根据《民法典》第 1245 条规定,饲养动物损害责任的责任主体是饲养人或者管理人。一般情况下饲养动物的所有人和饲养人或管理人一致,有的情况下饲养动物的所有人和饲养人或管理人不一致,我国法律规定饲养动物损害责任中饲养人或管理人是责任主体,主要考虑到饲养人和管理人是动物的实际占有控制人,对动物的行为危险性更加了解,也更有能力采取措施控制动物的危险行为,避免损害发生,维护社会公众的安全。

(二)饲养动物损害责任的减免

《民法典》第 1245 条后半段规定,能够证明损害是因被侵权

① 参见王利明:《侵权责任法》,中国人民大学出版社 2021 年版,第 369 页。

人故意或者重大过失造成的,可以不承担或者减轻责任。由此可知,饲养动物损害责任的减免事由是被侵权人故意或重大过失。基于《民法典》第 1245 条是饲养动物损害责任的一般规定,被侵权人的故意或重大过失是所有饲养动物致人损害的情形都可以适用的侵权责任减免事由。

1. 被侵权人故意

被侵权人故意是指被侵权人主观上明知自己的行为会遭到饲养动物的侵害,仍然追求或放任损害结果的发生。

2. 被侵权人重大过失

被侵权人的重大过失,是指社会一般人都应当知道行为会遭到饲养动物的侵害,被侵权人仍然不顾安危实施行为,致使损害结果发生。这里要注意必须是重大过失,而不是一般过失,也就是说被侵权人只需要有社会一般人的认识水平,尽一般人的注意,不需要较高的注意就能够认识到对饲养动物实施行为的危险性。例如:明知是水缸里养的毒蛇,仍然伸手去抓,结果被咬。案例中,张公平在魏荃泽一再提醒的情况下,仍然伸手摸宠物狗,以致受伤,属于有重大过失。

3. 被侵权人的故意或重大过失既是饲养动物损害责任的免责事由也是减轻事由

《民法典》并没有对此进行区分,需要法院在具体的案件中根据情况加以判断。若饲养人或管理人能够证明被侵权人的故意或重大过失是饲养动物损害发生的全部原因,饲养人或管理人应当免除责任。饲养人或管理人能够证明被侵权人的故意或重大过失是饲养动物损害发生的部分原因,可根据过错的大小,减轻饲养人或管理人的责任。案例中,魏荃泽已经尽到了所有的注意义务,张公平的重大过失行为是他被宠物狗咬伤的全部原因,因此魏荃泽应当免除责任。

四、饲养动物损害责任的特殊规则

【案例】 张公平被一条流浪狗咬伤，后有人认出这只流浪狗是董敏法原先所养。张公平要求董敏法赔偿自己被狗咬伤的损失。董敏法承认早年养过这条狗，但狗早就从身边逃走，自己已经多年没有饲养管理过这条狗，拒绝承担赔偿责任。

【问题】 董敏法是否应承担赔偿责任？

《民法典》从第1246条至第1250条针对饲养动物致人损害各种具体情况，规定了特殊规则，确立了各种具体的饲养动物损害责任。

（一）违反管理规定未采取安全措施的动物致人损害责任

《民法典》第1246条规定："违反管理规定，未对动物采取安全措施造成他人损害的，动物饲养人或者管理人应当承担侵权责任；但是，能够证明损害是因被侵权人故意造成的，可以减轻责任。"规定了违反管理规定未采取安全措施的动物致人损害责任。

根据该条，动物饲养人或管理人违反管理规定，未对动物采取安全措施的，只要动物造成他人损害，饲养人或管理人就要承担侵权责任，适用的是无过错责任原则。

所谓违反管理规定，包括法律、法规和管理规章，不仅是全国范围内有效的管理规定，也包括地方性的管理规定。例如各地的养犬管理规定，在城市饲养犬类的，就应当遵守当地的养犬的管理规定。

某些饲养动物具有较大的危险性，管理规定会要求对其采取安全措施。饲养人或管理人未采取安全措施，就应对动物致人损害承担侵权责任。如果相关管理规定没有安全措施的要求,或者饲养人或管理人按照规定采取了安全措施,则不能认定违反管理规定未采取安全措施的动物致人损害责任。应当按照一般的饲养动物损害责任处理。

根据《民法典》第 1246 条后半段的规定,若饲养人或管理人能够证明损害是因被侵权人故意造成的,可以减轻其责任。这里注意到违反管理规定未采取安全措施的动物致人损害责任相较于饲养动物损害责任的一般责任要更加严格:其一,饲养人和管理人不能免除责任,只能减轻责任。其二,饲养人和管理人减轻责任的事由只有被侵权人故意,不包括被侵权人的重大过失。

(二)禁止饲养的危险动物致人损害责任

《民法典》第 1247 条规定:“禁止饲养的烈性犬等危险动物造成他人损害的,动物饲养人或者管理人应当承担侵权责任。”规定了禁止饲养的危险动物致人损害责任。

现代社会,人们饲养动物的种类越来越多,一些危险动物出现在其中。烈性犬是常见的危险动物,当然危险动物不止烈性犬。危险动物对周围群众的人身安全和财产安全有高度危险,相关的管理规定都对禁止饲养的危险动物有专门的规定。

根据《民法典》第 1247 条规定,饲养人或管理人只要饲养了禁止饲养的烈性犬等危险动物,就要承担侵权责任,适用的是无过错责任原则。并且禁止饲养的危险动物致人损害责任没有规定责任的减免,也就是说即使损害是被侵权人的故意或重大过失造成的,饲养人或管理人仍然要承担全部责任,既不能免责,也不能减轻责任。饲养人或管理人应当遵守禁止饲养危险动物的相关管理规定,违反规定饲养危险动物,饲养人或管理人行为性质极其恶劣,应当承担最严格的侵权责任。

（三）动物园的动物致人损害责任

《民法典》第1248条规定："动物园的动物造成他人损害的，动物园应当承担侵权责任；但是，能够证明尽到管理职责的，不承担侵权责任。"规定了动物园的动物致人损害责任。

动物园具有专业的资质，按照国家的规定对动物园内的动物进行饲养。动物园包括城市动物园和野生动物园等，动物园的动物与家养的动物不一样，主要是为了游客参观而饲养，或多或少都保留了动物自然的状态，可以说都是"野生动物"，因此动物园动物依然有造成他人损害的危险。动物园按照国家相关法律法规的要求饲养动物，就是动物的管理人，应该善尽管理人责任。动物园应当对其饲养的动物采取安全防护措施，避免损害的发生。

动物园的动物致人损害责任适用过错推定责任原则。只要动物园动物造成损害，就推定动物园有过错，应承担侵权责任。过错推定责任原则举证责任倒置，动物园若主张自己没有责任，应证明自己没有过错。根据《民法典》第1248条后半段的规定，动物园证明自己没有过错的方式是证明自己已经尽到了管理职责。动物园尽到国家相关法律法规要求的管理职责就说明其没有过错，不用承担动物园的动物致人损害责任。

（四）遗弃、逃逸的动物致人损害责任

《民法典》第1249条规定："遗弃、逃逸的动物在遗弃、逃逸期间造成他人损害的，由动物原饲养人或者管理人承担侵权责任。"规定了遗弃、逃逸的动物致人损害责任。

遗弃、逃逸的动物致人损害责任适用无过错责任原则。遗弃、逃逸的动物只要造成他人受损的结果，原饲养人或管理人就承担侵权责任。遗弃的动物是饲养人或管理人主动放弃动物，逃逸的动物是动物主动逃离，城市中的流浪猫狗大多属于这种情

况。遗弃、逃逸的动物都脱离了饲养人和管理人的管理和控制,大量的遗弃逃逸动物对周围的人群造成损害的危险程度会增加,给社会公众的安全带来威胁。法律规定遗弃、逃逸的动物致人损害责任适用无过错责任原则,纵然原饲养人和管理人已经不再管理控制动物,仍然要求他们承担赔偿责任,以此避免动物饲养人和管理人随意遗弃动物,或者放任动物逃逸,维护正常的社会公共环境。案例中,董敏法承担遗弃、逃逸的动物致人损害责任,应当向张公平进行损害赔偿。

(五) 第三人过错造成动物致人损害责任

《民法典》第 1250 条规定:“因第三人的过错致使动物造成他人损害的,被侵权人可以向动物饲养人或者管理人请求赔偿,也可以向第三人请求赔偿。动物饲养人或者管理人赔偿后,有权向第三人追偿。”规定了第三人过错造成动物致人损害责任。

根据《民法典》第 1250 条规定,第三人过错造成动物致人损害责任的责任主体有两类:(1)第三人。第三人过错造成动物致人损害责任中,动物之所以造成他人受损,是由于饲养人或管理人以外的第三人的过错行为导致的,与饲养人或管理人无关。例如,第三人将饲养人关在笼子里的动物放出,导致动物咬伤他人。因此,第三人的过错行为是损害发生的真正原因,第三人应当承担侵权责任。(2)饲养人或管理人。虽然是第三人的过错行为造成动物致人损害,但对于受害人来说仍然是动物致人损害,动物饲养人或者管理人虽无过错,根据无过错责任原则,仍应对受害人承担侵权责任。

被侵权人可以向饲养人或管理人请求赔偿,也可以向第三人请求赔偿。由于饲养人或管理人和第三人之间不是真正的连带责任,被侵权人只能二选一,不能在向饲养人或管理人请求赔偿的同时向第三人请求赔偿。若被侵权人选择请求饲养人或管理人承担赔偿责任，因为第三人是造成损害的真正原因，饲养人或管理人承担了赔偿责任后，有权向第三人进行追偿。

第四节　因建筑物和物件导致他人人身或财产损失——建筑物和物件损害责任

【案例】 张公平路过某公司，一阵大风刮过，某公司二楼悬挂的空调外机掉落，砸伤张公平。经查，固定空调外机的材料早已锈蚀，存在质量问题。

【问题】 某公司是否应当承担损害赔偿责任？

一、建筑物和物件损害责任概述

(一) 建筑物和物件损害责任的概念

建筑物和物件损害责任是指因建筑物和物件导致他人人身或财产损失依法应承担的侵权责任。随着时代的发展，人类建设和改造社会的能力不断增强，今天人类社会高楼林立，人们生活在自己建造的钢筋水泥的世界中，到处都是人工构造的物件。随着现代人类社会的发展壮大，各种物件特别是建筑物或与建筑相关的物件造成的损害也不断出现。法律对这类损害加以规范，可以救济受害人遭受的损害，也可以预防此类损害的发生。广义上来说建筑物也是一种物件，但人们对物件的理解往往不包括建筑物，为避免人们的混淆，《民法典》将建筑物和物件并列规定，《民法典》在侵权责任编第十章将建筑物和物件损害责任作为一种典型侵权责任，专门进行了规定。由于物的类型成千上万，物件致人损害的情况非常复杂，各具特点，很难抽象出一般规则，因此

《民法典》没有规定建筑物和物件损害的一般规则,而是就实践中比较多发生的、典型的建筑物和物件致人损害的情况进行了分别的规定。[①]案例中,空调外机属于建筑物相关的物件,空调外机掉落致张公平受损,属于建筑物和物件损害责任。

(二) 建筑物和物件损害责任的归责原则

建筑物和物件损害责任适用过错推定责任原则。《民法典》规定的各种具体建筑物和物件致人损害的责任中,或者要求承担责任的主体不能证明自己没有过错,或者要求免责的主体证明自己尽到了足够的注意义务,这些都是过错推定责任原则的要求。生活中物件造成损害的危险性没有产品缺陷、核事故、饲养动物致人损害的危险性高,但又不同于一般侵权属于典型侵权责任,因此《民法典》确定了建筑物和物件损害责任适用比过错责任原则严格,比无过错责任原则宽松的过错推定责任原则。

(三) 建筑物和物件损害责任的免责事由

建筑物和物件损害责任的免责事由包括两类:

1. 责任人无过错

建筑物和物件损害责任适用过错推定责任原则,要求责任人有主观上的过错,只是举证责任倒置。若责任人能证明自己无过错,就无法构成建筑物和物件损害的责任。案例中,空调外机掉落致张公平受损,属于建筑物和物件损害责任,适用过错推定责任原则。空调外机固定材料锈蚀这个事实可以推定某公司作为建筑物所有人有过错,应承担建筑物和物件损害责任,赔偿张公平损失。

2.《民法典》规定的一般免责事由

那些适用无过错责任原则的典型侵权责任,由于责任人不管

---

① 参见王利明:《侵权责任法》,中国人民大学出版社2021年版,第385页。

有无过错都应承担责任，法律都明确规定了具体的免责事由，以此对责任人免除责任进行严格的限制。建筑物和物件损害责任适用过错推定责任原则，要求责任人有主观过错才承担责任，无过错则不承担责任，基本上没有对免责事由进行严格的限定。因此《民法典》规定的侵权责任可以适用的免责事由，都可以在建筑物或物件损害责任中适用，包括不可抗力、第三人过错、受害人故意或者过失。

二、建筑物致人损害责任

【案例】 张公平从某开发商处购买一幢别墅，在装修公司装修后搬入居住。谁知不到1个月别墅部分墙壁就倒塌了，造成张公平巨大的经济损失。张公平认为房屋质量太差，找到开发商理论，开发商调查后确认：别墅交付时不存在质量问题，引起房屋部分倒塌的原因是装修公司野蛮操作导致别墅承重墙被破坏。

【问题】 张公平的损失应由谁来承担？

（一）建筑物等倒塌、塌陷致人损害责任

1. 建筑物等倒塌、塌陷致人损害责任概述

对建筑物倒塌、塌陷致人损害的情况进行调整的法律规定，古已有之，但调整建筑物倒塌、塌陷致人损害责任的相关法律制度是伴随着现代社会工业化、城市化的脚步充分发展起来的。随着建设速度越来越快，大量的建筑被飞速地建造出来，同时也就出现了一些“豆腐渣”工程，建筑物倒塌、塌陷引起损失的纠纷不断。所谓安居乐业，建筑工程的质量关系到老百姓的基本民生问题。法律必须重视这类纠纷的调整解决，对此进行明确的规定，

救济因建筑物倒塌、塌陷而受损的受害人,避免社会正常秩序的破坏。我国在《民法典》进行了专门规定,《民法典》第 1252 条第 1 款规定:“建筑物、构筑物或者其他设施倒塌、塌陷造成他人损害的,由建设单位与施工单位承担连带责任,但是建设单位与施工单位能够证明不存在质量缺陷的除外。建设单位、施工单位赔偿后,有其他责任人的,有权向其他责任人追偿。”第 2 款规定:“因所有人、管理人、使用人或者第三人的原因,建筑物、构筑物或者其他设施倒塌、塌陷造成他人损害的,由所有人、管理人、使用人或者第三人承担侵权责任。”该条确定了建筑物、构筑物或者其他设施倒塌、塌陷致人损害责任是一种建筑物和物件损害责任。

2. 建筑物等倒塌、塌陷致人损害责任的责任主体

生活中建筑物、构筑物或其他设施倒塌、塌陷的原因很多很复杂,应首先查清倒塌、塌陷的原因,才能确定承担侵权责任的主体。根据《民法典》第 1252 条规定,建筑物等倒塌、塌陷致人损害责任的责任主体包括:

(1) 建设单位与施工单位。若建筑物、构筑物或其他设施的倒塌、塌陷是因为工程质量本身的原因,例如存在设计不良、位置不当、基础不牢、施工质量低劣等问题,建筑物、构筑物或其他设施的建设单位和施工单位是责任主体,应当向受害人承担连带责任。有其他责任人的,建设单位和施工单位可以在赔偿之后,向其追偿。

(2) 所有人、管理人、使用人或者第三人。建筑物、构筑物或其他设施的设计施工没有问题,在竣工交付后,也有可能由于所有人、管理人、使用人或者第三人的原因而倒塌、塌陷,例如所有人新房装修破坏了承重墙,第三人操作失误开车撞断承重柱等,此时损害的发生与建设单位和施工单位无关,建筑物、构筑物或其他设施的所有人、管理人、使用人或第三人是责任主体,向受害

人承担侵权责任。

3. 建筑物等倒塌、塌陷致人损害责任的构成要件

(1) 建筑物、构筑物或其他设施的倒塌、塌陷。建筑物是指任何在土地上建造的直接供人们居住生活、从事生产活动或者进行其他活动的场所。构筑物是指以人力方式在地面上建造的具有特定用途,但不能直接供人们进行居住生活、从事生产活动或者其他活动的场所,例如道路、桥梁、隧道、码头、公共厕所、无线电基站、路灯、广告牌等。其他设施是指建筑物、构筑物的附属设施,例如电梯、车位、储物间等。①建筑物、构筑物或其他设施的倒坍、塌陷包括了完全倒塌、塌陷,也包括了部分倒塌、塌陷。

(2) 他人因倒塌、塌陷而受损的损害结果。他人包括了建筑物、构筑物或其他设施的所有人、使用人、管理人,也包括了所有人、使用人、管理人以外的第三人。例如,高楼因地基问题发生坍塌,楼内人员可能因此而受损,坍塌也可能将路过的行人或车辆压倒而受损。因倒塌、塌陷而导致的损失,包括了人身损失和财产损失。

(3) 无免责事由。根据《民法典》第1252条规定,建筑物、构筑物或者其他设施的倒塌、塌陷,建设单位与施工单位能够证明不存在质量缺陷的,不承担侵权责任。若不存在质量缺陷,也就是说建设单位与施工单位不存在主观上的过错,自然不应当承担侵权责任。除此之外,也不应具备一般侵权的免责事由,包括不可抗力、第三人过错、受害人故意或者过失。

案例中,张公平的别墅倒塌,属于建筑物等倒塌、塌陷致人损害责任,但建设单位开发商证明了别墅不存在质量缺陷,不承担侵权责任。装修公司的野蛮操作导致了承重墙受损,装修公司作

---

① 参见程啸:《侵权责任法》,法律出版社2021年版,第723页。

为所有人、管理人、使用人以外的第三人,应当向张公平承担损害赔偿责任。

(二) 建筑物等脱落、坠落致人损害责任

1. 建筑物等脱落、坠落致人损害责任概述

建筑物、构筑物或者其他设施本身的一部分或者其上的搁置物、悬挂物有脱落、坠落的可能,对人群造成一定的危险,法律对此情况进行特别规定,救济受害人的损失。《民法典》第 1253 条规定:“建筑物、构筑物或者其他设施及其搁置物、悬挂物发生脱落、坠落造成他人损害,所有人、管理人或者使用人不能证明自己没有过错的,应当承担侵权责任。所有人、管理人或者使用人赔偿后,有其他责任人的,有权向其他责任人追偿。”该条确定了建筑物、构筑物或者其他设施及其搁置物、悬挂物发生脱落、坠落致人损害责任是一种建筑物和物件损害责任。

2. 建筑物等脱落、坠落致人损害责任的责任主体

根据《民法典》第 1253 条规定,建筑物等脱落、坠落致人损害责任的责任主体包括:建筑物、构筑物或其他设施的所有人、管理人、使用人。管理人和使用人虽然没有所有权,但享有管理权或使用权,直接对建筑物、构筑物或其他设施进行管控使用。管控使用的过程中,建筑物等脱落、坠落造成他人损害的,管理人、使用人应承担侵权责任。有其他责任人的,所有人、管理人、使用人可以在赔偿之后,向其追偿。

3. 建筑物等脱落、坠落致人损害责任的构成要件

(1) 建筑物、构筑物或其他设施及其搁置物、悬挂物发生脱落、坠落。搁置物是指因人工或天然原因而放置于建筑物、构筑物或其他设施之上的各种物件。例如,放在阳台栏杆上的花盆。悬挂物是指因人工或天然原因悬空安置于建筑物、构筑物或其他设施内部或外部的各种物件。例如,悬挂于外墙的空调外机。建

筑物、构筑物或其他设施及其搁置物、悬挂物发生脱落、坠落是指从建筑物之上脱离掉落下来。

(2) 他人因脱落、坠落而受损的损害结果。这里受损害的他人不包括建筑物、构筑物或其他设施的所有人、使用人、管理人。例如,自家小楼阳台的花盆掉落,自己被砸伤。因脱落、坠落而导致的损失,包括人身损失和财产损失。

(3) 无免责事由。根据《民法典》第 1253 条规定,建筑物、构筑物或者其他设施的所有人、管理人或者使用人能够证明自己没有过错的,不承担侵权责任。一般来说,所有人、管理人或者使用人能够证明自己没有过错,主要包括不可抗力、第三人过错、受害人故意或者过失三种原因。

三、高楼抛掷物品致人损害责任

【案例】 张公平在楼下和董敏法聊天时被从天而降的花盆砸伤。报警后,公安机关出警,但无法查明花盆是从哪户砸下。后张公平向法院起诉,请求该楼所有住户共同对他的损失进行补偿。魏荃泽提出异议,指出自己单人居住,事发日自己正在外地出差,且家中并无养花,花盆不可能从魏荃泽家中掉落。

【问题】 张公平的损失应由谁来承担?

1. 高楼抛掷物品致人损害责任概述

从高层建筑物中抛掷坠落下来的物品,给高楼下活动的人群带来极大的危险,一旦被砸中,往往带来严重的人身伤亡。随着社会的发展,人口众多,高楼大厦林立的城市里,高楼坠物伤人的情况屡屡发生,高楼坠物问题影响到公共安全,成为社会公众关注的焦点。我国《民法典》在前法的基础上,对高楼抛掷物品致人损害责任的法律规定进行了修改完善,强化对受害人的保护救济,使高楼抛掷物品致人损害责任的分配更加公正合理,为高楼抛物纠纷的妥善解决提供了必要的法律依据。

《民法典》第 1254 条第 1 款规定:“禁止从建筑物中抛掷物品。从建筑物中抛掷物品或者从建筑物上坠落的物品造成他人损害的,由侵权人依法承担侵权责任;经调查难以确定具体侵权人的,除能够证明自己不是侵权人的外,由可能加害的建筑物使用人给予补偿。可能加害的建筑物使用人补偿后,有权向侵权人追偿。”第 2 款规定:“物业服务企业等建筑物管理人应当采取必要的安全保障措施防止前款规定情形的发生;未采取必要的安全保障措施的,应当依法承担未履行安全保障义务的侵权责任。”第 3 款规定:“发生本条第一款规定的情形的,公安等机关应当依法及时调查,查清责任人。”该条确立了高楼抛掷物品致人损害责任是一种建筑物和物件损害责任。案例中,张公平被坠落的花盆砸中受损,属于高楼抛掷物品致人损害责任。

《民法典》新规则开宗明义地规定:禁止从建筑物中抛掷物品。这是一个禁止性的规定,从法律上明确了每一个民事主体有不得从建筑物中抛掷物品的义务,违反义务就应当被追究法律责任。《民法典》新规则的出台,有力预防和减少了高楼坠物行为的发生,保护了公众头顶的安全,维护了社会正常的秩序。

2. 高楼抛掷物品致人损害责任的承担

(1) 侵权人承担侵权责任

根据《民法典》第 1254 条第 1 款规定,高楼抛掷物品或从建筑物上坠落的物品致人损害责任的侵权人依法承担侵权责任。侵权人从建筑物中抛掷物品的行为,造成他人受损的损害后果,侵权人为自己的侵权行为承担侵权责任,这是侵权责任的基本规则。

（2）可能加害的建筑物使用人承担补偿责任

根据《民法典》第1254条第1款后半段规定，可能加害的建筑物使用人承担补偿责任。高层建筑往往是区分所有，人员密集，受害人可能很难分辨谁抛掷了物品，造成侵权人无法确定，侵权责任无人承担。由于高空抛物而受损的受害人往往受伤严重甚至导致死亡，在此情况下，《民法典》确定了由可能加害的建筑使用人承担补偿责任。补偿责任不同于侵权责任，性质上属于公平责任。由所有可能加害的建筑使用人共同来承担一定的补偿责任，可以对严重受损的受害人给予及时的救助，也是对社会风险损害的一种分担。案例中，由于无法查明侵权人，该楼所有其他住户作为可能加害的建筑物使用人应承担补偿责任，共同向张公平的损失进行补偿。

可能加害的建筑物使用人承担补偿责任的条件包括：其一，无法确认侵权人。可能加害的建筑物使用人的这种责任是补偿责任，只有在无法确定具体侵权人的情况下才能适用，在能够确定侵权人是谁的情况下，应当由侵权人承担责任。其二，无免责事由。建筑物使用人承担补偿责任的前提是无法确认侵权人，若使用人能够证明自己不是侵权人，就可以免除补偿责任的承担。案例中，魏荃泽能够证明自己不可能是侵权人，可以免除补偿责任。

可能加害的建筑物使用人在承担补偿责任之后有追偿权。补偿责任的承担实际是代替真正的侵权人承担责任，侵权人被发现，还是应由侵权人承担侵权责任。因此在补偿之后，若侵权人被确定，承担了补偿责任的建筑物使用人有权向侵权人进行追偿。案例中，其他住户承担补偿责任之后，若找到真正的侵权人，可以向其进行追偿。

(3) 物业服务企业等建筑物管理人未采取必要安全保障措施承担侵权责任

根据《民法典》第1254条第2款规定,物业服务企业等建筑物管理人未采取必要安全保障措施承担侵权责任。物业服务企业等作为建筑物的管理者,应当采取必要的安全保障措施防止高楼抛掷或物件坠落,避免发生他人受损的情况,这是物业服务企业的职责,例如,配备监控摄像头,安装安全防护网等。若物业未采取必要安全保护措施造成他人受损的,物业应当承担相应的侵权责任。由物业服务企业承担侵权责任可以督促物业服务企业更好地尽到自己的职责,预防高楼抛掷物品致人损害的发生。

(4) 公安机关的职责

《民法典》第1245条第3款规定了公安机关有依法及时调查,查清责任人的职责。可能加害的建筑物使用人在侵权人无法确定的情况下承担补偿责任。高楼抛物损害发生后,受害人往往由于缺乏专业的技术手段,无法查清侵权人是谁,导致可能加害的建筑物使用人承担补偿责任。大量侵权人不明的高楼抛物纠纷出现,承担了补偿责任的人纷纷抱怨祸从天降,引发社会上很多人的不满。《民法典》明确规定公安机关在高空抛物致人损害责任中的调查职责,要求作为专业侦察机构的公安机关及时找到真正的侵权人,可以避免过多可能加害的建筑物使用人承担补偿责任的情况出现。

四、其他物件致人损害责任

【案例】 张公平在下夜班回家的路上,被道路上的林木绊倒，严重摔伤。经查，这些林木是绿化工作人员将林木折断并放在路上，周围并没有任何的警示标志和安全措施，导致张公平毫无察觉，被绊倒。

【问题】 张公平的损失由谁承担？

(一) 堆放物致人损害责任

堆放物是人工堆积存放在一起的物。堆放物的倒塌、滚落或滑落对周围的人群有一定的危险，因此法律对其进行特别规定。《民法典》第1255条规定："堆放物倒塌、滚落或者滑落造成他人损害，堆放人不能证明自己没有过错的，应当承担侵权责任。"确立了堆放物致人损害责任是一种建筑物和物件损害责任。

堆放物致人损害责任的责任主体是堆放物的堆放人。具体进行堆放的人可能是堆放物的所有人或管理人，也可能是所有人或管理人雇佣的工作人员。因此，堆放人不能理解为指具体进行堆放的人，而是指堆放物的所有人或者管理人。在工作人员堆放的情况下，应当由所有人或管理人承担责任。

堆放物致人损害责任适用过错推定责任原则。堆放物致人损害责任的构成要件包括：(1)有堆放物倒塌、滚落或者滑落的情况。生活中，堆放物致人损害的最常见的三种情况就是高处的堆放物滚落或滑落，以及堆放物全部或部分的倒塌。(2)有他人受损的损害后果。造成他人的受损包括人身损害和财产损害。(3)堆放物的倒塌、滚落或滑落和损害后果之间有因果关系。(4)堆放人有过错。堆放物致人损害适用过错推定责任原则，堆放人不能证明自己没有过错的，就推定其有过错。

(二) 妨碍通行物品致人损害责任

公共道路是公众通行的道路，在公共道路上随意地堆放、倾倒、遗撒物品，会妨碍公众的通行，并且造成通行人员人身财产损害的危险，这种行为是对公共安全的威胁，因此法律对此进行了特别规定。《民法典》第1256条规定："在公共道路上堆放、倾倒、遗撒妨碍通行的物品造成他人损害的，由行为人承担侵权责任。公共道路管理人不能证明已经尽到清理、防护、警示等义务的，应当承担相应的责任。"确立了妨碍通行物品致人损害责任是一种建筑物和物件损害责任。

妨碍通行物品致人损害责任的责任主体包括两类：(1)行为人。行为人也就是堆放人、倾倒人、遗撒人。行为人在公共道路上堆放、倾倒、遗撒妨碍通行的物品的行为，造成他人的损害，应为自己的行为承担全部妨碍通行物品致人损害责任。(2)公共道路管理人。公共道路管理人有依法维护管理公共道路的职责，对公路进行清理、防护、警示等管理义务。因此公共道路上有妨碍通行的物品，公共道路管理人应当及时发现，并清除妨碍通行物品所带来的危险。因此根据《民法典》第1256条规定，公共道路管理人不能证明自己尽到了管理义务的，应当承担相应的妨碍通行物品致人损害责任。

妨碍通行物品致人损害责任适用过错推定责任原则。妨碍通行物品责任的构成要件包括：(1)有在公共道路上堆放、倾倒、遗撒妨碍通行的物品的行为。(2)有他人受损的损害结果，包括人身损害和财产损害。(3)在公共道路上堆放、倾倒、遗撒妨碍通行的物品的行为和损害后果之间有因果关系。(4)行为人有过错。公共道路上的妨碍通行极有可能造成通行人员的严重损害，这是现代社会的常识。法律规定妨碍通行物品致人损害责任适用过错推定责任原则，只要行为人有在公共道路上堆放、倾倒、遗撒妨碍通行物品的行为，法律就直接推定行为人主观上有过错。(5)公共道路管理人不能证明自己无过错。公共道路管理人有管理职责，应当认真谨慎地完成自己的工作。公共道路管理人不能证明自己已尽到管理义务，也就是不能证明自己主观上无过错，应承担相应的责任。

（三）林木致人损害责任

林木折断、倾倒或果实坠落使下方的人员受损害的情况时有发生，特别是在极端的风雨气候中，还会造成极大的人身和财产的损害。法律对此进行了特别的规定，《民法典》第1257条规定："因林木折断、倾倒或者果实坠落等造成他人损害，林木的所有人或者管理人不能证明自己没有过错的，应当承担侵权责任。"确立了林木致人损害责任是一种建筑物和物件损害责任。

林木致人损害责任的责任主体是林木的所有人或者管理人。林木是不动产，林木的所有者有可能是私人，也可能是国家。林木的管理者是依据合同或法律对林木负有管理职责的主体。例如公路养护部门负责护路树的日常养护，是护路树的管理人。所有人或管理人，占有使用林木，从中获益，也应当为林木造成的损害承担侵权责任。

林木致人损害责任适用过错推定责任原则。林木致人损害责任的构成要件包括：(1)有林木折断、倾倒或者果实坠落的发生。折断、倾倒、果实坠落是林木致害的三种主要原因。(2)有他人受损的损害后果，包括人身损害和财产损害。(3)林木折断、倾倒或果实坠落和损害后果之间有因果关系。(4)林木的所有人或管理人有过错。林木所有人或管理人不能证明自己没有过错的，应当承担林木致人损害责任。

案例中，张公平被折断的林木绊倒致损，属于林木致人损害责任。林木的管理人因未设置任何警示标志，不能证明自己无过错，应当承担对张公平的赔偿责任。

（四）地面施工致人损害责任

地面是人们日常活动的地方，在公共场所或者道路上挖掘、修缮安装地下设施,极易造成在此活动的人员受伤。施工人应当注意到地面施工所带来的危险,设置明显标志、采取安全措施避免危险的发生。对施工人的这种要求,法律作出了明确的规定。《民法典》第1258条第1款规定:"在公共场所或者道路上挖掘、修缮安装地下设施等造成他人损害,施工人不能证明已经设置明显标志和采取安全措施的,应当承担侵权责任。"确立了地面施工致人损害责任是一种建筑物和物件损害责任。施工人是地面施工致人损害责任的责任主体。

地面施工致人损害责任适用过错推定责任原则。地面施工致人损害责任的构成要件包括:(1)有为安装地下设施而进行的地面施工活动。地面施工活动会破坏地形,改变原来地面的形状,导致危险的发生。(2)有他人受损的损害后果,包括人身损害和财产损害。(3)地面施工和损害后果之间有因果关系。(4)施工人有过错。地面施工致人损害责任适用过错推定责任原则,施工人不能证明已经设置了明显标志和采取安全措施,表明施工人主观上有过错,应当承担地面施工致人损害责任。

(五)地下设施致人损害责任

窨井等地下设施由于其位置,可能导致有人跌落而受伤,特别是像道路上的窨井这样的地下设施,一旦井盖丢失或破损,可能对社会公共安全造成极大的危险。因此法律对此作出特别规定,《民法典》第1258条第2款规定:"窨井等地下设施造成他人损害,管理人不能证明尽到管理职责的,应当承担侵权责任。"确立了地下设施致人损害责任是一种建筑物和物件损害责任。地下设施致人损害责任的责任主体是地下设施的管理人。

地下设施致人损害责任适用过错推定责任原则。地面施工致人损害责任的构成要件包括:(1)有窨井等地下设施的存在。地下设施的存在造成了损害发生的危险。(2)有他人受损的损害结果,包括人身损害和财产损害。(3)地下设施的存在和损害后果之间有因果关系。(4)管理人有过错。地下设施致人损害责任适用过错推定责任原则,管理人不能证明自己尽到管理职责,表明地下设施管理人主观上有过错,应当承担地下设施致人损害责任。

参 考 文 献

[1] 郎胜主编:《中华人民共和国道路交通安全法释义》,法律出版社 2004 年版。

[2] 杨立新主编:《中华人民共和国侵权责任法草案建议稿及说明》,法律出版社 2007 年版。

[3] 全国人大常委会法制工作委员会民法室编:《中华人民共和国侵权责任法条文说明、立法理由及相关规定》,北京大学出版社 2010 年版。

[4] 王胜明主编:《〈中华人民共和国侵权责任〉条文解释与立法背景》,人民法院出版社 2010 年版。

[5] 王胜明主编:《中华人民共和国侵权责任法释义》,法律出版社 2013 年版。

[6] 高圣平主编:《中华人民共和国侵权责任法立法争点、立法例及经典案例》,北京大学出版社 2010 年版。

[7] 朱岩、高圣平、陈鑫:《中国物权法评注》,北京大学出版社 2007 年版。

[8] 最高人民法院民法典贯彻实施工作领导小组主编:《中华人民共和国民法典侵权责任编理解与适用》,人民法院出版社 2020 年版。

[9] 最高人民法院民法典贯彻实施工作领导小组主编:《中华人民共和国民法典人格权编理解与适用》,人民法院出版社 2020 年版。

[10] 杨立新主编:《中华人民共和国民法典条文精释与实案全析》,中国人民大学出版社 2020 年版。

[11] 黄薇主编:《中华人民共和国民法典侵权责任编释义》,法律出版社 2020 年版。

[12] 江必新主编:《中华人民共和国民法典适用与实务讲座》,人民法院出版社 2020 年版。

[13] 江必新主编:《民法典重点修改及新条文解读》,中国法制出版社 2020 年版。

[14] 王利明主编:《中国民法典评注:侵权责任编》,人民法院出版社 2021 年版。

[15] 邹海林、朱广新主编:《民法典评注:侵权责任编(1—2)》,法制出版社 2020 年版。

[16] 满洪杰、陶盈、熊静文:《中华人民共和国民法典侵权责任编释义》,人民出版社 2020 年版。

[17] 马世忠主编:《人民法院大讲堂民法典重点问题解读》,人民法院出版社 2021 年版。

[18] 杨代雄主编:《袖珍民法典评注》,中国民主与法制出版社 2022 年版。

[19] 佟柔:《民法原理》,法律出版社 1982 年版。

[20]《中国大百科全书・法学》,中国大百科全书出版社 1984 年版。

[21] 王家福等主编:《民法债权》,法律出版社 1991 年版。

[22] 马俊驹、余延满:《民法原论》,法律出版社 2010 年版。

[23] [美]兰德斯、波斯纳:《侵权法的经济结构》,王强、杨媛

译,北京大学出版社 2005 年版。

[24] [美]波斯纳:《法律的经济分析》,蒋兆康译,法律出版社 2012 年版。

[25] [德]马克西米利安·福克斯:《侵权行为法》,齐晓琨译,法律出版社 2006 年版。

[26] 魏振瀛主编:《民法》,北京大学出版社 2021 年版。

[27] 吴香香:《请求权基础:方法、体系和实例》,北京大学出版社 2021 年版。

[28] 史尚宽:《债法总论》,中国政法大学出版社 2000 年版。

[29] 郑玉波:《民法债编总论》,中国政法大学出版社 2004 年版。

[30] 王泽鉴:《不当得利》,中国政法大学出版社 2002 年版。

[31] 王泽鉴:《侵权行为》,北京大学出版社 2009 年版。

[32] 王泽鉴:《人格权法》,北京大学出版社 2013 年版。

[33] 王泽鉴:《损害赔偿》,北京大学出版社 2017 年版。

[34] 王泽鉴:《民法思维:请求权基础理论体系》,北京大学出版社 2022 年重排版。

[35] 陈聪富:《因果关系与损害赔偿》,北京大学出版社 2006 年版。

[36] 邱聪智:《从侵权行为归责原理之变动论危险责任之构成》,中国人民大学出版社 2006 年版。

[37] 王利明:《侵权行为法归责原则研究》,中国政法大学出版社 1992 年版。

[38] 王利明、杨立新:《侵权行为法》,法律出版社 1996 年版。

[39] 王利明:《中华人民共和国侵权责任法释义》,法律出版社 2010 年版。

[40] 王利明:《侵权责任法》,中国人民大学出版社 2016

年版。

[41] 王利明:《侵权责任法研究》,中国人民大学出版社 2016 年版。

[42] 杨立新:《侵权责任法》,复旦大学出版社 2016 年版。

[43] 杨立新:《侵权责任法》,法律出版社 2021 年版。

[44] 杨立新:《侵权责任法案例教程》,知识产权出版社 2021 年版。

[45] 杨立新、李怡雯:《中国民法典新规则要点》,法律出版社 2021 年版。

[46] 程啸:《侵权责任法教程》,中国人民大学出版社 2020 年版。

[47] 程啸:《侵权责任法》,法律出版社 2021 年版。

[48] 张新宝:《中国侵权行为法》,中国社会科学出版社 1995 年版。

[49] 张新宝:《侵权责任法原理》,中国人民大学出版社 2005 年版。

[50] 张新宝:《侵权责任构成要件研究》,法律出版社 2007 年版。

[51] 张新宝:《侵权责任法》,中国人民大学出版社 2020 年版。

[52] 刘静:《产品责任论》,中国政法大学出版社 2000 年版。

[53] 汪渊智:《侵权责任法学》,法律出版社 2008 年版。

[54] 姬新江:《共同侵权责任形态研究》,中国检察出版社 2012 年版。

[55] 张铁薇:《共同侵权制度研究》,法律出版社 2013 年版。

[56] 方新军主编:《侵权责任法学》,北京大学出版社 2013 年版。

[57] 李显冬:《侵权责任法》,北京大学出版社 2014 年版。

[58] 张晓梅、韩长印:《中国惩罚性赔偿制度的反思与重构》,上海交通大学出版社 2015 年版。

[59] 唐慧、闫朝东:《侵权责任法案例与学理研究》,中国社会出版社 2017 年版。

[60] 宋纪连:《民法典人生导图》,上海人民出版社 2022 年版。

[61] 曹明德主编:《环境与环境保护法》,中国人民大学出版社 2013 年版。

图书在版编目(CIP)数据

侵权责任与生活/宋纪连,徐青英,郭艺蓓著. —
上海:上海人民出版社,2022
ISBN 978-7-208-17983-7

Ⅰ. ①侵… Ⅱ. ①宋… ②徐… ③郭… Ⅲ. ①侵权行为-民事责任-研究-中国 Ⅳ. ①D923.04

中国版本图书馆 CIP 数据核字(2022)第 195401 号

责任编辑 史尚华
封面设计 甘晓培

侵权责任与生活
宋纪连 徐青英 郭艺蓓 著

出　　版 上海人民出版社
(201101 上海市闵行区号景路 159 弄 C 座)
发　　行 上海人民出版社发行中心
印　　刷 启东市人民印刷有限公司
开　　本 890×1240 1/32
印　　张 10.25
插　　页 2
字　　数 231,000
版　　次 2022 年 11 月第 1 版
印　　次 2022 年 11 月第 1 次印刷
ISBN 978-7-208-17983-7/D・4022
定　　价 48.00 元